KLAUS HURRELMANN
ERIK ALBRECHT

Die heimlichen Revolutionäre

Die heimlichen Revolutionäre

Wie die Generation Y unsere Welt verändert

KLAUS HURRELMANN
ERIK ALBRECHT

BELTZ

Dieses Buch ist auch als E-Book erhältlich:

ISBN 978-3-407-22320-3 (epub)
ISBN 978-3-407-22297-8 (pdf)

www.beltz.de

© 2014 Verlagsgruppe Beltz, Werderstraße 10, 69469 Weinheim
Umschlaggestaltung: www.anjagrimmgestaltung.de,
Stephan Engelke (Beratung)
Layout und Satz: Lelia Rehm
Druck und Bindung: Beltz Bad Langensalza GmbH, Bad Langensalza
Printed in Germany

ISBN 978-3-407-85976-1
3 4 5   18 17 16

Inhalt

Revolutionäre?

Offen revolutionär sind sie nun wirklich nicht, die jungen Leute. Sie erscheinen schon in ihrer Jugend angepasster, als es die 68er als Rentner sind. Doch der Schein trügt. Die heute 15- bis 30-Jährigen verändern unsere Welt radikal. Sie haben in kurzer Zeit den strukturellen Wandel in Politik, Wirtschaft, Arbeitsleben, Familie, Technik und Freizeit eingeleitet. Allerdings nicht gewaltsam und mit militanten Mitteln, ohne die lautstarken Proteste, unter denen andere Generationen sich ihren Platz in der Gesellschaft erkämpft haben. Sie agieren still und leise, gewissermaßen aus der zweiten Reihe heraus, wirken im Verborgenen hinter den Kulissen. Deshalb sind die Umwälzungen, die sie anstoßen, auf den ersten Blick gar nicht zu erkennen. Sie werden oft unbemerkt übernommen und setzen sich wie selbstverständlich im Alltag durch.

Die junge Generation, die »Generation Y«, wie sie meist genannt wird, besteht aus »heimlichen« Revolutionären. Die strukturellen Umwälzungen, die sie initiiert, werden in ihrer Tragweite unterschätzt, eben weil sie sie nicht mit militantem Gehabe, ja noch nicht einmal mit befreiter Aufbruchsstimmung angeht. Sie lebt sie einfach, so als wären sie selbstverständlich. Die Generation Y schlägt damit eine besonders wirkungsvolle und nachhaltige Strategie ein, um die Welt zu verändern.

Sie hat ihre Gründe dafür. Schon lange stand keine junge Generation mehr vor so gewaltigen Herausforderungen wie die Generation Y. Von ihren Eltern behütet und gefördert wie keine andere vor ihr, könnten die Ypsiloner die Ersten seit dem Zweiten Weltkrieg sein, für die das Versprechen auf immer mehr Wohlstand tatsächlich nicht mehr gilt: Die Zahl sozialversicherter Vollzeitjobs für Berufseinsteiger nimmt ab, die Mieten steigen, und das Versprechen, die Renten seien sicher, scheint heute aus einer anderen Zeit.

Eine Kette von Krisen hat schon die Jugend im vergangenen Jahrzehnt geprägt: Der 11. September, der Beinahe-Zusammenbruch des Weltfinanzsystems nach der Lehman-Pleite, Fukushima und unzählige Klimakatastrophen. Die Generation Y hat daraus zweierlei gelernt: Nichts ist mehr sicher. Und: Es geht immer irgendwie weiter. Junge Menschen blicken heute pragmatisch und optimistisch auf ihr Leben. Der Eindruck, dass alle großen Krisen der vergangenen zwei Jahrzehnte zumindest in Deutschland vergleichsweise glimpflich ausgegangen sind, gibt ihnen Zuversicht für die eigene Zukunft. Die Erkenntnis, dass die gesellschaftliche Ordnung nicht in Stein gemeißelt ist, macht sie zu Pragmatikern. Wenn sich alles ändern kann, rüstet nur eine möglichst gute Bildung für den Ernstfall.

Das »Y« – im Englischen ausgesprochen wie »why« – ist der Buchstabe, der diese Generation medial auf den Punkt bringen soll. Die Frage nach dem Sinn wird zum Merkmal einer Generation. Die Generation Y ist die kleinste, die die Bundesrepublik je gesehen hat. Und doch lohnt es sich, sie ernst zu nehmen, denn ein Blick auf die Jugend ist immer auch ein Blick in die Zukunft. Globalisierung, Digitalisierung, Wandel der Arbeitswelt – die deutsche Gesellschaft erlebt gewaltige Umbrüche. Niemand hat diese intuitiv so gründlich erfasst wie die Generation Y. Schließlich muss sie als Erste ihr Leben unter den neuen Bedingungen gestalten. Die Ypsiloner finden Wege, trotz aller Flexibilität und Unsicherheit glücklich zu werden.

Derzeit zerbrechen sich Soziologen, Psychologen und Journalisten gleich reihenweise den Kopf darüber, was die Generation Y eigentlich will. Immerhin wird sie einmal das Ruder übernehmen: in der Politik und in der Wirtschaft, aber auch in den Familien und im Konsum und natürlich in den Medien.

Wir zeichnen in diesem Buch unser Porträt der Generation Y, das die Klischees hinter sich lässt. Wir skizzieren anhand von empirischen Studien, Selbstzeugnissen und Interviews mit Jugendlichen, wie sie wirklich sind. Wir bieten unsere freimütige Interpretation, warum die Generation Y genau so ist, wie sie ist, und wie sie unsere Gesellschaft verändern wird.

Dabei stützen wir uns auf zahlreiche Untersuchungen und Studien, die die Generation Y beim Erwachsenwerden begleitet haben. Klaus Hurrelmann beobachtet als Leiter, Berater und Autor zahlreicher Jugendstudien junge Generationen bereits seit vielen Jahren. Er war an den Shell Jugendstudien ebenso beteiligt wie an der MetallRente Studie »Jugend, Vorsorge und Finanzen«, der »McDonald's Ausbildungsstudie« und der international vergleichenden Gesundheitsstudie »Health Behaviour in School Aged Children« (HBSC). Außerdem arbeitet er eng mit dem Sinus-Institut zusammen, das schon zweimal Milieustudien zu Jugendlichen erstellt hat.

Erik Albrecht hat die Generation Y zunächst als Auslandskorrespondent in Russland und der Ukraine kennengelernt. Neben politischer Berichterstattung hat er mehrere Jahre für Radio, Fernsehen und Print in zahlreichen Beiträgen erzählt, wie es sich anfühlt, in diesen Ländern jung zu sein. Für »Die heimlichen Revolutionäre« ist er in die Welt der deutschen Generation Y eingetaucht und hat mit jungen Leuten in verschiedenen Regionen Deutschlands über ihr Leben, ihre Hoffnungen und Pläne gesprochen. Ihnen gilt unser Dank für die Offenheit, die sie uns entgegengebracht haben.*

Wir beiden Autoren gehören unterschiedlichen Generationen an. Klaus Hurrelmann ist 70, Erik Albrecht 35 Jahre alt. In »Die heimlichen Revolutionäre« zeichnen wir ein Porträt der Generation Y, das zeigt, was junge Menschen heute bewegt und wie sie sich ihre Zukunft vorstellen.

In den folgenden Kapiteln werden wir zeigen, wie die Generation Y unsere Welt verändert – ohne viel Aufheben, aber stetig und unaufhaltsam. Wie sie Bildung und Beruf revolutioniert, das Familienleben neu erfindet, die traditionellen politischen Strukturen unterwandert und neue Maßstäbe für die Freizeit setzt. Wie sie mit Pragmatismus und Gelassenheit auf die neuen Unsicherheiten reagiert, sich ihren Lebenslauf neu gestaltet und kreative Wege findet, mit dem Stress der heutigen Zeit umzugehen.

---

* Bei minderjährigen Gesprächspartnern haben wir aus Gründen des Persönlichkeitsschutzes die Namen geändert.

Kapitel 1
Auftritt Generation Y

Wie kommt es zu Generationen?

Im September 2013 macht Lucy Furore in den sozialen Netzwerken. Die Mittzwanzigerin lebt als Strichzeichnung auf einem Blog der amerikanischen Huffington Post.[1] Sie ist überzeugt: Sie ist etwas ganz Besonderes. Seit frühesten Kindertagen haben ihre Eltern keine Gelegenheit versäumt, ihr das einzuimpfen. Nun zieht Lucy aus, auch den Rest der Welt von ihrer Brillanz zu überzeugen. Sie könnte Präsidentin der Vereinigten Staaten werden – wenn sie es nur wollte. Doch Lucy zweifelt, ob Politik tatsächlich ihre wahre Berufung ist. Während sie über den besten Weg der Selbstverwirklichung nachdenkt, wird der Arbeitsmarkt immer unsicherer. Statt wie erwartet mit Mitte 20 die Geschicke einer Weltmacht zu leiten, schlägt sich Lucy mit den profanen Schwierigkeiten des Berufseinstiegs herum. Im grauen Alltag des ersten Jobs gefangen, sehnt sie den Moment herbei, an dem die Welt plötzlich erkennt, wie großartig sie ist.

Jung, anspruchsvoll und selbstüberschätzend bis zur Wirklichkeitsfremde – mit viel Ironie zeichnet der amerikanische Blogger Tim Urban an der Kunstfigur Lucy die Charakterzüge seiner Generation nach. Lucy sei unglücklich, weil Anspruch und Wirklichkeit in Leben und Karriere auseinanderklafften, ist seine Analyse. Er liefert damit einen Versuch unter vielen, die Mentalität der heute jungen Generation der 15- bis 30-Jährigen zu erklären.

Ob Generation X, Y, Golf, Praktikum, ob die Babyboomer oder die 68er – in Wissenschaft und Journalismus, in

Pädagogik und Berufsforschung ist der Ehrgeiz groß, jeder neuen, jungen Generation eine erkennbare und unverwechselbare Mentalität, so etwas wie einen einheitlichen Sozialcharakter zuzuschreiben und ihr möglichst auch einen klingenden Namen zu geben. Dabei geht es nicht um griffige Labels oder Pauschalurteile über ganze Generationen. Jugendforschung ist Zukunftsforschung. Denn Jugendliche erfassen intuitiv, in welche Richtung sich eine Gesellschaft entwickelt. Gesamtgesellschaftliche Trends im Konsum, bei Sprache und Mode, im Umweltbewusstsein und bei Parteipräferenzen zeichnen sich oft schon ein Jahrzehnt früher in Jugendstudien ab. Die Jugend ist ein Seismograf für gesellschaftliche Entwicklungen. Es lohnt sich also, genauer hinzuschauen.

So kommt es, dass jeder neu in die Gesellschaft eintretenden Generation von jungen Leuten schnell ein Etikett aufgeklebt wird. Die aktuell junge Generation, um die es in diesem Buch geht, wird meist ganz schnodderig nur mit einem einzigen Buchstaben bezeichnet – als »Generation Y«. Sie folgt damit der Generation X, deren Namen der amerikanische Schriftsteller Douglas Coupland prägte. Coupland fand die Jugendlichen Anfang der 1990er so rätselhaft, unbestimmt und offen, dass ihm das X als das treffendste Symbol dafür erschien. Wer auf die Idee kam, im Alphabet einfach voranzuschreiten und die 15 Jahre später Geborenen als »Generation Y« zu bezeichnen, ist nicht richtig auszumachen. Doch das »Y« hat sich weltweit durchgesetzt.

»Generation Y« ist nicht das einzige Etikett, das zur Auswahl stand. Die Shell Jugendstudien bezeichnen die jungen Leute als eine pragmatische Generation, im englischen Sprachraum gibt es die Namen Millenials, MeMeMe Generation, Generation MyPod, Net Generation, Internet Generation, iGeneration, NextGen, Generation Now und Generation Facebook, um nur einige zu nennen.[2] Die Bezeichnungen verweisen auf Eigenschaften, historische Bezüge und innovative Kulturtechniken, die für die junge Generation typisch sind. Dennoch werden die zwischen 1985 und 2000 Geborenen unter dem Y ihren Platz in der Generationengeschichte finden. Im Englischen wie »why« (»warum«) ausgesprochen, macht es die Frage nach dem Sinn zum Merkmal einer Generation. Die Generation Y hinterfragt bislang scheinbar eherne Grundsätze in Arbeit, Familie, Politik und Freizeit. Sie nutzt spielerisch das Internet, zeigt sich unbekümmert ob der Unsicherheit in der Arbeitswelt und versucht, möglichst gute Leistung zu bringen. Das sind nach übereinstimmender Auffassung der Jugendforschung die Merkmale, die junge Menschen heute ganz besonders kennzeichnen.

Ein Schlagwort für eine Generation?

Nicht, dass diese immer positiv bewertet werden. Das Hadern mit der Jugend hat Tradition. Auch heute ist das nicht anders, wie ein Blick in die Medien zeigt: Die Wirtschaftswoche findet die Ypsiloner »zu brav und harmoniesüchtig«.[3] Außerdem fehle es ihnen an Persönlichkeit. Die Frankfurter Allgemeine Zeitung befürchtet, sie seien »jung, gebildet, arbeitsscheu«.[4] Der Spiegel dreht es dagegen ins Positive: »Qualifiziert, selbstbewusst, extrem anspruchsvoll« seien die jungen Leute.[5]

Lässt sich eine ganze Generation wirklich auf ein Schlagwort oder gar auf einen Buchstaben reduzieren? Setzt sich nicht jedes einzelne Individuum mit epochalen Ereignissen auf seine ganz persönliche Weise auseinander? Sicherlich ist das so, aber weil nun einmal alle Jahrgänge einer Generation zur selben Zeit aufwachsen und in der entscheidenden Phase der Persönlichkeitsentwicklung, in der Jugend nämlich, durch dieselben Ereignisse geprägt werden, bildet sich doch ein recht einheitlicher Sozialcharakter. In der Jugend reagiert ein Mensch hypersensibel auf seine Umwelt. Das hinterlässt ein Leben lang Spuren. Nach der Pubertät muss er seinen eigenen Platz in der Gesellschaft finden. Das führt dazu, dass sich niemand so aktiv wie Jugendliche mit dem auseinandersetzt, was mit ihnen selbst und um sie herum geschieht. Davon erzählen unzählige Coming-of-Age-Romane und Filme. Das prägt den gesamten Blick auf die Welt. Die Erlebnisse und Erfahrungen der Jugendzeit bestimmen die Interpretation späterer Ereignisse, sie atmen einen Zeitgeist und rahmen die Weltsicht.

Das formt kollektive Gemeinsamkeiten. Wer in der Nachkriegszeit groß wurde, dem ging es um das materielle Überleben. In den 1960er-Jahren attackierten Jugendliche die Nazi-Vergangenheit ihrer Eltern, Lehrer und Professoren. Die 1970er-Jahre prägten die Ölkrise, der Deutsche Herbst und die Anti-Atomkraft-Bewegung. Die späten 1980er- und die 1990er-Jahre waren von einer gesättigten Null-Bock-Mentalität bestimmt. Neue epochale Ereignisse prägen die heutige junge Generation. Zwischen 1985 und 2000 geboren, erlebt die Generation Y in ihren Jugendjahren im neuen Jahrtausend, wie Internet, soziale Netzwerke à la Facebook und die Globalisierung die Gesellschaft gründlich neu ordnen. Die Terroranschläge vom 11. September 2001 in New York und der US-amerikanische »Krieg gegen den internationalen Terrorismus« erschüttern ebenso wie die Katastrophe im Nuklearkraftwerk Fukushima das Sicherheitsgefühl. Die weltweite Finanzkrise, die Hartz-Reformen der Arbeits-, Sozialhilfe- und Rentengesetze: Alle aus den Jahrgängen 1985 bis 2000 erleben in ihrer Jugend die gleichen Entwicklungen, von bahnbrechenden technischen Neuerungen über Wirtschaftskrisen, Kriege und andere politische Katastrophen bis hin zu sozialen und kulturellen Stimmungsumschwüngen.

Natürlich ist davon die gesamte Gesellschaft betroffen. Und doch prägt es Persönlichkeitsmerkmale, Einstellungen und Zukunftsperspektiven derjenigen besonders stark, die sich frisch mit ihnen auseinandersetzen müssen: der Jugendlichen. Ihnen erscheint all dies von Beginn an selbstverständlich. Sie kennen im Gegensatz zu ihren Eltern und Großeltern nur diese Welt. Die Wucht der gemeinsam durchlebten Erfahrungen schweißt aus einer Gruppe Gleichaltriger eine Generation.[6]

Die sechs Generationen der Nachkriegszeit

Deshalb kann man einer Generation gemeinsame Merkmale zuschreiben, auch wenn sie nur ein Konstrukt ist, das Historiker, Soziologen oder Journalisten geschaffen haben. Natürlich folgen grundlegende Umwälzungen keinem festen zeitlichen Muster. Es gibt jedoch den Erfahrungswert, dass etwa alle fünfzehn Jahre die historischen Karten neu gemischt werden. Deswegen ist es sinnvoll, aufeinanderfolgende Generationen in dieser zeitlichen Taktung zu beschreiben.

Beginnen wir in der Nachkriegszeit, können wir die folgenden sechs historisch aufeinanderfolgenden Generationen identifizieren. Diese lassen sich natürlich nicht stur nach Jahreszahlen definieren. Vielmehr sind die Übergänge genauso fließend wie viele gesellschaftliche Entwicklungen. Zudem wachsen Jugendliche in Ost- und Westdeutschland über lange Zeit unter völlig unterschiedlichen Bedingungen auf:

Bezeichnung Heutiges Lebensalter	Geburtsjahre	Zeit der Jugendphase
Skeptische Generation 75 bis 90 Jahre	1925 bis 1940	1940 bis 1955
68er-Generation 60 bis 75 Jahre	1940 bis 1955	1955 bis 1970
Babyboomer 45 bis 60 Jahre	1955 bis 1970	1970 bis 1985
Generation X 30 bis 45 Jahre	1970 bis 1985	1985 bis 2000
Generation Y 15 bis 30 Jahre	1985 bis 2000	2000 bis 2015
Generation ? 0 bis 15 Jahre	2000 bis 2015	ab 2015

Die beiden als Erste genannten Generationen bilden aus der heutigen Sicht die Alten, die jetzt zwischen 60 und 90 Jahre alt sind. Sie sind die Großeltern der heutigen Kinder und Jugendlichen. Sie hat die Katastrophe des Zweiten Weltkriegs geprägt. Ihre Lebensleistung sind der wirtschaftliche Aufbau und der kulturelle und politische Aufbruch mit teilweise revolutionären Zügen in den Jahren danach.

Die dritte und vierte Generation bilden aus heutiger Sicht die »Erwachsenen«. Sie haben aktuell Einfluss, Verantwortung und Macht in der Gesellschaft. Heute sind sie zwischen 30 und 60 Jahre alt. Sie sind die Eltern der heutigen Kinder und Jugendlichen.

Die beiden zuletzt genannten Generationen sind die heutigen Jugendlichen und Kinder. Die ältesten von ihnen stehen aktuell mit ihren 30 Jahren schon in verantwortlichen beruflichen und gesellschaftlichen Positionen. Die meisten aber befinden sich noch in Schule, Ausbildung und Studium.

Skeptisch in eine neue Weltordnung:
Die Nachkriegsgeneration (*1925 bis 1940)

Es war eine Zeit des Neuanfangs, wie Deutschland ihn noch nicht erlebt hatte: Am Ende des Zweiten Weltkriegs ist das Land ideologisch bankrott, kriegszerstört und wirtschaftlich am Boden. Jugendliche, die kurz zuvor noch im Geist des Nationalsozialismus erzogen worden waren, erlebten plötzlich den Zusammenbruch des Regimes und die Entnazifizierung. Sie wurden zur »skeptischen Generation«. »Diese Generation ist in ihrem sozialen Bewusstsein und Selbstbewusstsein kritischer, skeptischer, misstrauischer, glaubens- oder wenigstens illusionsloser als alle Jugendgenerationen vorher«, schreibt der Soziologe Helmut Schelsky.[7] In seinem Buch »Die skeptische Generation« untersuchte er diejenigen, die zwischen 1945 und 1955 Jugendliche waren. An das klassische Werk von Karl Mannheim aus den 1920er-Jahren anknüpfend, setzte er damit Maßstäbe für die empirische Generationenforschung.

Die ältesten Jahrgänge der skeptischen Generation kämpften schon in der Wehrmacht und in Hitlers Volkssturm als Jugendliche für das »Dritte Reich«. Nach der Totalniederlage Deutschlands wuchs die skeptische Generation dann in einem Europa auf, in dem jegliche Strukturen neu aufgebaut werden mussten. In ihrer Jugend erlebte sie nichts weniger als die Neukonstituierung der gesamten Weltordnung. Die alten Feinde wurden in Ost und West plötzlich als Siegermächte zu den engsten Verbündeten. Gleichzeitig war ihr stets bewusst, wie fragil diese neue Ordnung noch war. Der Kalte Krieg zog langsam herauf. In Korea tobte bereits ein neuer heißer Militärkonflikt. Den Hungerjahren folgte der wirtschaftliche Aufbau in Systemkonkurrenz zwischen Ost und West. All das waren »zeitgeschichtlich-politische Faktoren der deutschen Gegenwart, die sicherlich die Gestalt und Verhaltensform der Jugend entscheidend beeinflusst und geprägt haben«.[8]

Schelsky konnte mit seinen Studien anschaulich belegen, wie gemeinsam erlebte, als schicksalhaft empfundene Ereignisse zusammen mit historisch neuen politischen und kulturellen Lebenskonstellationen sehr ähnliche Persönlichkeitszüge, emotionale Einstellungen und Zukunftsperspektiven bei praktisch allen Angehörigen der betroffenen Jahrgänge prägen. Auffällig ist die kritische Distanzierung von den in den Nationalsozialismus verstrickten Eltern, die sie zu eigenen Wert- und Verhaltensorientierungen zwingt. Auch der nüchterne Wirklichkeitssinn und ein Gespür für Nützlichkeiten sind charakteristisch, ebenso das zupackende, auf kurzfristigen Erfolg ausgerichtete Handeln. Die jungen Leute sind auch politisch »skeptisch«, weil sie unter dem Eindruck des abgewirtschafteten Nationalsozialismus wenig Interesse an großen Gesellschaftsentwürfen haben. Für sie zählen praktische Fragen des Überlebens im Alltag.

Wirtschaftswunder und Protest: Die 68er (*1940 bis 1955)

Waschmaschine, Kühlschrank, Staubsauger – Mitte der 1950er-Jahre hielt der Konsum in Deutschland Einzug. Der Westen erlebte sein Wirtschaftswunder. Die DDR machte sich an den Aufbau des Sozialismus. Im Wettstreit der Systeme richtete die Führung später auch dort die Produktion stärker auf den Konsum aus. In Ost und West wurde die 68er-Generation in turbulenten Zeiten erwachsen. Der Kalte Krieg war in vollem Gange. Von 1961 an teilte eine Mauer Berlin. Ein Jahr später brachte der Plan des sowjetischen Generalsekretärs Nikita Chruschtschow, in Kuba Atomraketen zu stationieren, die Welt an den Rand eines nuklearen Krieges.

Die deutsche Gesellschaft war immer noch stark autoritär geprägt. In Politik, Wirtschaft und Wissenschaft gaben Männer den Ton an, die dem alten Denken weiter verhaftet waren und sich gegen eine kulturelle und gesellschaftliche Modernisierung stemmten. Trotzdem wandelte sich das Land. 1955 warb die Bundesrepublik die ersten Gastarbeiter an. 1964 schaffte es »Please Please Me«, das erste Studioalbum der Beatles, auf Platz 5 der westdeutschen Charts. Der Blick der Jugend wurde internationaler und mit Sängern wie Bob Dylan und anderen auch politischer. Im neuen Wohlstand aufgewachsen, versuchten die 68er, aus dem engen politischen und gesellschaftlichen Korsett des Kalten Krieges auszubrechen. Der gesellschaftliche Diskurs erweiterte sich. Kritische Journalisten berichteten in den 1960er-Jahren verstärkt über die Nazi-Vergangenheit öffentlicher Personen. Auch auf der Ostseite des Eisernen Vorhangs rebellierten die Menschen im Prager Frühling gegen das Blockdenken. Zwar schickte auch die DDR Truppen in die Tschechoslowakei, um die Bewegung niederzuschlagen. Doch im eigenen Land kam es verstärkt zu Jugendprotesten.

1968 und die Ereignisse, die dazu führen, sind heute Symbol für die Auflehnung der Jugend gegen die alte Ordnung – im Innern und in der Welt. Die Proteste gegen den Vietnamkrieg stellten die Logik des Kalten Krieges infrage. Innenpolitisch leiteten die 68er einen tief greifenden gesellschaftlichen Wandel ein. 1968 bedeutete für die große Mehrheit der Menschen eine Transformation in Lebensstil, Familienbeziehungen und persönlichen Freiheiten. Es war ein entscheidender Schritt hin zu einem demokratischeren Deutschland.

Ölkrise und Postmaterialismus:
Die Babyboomer (*1955 bis 1970)

Direkt nach 1968 beginnt die Jugend der »Babyboomer«. Dieser Begriff stammt aus den USA und beschreibt besonders starke Jahrgänge. 1965 werden fast 1,4 Millionen Kinder geboren, die größte Zahl, die Deutschland (zu dieser Zeit immer noch in die Bundesrepublik und die Deutsche Demokratische Republik geteilt) in seiner Geschichte je gesehen hat. Die Zahl drückt die Lebensfreude und Zukunftsgewissheit der Eltern aus. Aber die jungen Leute erleben neben eitlem Wohlstand auch Probleme. Wirtschaftlich gerät der Motor des deutschen Wirtschaftswunders gleich zu Beginn der Jugendzeit der Babyboomer erstmals kräftig ins Stottern. Als Reaktion auf den Jom-Kippur-Krieg drosselt die OPEC 1973 ihre Ölförderung. Der Ölpreis schnellt von drei auf fünf Dollar pro Fass – eine Kostenexplosion von etwa 70 Prozent. Westdeutschland stürzt in eine Rezession. Die Zahl der Arbeitslosen verdoppelt sich beinahe binnen eines Jahres. Erstmals sind mehr als eine Million Menschen in der Bundesrepublik ohne Arbeit.

Politisch wachsen die Babyboomer in die Protestbewegung ihrer Vorgänger hinein und geben ihr eine neue Richtung. Ihr Ziel ist es nun, Machtverhältnisse auch im Alltag jenseits von Parteien und Ideologien infrage zu stellen. »Das Private ist politisch«, bringt das die Frauenbewegung auf den Punkt. Sie erweitert das politische Themenspektrum ebenso wie die Anti-Atomkraft-Bewegung, die vom Landwirt bis zum Maoisten breite Bevölkerungsschichten politisiert. Geprägt durch 1968, das Ende des Booms, aber auch den Bericht des Club of Rome über die Grenzen des Wachstums geht es vielen Aktivisten nicht nur um die Gefahren der Atomkraft, sondern auch um eine Abkehr vom Prinzip von immer mehr Wachstum und Konsum, das sie mit der Atomindustrie verbinden.

Deutschland ist in beiden Teilen des Landes zu diesem Zeitpunkt längst in der Konsumgesellschaft angekommen. Auch in der DDR wurden nun Kühlschränke und Fernseher zum Ausdruck eines »guten Lebens«. In der Kulturpolitik gab es ebenfalls eine vorübergehende Öffnung. Die Babyboomer sind die erste Generation im Nachkriegsdeutschland, bei der postmaterialistische Werte in den Vordergrund rücken: Selbstentfaltung, Kreativität, Lebensgenuss. Aus einem Teil der neuen sozialen Bewegungen entstehen auch die Grünen. In die Jugendzeit der Babyboomer von 1970 bis 1985 fällt zugleich der Deutsche Herbst mit dem Terror der Roten-Armee-Fraktion. Die Aktionen der RAF und die scharfe Reaktion des Staats darauf zwangen fast jeden aus der jungen Generation, sich klar zu positionieren.

Die späten Jahrgänge der Babyboomer erlebten ihre Jugend dagegen erst in den 1980er-Jahren. Sie sind genau wie die ersten Jahrgänge der Generation X Teil von Florian Illies' »Generation Golf«. Die Golfer wuchsen ihm zufolge in der saturiertesten und langweiligsten Epoche der Bundesrepublik auf: »Es ging allen gut, man hatte kaum noch Angst, und wenn man den Fernseher anmachte, sah man immer Helmut Kohl. (…) Noch ahnte man nicht, dass man einer Generation angehörte, für die sich leider das ganze Leben, selbst an einem Montag, anfühlte wie die träge Bewegungslosigkeit eines gut gepolsterten Sonntagnachmittags.«[9]

Orientierungslos und hedonistisch: Die Generation X (*1970 bis 1985)

Douglas Couplands Kultbuch über die Kinder der 1980er-Jahre hat der Generation X ihren Namen gegeben.[10] Der amerikanische Essayist beschreibt darin seine Generation, die auf dem Zenit von Wohlstand und Reichtum groß wurde, als orientierungslos und hedonistisch. Die Ältesten von ihnen zählen gleichzeitig noch zu Florian Illies' Generation, deren Lebensgefühl der Golf verkörpert:»In der Werbung für den Golf sitzt ein gutaussehender Dreißigjähriger mit seinem fünfundsiebzigjährigen Vater am Lagerfeuer. Beide freuen sich marlborohaft des Lebens. Da sagt der Jüngere, oder er denkt es sich: Ich wollte alles anders machen als mein alter Herr. Nun fahren wir das gleiche Auto.«[11] Es ist unmöglich geworden, nicht so zu werden wie die Eltern. Diejenigen, die das dennoch versuchen,»machen in der Regel komplette Idioten aus sich«, wie die Zeitschrift Tempo 1994 schrieb.[12]

Trotz Anzeichen von wirtschaftlichen Problemen stehen praktisch allen jungen Leuten Ausbildungs-, Arbeits- und Studienplätze zur Verfügung. Durch die Hinwendung zu den postmaterialistischen Werten von Lebensgenuss und Selbstbestimmung fehlt ihnen aber die Motivation, sich auf einen beruflichen Arbeitsprozess einzulassen, der von ihnen Disziplin und Verzicht auf unmittelbare Bedürfnisbefriedigung verlangt. Sie haben»null Bock« auf Arbeit, weil sie mithilfe ihrer Eltern auch so jenseits von Statussymbolen und Konsumstandards gut durchs Leben kommen.[13]

Diese Mentalität drückt ihnen auch den Stempel »Null-Bock-Generation« auf, die Wirtschaft und Unternehmen ebenso wie Eltern und Lehrer zur Verzweiflung bringen kann, weil sie sich nirgendwo so richtig engagieren möchte. Politisch interessiert waren zu der Zeit schon deutlich weniger. Die von Bundeskanzler Kohl verkündete »geistig-moralische Wende« war für viele vor allem ein Rückzug ins Private. In ihrer Jugend fällt 1989 die Berliner Mauer. Der sowjetische Ostblock löst sich auf, und Globalisierung, internationaler Wettbewerb und Neoliberalismus nehmen Fahrt auf.

Leben im Ungewissen:
Die Generation Y (*1985 bis 2000)

Die Generation Y ist aktuell zwischen 15 und 30 Jahre alt. Sie besteht aus den ersten Digital Natives, die online aufgewachsen sind. Computer, Tablets und Smartphones gehören für sie genauso selbstverständlich zum Alltag wie Google, Apple und Facebook. Letzteres, das inzwischen weltweit größte soziale Netzwerk mit über einer Milliarde Mitgliedern, erzielt in ihrer Kinder- und Jugendzeit seinen Durchbruch. Die Neuen Medien ermöglichen völlig neue Formen der Kommunikation, die sich auch auf soziale Umgangsformen und kulturelle Lebensstile auswirken. Auch die Funktion von Informationen und Wissen wandelt sich. Seine Generation suche nicht mehr, sie finde, schreibt der Digital Native Philipp Riederle.[14]

Neben den technischen Umwälzungen erleben die jungen Leute im Vergleich zu ihren Eltern und Großeltern eine veränderte wirtschaftliche und politische Lage. Der fast 20 Jahre lang anhaltenden Arbeitslosigkeit folgt 2007 eine Finanzkrise epochalen Ausmaßes. Ein viel zu großer Teil der Schulabsolventen hatte bis vor Kurzem keine Chance, einen Ausbildungs- und späteren Arbeitsplatz zu bekommen. Die älteren von ihnen, die 1985 geboren wurden, müssen hinnehmen, dass 20 Prozent eines jeden Jahrgangs keinen beruflichen Ausbildungs- und Arbeitsplatz erhalten.

Mit der Ungewissheit groß zu werden, dass völlig offen ist, ob man nach Schule und Ausbildung wirklich einen passablen Job findet, wird zu einer Grunderfahrung. »Die lauernde Angst vor dem Absturz«, titelte die Süddeutsche Zeitung zur Shell Jugendstudie 2010 und bezog dies auch auf das persönliche Leben der jungen Leute.[15] Denn wer in der heutigen auf Leistung und Beruf ausgerichteten Gesellschaft keinen Job hat, dem droht das soziale Aus. Eine sichere Lebensplanung ist unter diesen Umständen unmöglich. Selbst die Rente scheint nicht mehr sicher. Die wirtschaftliche und soziale Ungleichheit wächst. Auch gesellschaftspolitisch verändert sich das Land: Junge Väter gehen in Elternzeit, Schwule und Lesben können ihre Partnerschaften auf dem Standesamt beurkunden lassen, und die Partei »Die Piraten« experimentiert mit neuen Formen der innerparteilichen Demokratie.

Die politischen Ereignisse, die junge Leute prägen, tragen die Signatur einer neuen Zeit. Die 2000er-Jahre beginnen mit dem Terroranschlag vom 11. September 2001 in New York und setzen sich in blutigen Kriegen in Afghanistan und im Irak fort. Nicht mehr der Konflikt zweier politischer Blöcke mit lauernder Kriegsgefahr bestimmt die internationale Agenda, sondern der von den USA proklamierte »Kampf gegen den internationalen Terrorismus«. 2011 wanken in den arabischen Ländern die autoritären Regime. Ende der 2000er-Jahre schränkt dann die Wirtschafts- und Finanzkrise den Handlungsspielraum der Politik stark ein. Regierungen retten Banken mit einem bisher nie gekannten Ausmaß an Steuergeldern, sodass die öffentlichen Haushalte auf Jahrzehnte hinaus unter hohen Schulden ächzen, die wenig Möglichkeiten für Investitionen lassen. Politik wird dabei immer häufiger als eine Reihe von aufeinanderfolgenden »alternativlosen« Entscheidungen verkündet.

Schließlich sind epochale ökologische Veränderungen zu konstatieren, die das Lebensschicksal der Generation Y bestimmen werden. Die Erderwärmung nimmt seit 2000 deutlich zu. Die Veränderungen von Klima und Umwelt sind nicht zu übersehen. Der in seinen Ausmaßen immer noch nicht abschätzbare größte anzunehmende Unfall (GAU) im Atomkraftwerk Fukushima in Japan im März 2011 macht deutlich, mit welchen existentiellen Gefahren und Bedrohungen die Energiegewinnung verbunden ist.

Noch in den Kinderschuhen:
Die nächste Generation (*2000 bis 2015)

Die allerjüngste Generation, gedankenlos schon hier und da als »Generation Z« bezeichnet (welche Generation kann auf eine Generation Z noch folgen?), befindet sich noch im Kindesalter und ist heute unter 15 Jahre. Ihre prägende Jugendzeit beginnt erst in Kürze. Es fällt schwer, schon heute die Trends und Ereignisse zu antizipieren, die sie erleben wird. In jedem Fall macht es wenig Sinn, sie generisch mit dem letzten Buchstaben des Alphabets zu bezeichnen. Denn aus den World Vision Kinderstudien,[16] die nach dem Modell der Shell Jugendstudien sechs bis elf Jahre alte Kinder in Deutschland befragen, lassen sich bereits einige Charakteristika ablesen: Es wächst eine sehr selbstbewusste und wieder politisch stärker interessierte junge Generation heran, die sich angesichts der verbesserten Arbeitsmarktbedingungen lange nicht so unter Leistungsdruck setzt wie die vorangehende. Ihre Zukunftsperspektiven scheinen im Vergleich sicherer und strukturierter, eben weil sie nicht so sehr im wirtschaftlichen Krisenmodus groß werden wie die Generation Y.

Diese junge Generation wird aus heutiger Perspektive keine einschneidenden Probleme auf dem Arbeitsmarkt mehr erleben. Deshalb wird sie voraussichtlich wieder einen Schwenk zu den Werten von Selbstbestimmung und Lebensgenuss hin einleiten, so etwa nach dem Muster der Generation Babyboomer/Golf. Folgen wir den bisherigen Erfahrungen im Generationenablauf, dann wird sie dank einer voraussichtlich besseren Wirtschaftslage und besseren Zukunftschancen deutlich entspannter auf das Leben schauen. Anders als bei den Golfern dürfte das jedoch eher zu einem verstärkten Engagement für gemeinschaftliche und öffentliche Belange führen. Die nächste junge Generation könnte eine sein, die nachdrücklich auf ihren Ressourcen und ihren Rechten besteht und nach Mitteln und Wegen sucht, diese mit offenem Visier zu erstreiten. Vielleicht wird sie eine der selbstbewussten Genießer? Ihre wirkliche Gestalt wird sich erst in etwa zehn Jahren identifizieren lassen.

Erwachsenwerden im Zeichen des Ungewissen

Dieses Buch handelt von der Generation Y. Das Schicksal hat sie nicht gerade verwöhnt. Sie erlebte in ihrer Jugendzeit massive Umbrüche der sozialen, kulturellen, wirtschaftlichen und ökologischen Rahmenbedingungen. Sie muss sich ständig anpassen und umstellen: Ein Ypsiloner muss eine Persönlichkeit entwickeln, die es ihm erlaubt, auf diese massiven Veränderungen zu reagieren, ohne sich von ihnen treiben zu lassen. Er muss in der Lage sein, seine Lebensplanung immer wieder neu den gewandelten Realitäten anzupassen. Dazu benötigt er eine große Kompetenz der Problemverarbeitung. Die größte Herausforderung: Er muss mit der Ungewissheit umgehen können, ob er tatsächlich jemals erwachsen und damit vollwertiges Mitglied der Gesellschaft werden kann.[17] Das ist wohl die intensivste Erfahrung der Generation Y: Sie wird im Unklaren gelassen, ob die Gesellschaft sie überhaupt braucht.

Die Jugendforschung unterscheidet vier Komplexe von »Entwicklungsaufgaben«, von grundlegenden Herausforderungen, die man im Lebensabschnitt Jugend zu bewältigen hat.[18] Jugendliche stehen vor der Herausforderung,

- erstens einen Beruf zu finden, finanziell selbstständig und ökonomisch autark zu werden (bilden und qualifizieren);
- zweitens in die Partner- und Elternrolle als verantwortliche Familiengründer zu schlüpfen (ablösen und neu binden);
- drittens ihre Rolle als Konsument, Mediennutzer und wirtschaftlich Handelnder zu finden und mit Geld kurzfristig und langfristig umzugehen (konsumieren, wirtschaften, vorsorgen) und
- viertens die Rolle als sozial engagierter und politischer Bürger mit eigener Wertorientierung anzunehmen (wertorientiert handeln und politisch partizipieren).

Alle Generationen stehen in ihrer Jugend vor diesen Herausforderungen. Doch die Wirklichkeit ist heute für die Generation Y ungleich komplizierter als für frühere Generationen: Praktika, Zeitverträge, Leih- und Werksarbeit oder Arbeitslosigkeit. Wer heute sein Studium oder seine Ausbildung abschließt, findet längst nicht immer einen unbefristeten Vollzeitjob. Nur noch ein Teil der Generation Y kann den traditionellen Mustern von Beruf und Karriere folgen. Mindestens ein Drittel muss mit Teilzeitjobs und Kettenverträgen rechnen oder wird vorübergehend arbeitslos. Entsprechend verschieben viele die Familiengründung im Lebenslauf nach hinten oder lassen sie ganz ausfallen, weil Ausbildung und Karriere dafür keine Zeit lassen.

Die Rolle als Konsument und Mediennutzer hingegen können junge Leute heute sehr früh einnehmen. In diesem Bereich sind sie schon als Kinder »erwachsen«. Sie gehen so souverän mit Freizeitangeboten um wie kaum ein Älterer. Sie kennen sich in der Welt der Marken ebenso gut aus wie in der von Internetspielen. Wirtschaften und Vorsorgen werden ihnen ebenfalls von klein auf zur zweiten Natur. Zudem sind sie schon von Kindesbeinen an, zum Teil wegen ihres frühen Zugangs zu den Medien, sozial und politisch aktiv.

Statusinkonsistenz als Lebensgefühl

Frühreif in Medien, Konsum und Freizeit, Spätstarter im Beruf und bei der Familiengründung – in der Sprache der Soziologen muss die junge Generation von heute mit einer sehr großen »Statusinkonsistenz« leben. So erleben die jungen Leute heute ihre Jugend als einen lang gestreckten Zeitraum mit offenem Ausgang. Vielen scheint das Ticket zur Vollmitgliedschaft in der Gesellschaft unerreichbar. In den USA etwa hatten 1960 70 Prozent der 30-Jährigen die Hürden zum Erwachsenwerden genommen: Sie verfügten über eine abgeschlossene Ausbildung, eine eigene Wohnung und finanzielle Unabhängigkeit, waren verheiratet und hatten Kinder. Heute sind es nur 15 Prozent, die alle diese sozialen Meilensteine passiert haben, und auch in den folgenden Lebensjahren ist nicht garantiert, dass die anderen alle nachfolgen können.[19]

Jugend ist heute weitaus mehr als eine kurze Zwischenphase zwischen Kindheit und Erwachsenenleben. Der Beginn dieser Lebensphase ist wegen der früheren Pubertät weit nach vorn gerutscht. Oft beginnt sie schon mit 11 ½ bis 12 ½ Jahren. Das Ende ist dagegen völlig offen. Im Durchschnitt sind es 15 Jahre, bei einigen aber auch deutlich mehr. Denn seinen Lebensrhythmus kann heute eigentlich jeder selbst bestimmen. Feste Regeln gibt es nicht mehr. Durch immer längere Ausbildungszeiten und Schwierigkeiten, einen Job zu finden, verschwimmen die traditionellen Muster des Erwachsenwerdens. Die geordneten und planbaren Lebensentwürfe ihrer Eltern sind für die Generation Y nicht mehr realisierbar.

Die Lebensphasen verflüssigen sich. Sie greifen ineinander, statt wie früher aufeinanderzufolgen. Das Schema eines gegliederten Lebenslaufs aus Kindheit, Jugend, Arbeitsleben, Familiengründung und anschließender Rente ist längst durcheinandergewirbelt.

Die junge Generation muss sich heute also ständig neu erfinden. Und sie stellt sich dieser Herausforderung erfolgreich. Wie sie das macht, das soll in diesem Buch erforscht werden. Ihr Stil der Lebensführung, ihr Umgang mit dem Ungewissen, ihre pragmatische und sondierende Grundhaltung, das alles hat ihr den Namen »Generation Why« gegeben. Das ständige Suchen und Tasten, Sondieren und Taktieren, die permanente Frage nach dem »Warum«, dem »Why«, ist zum Synonym für eine ganze Generation geworden.

Die Generation Y startet in eine ungewisse Zukunft. Die Wirtschafts- und Finanzkrise hatte gewaltige Ausmaße, die keiner übersehen kann. Ein neuer Crash ist nicht undenkbar. In dieser Situation lehnen sich junge Leute dicht an ihre Eltern an. Ganz anders als die aus heutiger Perspektive »alten Generationen«, die Skeptiker und die 68er, gehen sie nicht auf Distanz oder sogar in Ablehnung und Opposition gegen die Generationen, die vor ihnen Einfluss auf die Gesellschaft ausübten. Im Gegenteil: Sie akzeptieren die politischen, wirtschaftlichen und kulturellen Lebensbedingungen im Kern so, wie sie sind. Sie benötigen ihre Eltern als wichtige Verbündete im Angesicht der ungewissen Zukunftschancen. Auch mit ihrem persönlichen Verhältnis zu Eltern und Großeltern sind sie zufrieden. Sie fühlen sich nicht wie die 68er eingeengt, autoritär diszipliniert und unterdrückt. Und sie sehen keinen Grund, gegen sie aufzubegehren.

Eine Generation von Egotaktikern

In den 1980er-Jahren habe es zwei Arten von Kugelschreibern gegeben, beginnt der griechische Film »Standing aside, watching«, der auf der Berlinale 2014 Premiere hatte: einer aus farbigem und einer aus transparentem Plastik – mehr Auswahl gab es damals in Griechenland nicht. Das Beispiel ist extrem, und doch zeigt es, wie seitdem die Vielfalt an Möglichkeiten explodiert ist, mit der die Generation Y im Vergleich zu früheren Generationen tagtäglich konfrontiert ist. Das beginnt mit der Auswahl der Internetseite oder des Fernsehprogramms, betrifft ebenso Modell und Marke elektronischer Geräte und endet noch lange nicht bei der Wahl des Studienfachs, wo sich selbst traditionelle Fächer wie Maschinenbau längst in Angebote wie Energietechnik, Energiewirtschaft und Windenergie aufgespalten haben.

Die Generation Y ist mit diesem Überangebot aufgewachsen. Sie musste ihren eigenen Weg finden, um in dem Dschungel aus Optionen nicht den Überblick zu verlieren. Entscheidungen zu treffen – durchaus auch aus dem Bauch heraus – ist ihr längst in Fleisch und Blut übergegangen. Ältere Generationen versuchen bei größeren Anschaffungen, möglichst alle Faktoren in eine Kaufentscheidung einzubeziehen, und scheitern häufig an der Fülle der Möglichkeiten und einem Überangebot an Informationen. Die Generation Y hat diesen Anspruch längst aufgegeben.[20]

Doch das Phänomen betrifft längst nicht nur den Konsum. Das Leben ist generell nicht mehr so eindeutig, gradlinig und planbar. Die Generation Y ist eine Generation der Realisten. Sie ist nüchtern und genau in der Wahrnehmung ihrer Umwelt. Da ihre Zukunftsperspektive während ihrer gesamten Jugend unsicher schien, ist sie es schon lange gewohnt, sich immer mehrere Optionen offenzuhalten. Es ist gewissermaßen die Anleitung zum Glücklichsein der Generation Y: Klappt ein Praktikum oder eine Bewerbung nicht oder wird ihr Zeitvertrag nicht verlängert, hat sie immer Plan B, C und wohl auch D und E in der Hinterhand. Wenige Ypsiloner können die Frage beantworten, wo sie sich beruflich in fünf Jahren sehen. Aber deshalb werden auch wenige von ihnen enttäuscht, wenn das Leben sie woandershin führt.

Wer wie die Ypsiloner über einen so langen Zeitraum so viel Ungewissheit und Unsicherheit erlebt hat und ertragen musste, der ist daran gewöhnt und hält diesen Zustand für normal. Gleichzeitig ist er immer bemüht, sich bei seinen Entscheidungen keine Chancen zu verbauen. Die Generation Y wird damit zu einer Generation der Egotaktiker: Sie erfassen schnell und mit großer Sensibilität die Ausgangslage. Daraufhin legen sie ihr eigenes Verhalten so fest, dass möglichst viel Gewinn für sie selbst zu erwarten ist. Dabei gehen sie ganz nüchtern von ihren individuellen Wünschen und Bedürfnissen aus. Leitfrage ist also immer: Was ist das Beste für mich? Und wie halte ich mir möglichst viele Optionen offen? Das gilt schon in der Schule, wo sie immer den Blick darauf richten, was ihnen die richtigen Noten bringt, um später Erfolg im Beruf zu haben.

Die Egotaktik ist der Mechanismus, mit dem die Generation Y jederzeit schnell im Alltag flexible Entscheidungen treffen kann. Sie nutzt eine Mischung aus Selbstbezug und sensiblem, strikt nach opportunen Gesichtspunkten ausgerichtetem, tastendem und taktierendem Verhalten, über das sie Chancen auslotet und Entfaltungsspielräume erkundet. Ideale, Normen und Prinzipien helfen da wenig. Oft kommt es auf Intuition an. Improvisation wird zum zentralen Element der Lebensführung. Jede Entscheidung und jede Handlung rechtfertigen sich am Ende allein durch ihr Ergebnis.

Bei der Fülle der Möglichkeiten und einem notorischen

Überangebot an Informationen wird dieses Taktieren zum obersten Gebot. Sich im falschen Moment festzulegen könnte verhängnisvoll für die Zukunft sein. Etwa, wenn man sich zu früh auf einen bestimmten Bildungsweg festlegt und damit bessere Optionen ausschließt. Dennoch können auch die Ypsiloner irgendwann Entscheidungen treffen. Doch sie versuchen sich dabei erst gar nicht an einer rational »richtigen«, sondern folgen ihrem Bauchgefühl. Ohnehin gibt es heute oft viel zu viele Optionen, um alle Argumente gegeneinander abzuwägen.

Und sie schieben Entscheidungen sehr lange auf. Es kann sogar passieren, dass sie den richtigen Zeitpunkt verpassen. Das halten die Ypsiloner für besser, als eine falsche Entscheidung zu treffen. Insgesamt aber sind sie Meister darin, irgendwann dann doch eine für sie passende und zufriedenstellende zu treffen. Die kommt aus einer Mischung aus Intuition, Eingebung, Erfahrung, Erwartung und Chuzpe zustande, ist eine mit Bauchgefühl. Wer gewohnt ist, aus 30 Sorten Kugelschreibern, 287 Fernsehprogrammen oder 26 Fernsehserien die passende auszuwählen, der schafft das. Und jede Entscheidung kann ja auch revidiert werden.

Ein Dschungel aus Optionen

Im Dschungel aus Optionen konzentrieren sich die Ypsiloner darauf, ihren Alltag zu organisieren und sich individuelle Chancen für eine berufliche und gesellschaftliche Integration zu sichern. Entsprechend selbstbezogen handeln sie. Alles dreht sich um ein Ziel: in Beruf und Karriere voranzukommen, um sich damit eine Zukunft zu sichern. Die egotaktische Lebensführung ist auf Opportunitätsgewinn und Nutzenmaximierung für das Ich ausgerichtet. Die Strukturen und Rahmenbedingungen des Handelns erscheinen nur in der Ferne am Horizont, sie stehen nicht im Zentrum. Nur wer ein großes Potenzial biografischer Unsicherheit ertragen kann, wer Offenheit und Brüche, unklare Ausgänge und überraschende Wendungen wegstecken kann, ist sozial überlebensfähig und kann mit der neuen Ungewissheit umgehen. Dazu gehört irgendein funktionierendes Lebenskonzept, eine Vorstellung davon, wie man ein sinnvolles Leben gestalten kann, ohne auf die traditionellen Bestandteile einer bürgerlichen Existenz zurückgreifen zu können wie noch ihre Eltern. Auf ausgetretenen Pfaden früheren Generationen hinterherzutrotten – sei es im Arbeitsleben, in der Familie, bei der Freizeitgestaltung oder in der Politik – ist für die Generation Y keine Alternative. Zu stark hat sich dafür unsere Gesellschaft verändert.

Nüchtern blicken die Ypsiloner auch auf ihre Karriereaussichten. Sie verschwenden erst gar keinen Gedanken daran, die Lage auf dem Arbeitsmarkt politisch zu verändern. Stattdessen konzentrieren sie sich auf Schule, Studium und Ausbildung. Der Generation Y ist immer bewusst: Eine möglichst gute Bildung ist der einzige Parameter, den sie wirklich selbst beeinflussen kann, um die eigenen Karrierechancen zu verbessern. Die Ypsiloner liefern sich einen Wettlauf um die besten Abschlüsse. Leistungs- oder besser gesagt Abschlussfixierung unter Einsatz auch von List und Taktik – das ist den Angehörigen der Generation Y zur zweiten Natur geworden. Die steigenden Zahlen von Abiturienten und Studienabgängern sprechen Bände.

In der postmodernen Lebenswelt der Generation Y gilt: Anything goes. Aber wenn alles geht, dann muss man auch einen Begriff davon haben, was man selbst will, und das fällt vielen schwer. Nicht umsonst nennt der Journalist Oliver Jeges seine Generation die »Generation Maybe«.[21] Ypsiloner haben gelernt, sich durch unsichere und unstrukturierte Situationen in Familie und Schule zu lavieren, ohne sich festlegen zu müssen. Jede Festlegung, jede eindeutige Entscheidung blockiert Optionen für die Zukunft. Doch diese könnten in den unsicheren Zeiten der Generation Y noch einmal sehr wichtig werden. Wenn ich mich für ein Studium zum Ingenieur entscheide, kann es passieren, dass ich Jahre später nicht von einem Nachfrageboom für Lehrer profitiere und keinen Arbeitsplatz erhalte. Wenn ich mich für ein iPad entscheide, kann es sein, dass ich die neue Entwicklung des möglicherweise alle Grenzen sprengenden Tablets von Samsung verpasse – oder von Sony. Oder LG. Oder Asus. Oder Acer …

Offene Lebensläufe

Der offen gewordene Lebenslauf ist wohl das wichtigste Kennzeichen der Generation Y – und eine ihrer größten Belastungen. Sei es der Berufseinstieg, der Beginn einer Ausbildung oder eines Studiums oder die Gründung einer Familie – bei jedem Übergang im Lebenslauf müssen Jugendliche gewaltige Kräfte mobilisieren. Die Gefahr, es nicht zu schaffen, wird umso größer, je offener und unstrukturierter die Lebensläufe sind. Heute fehlen fest gefügte Vorgaben und erwartbare Abläufe. Dafür hat die Generation Y die Chance, ihr Leben frei zu gestalten und neue Wege zu gehen.

Das schaffen diejenigen gut, die souverän auf dieser Klaviatur spielen können. Wer mit einer offenen Zukunftsperspektive umgehen und mit der Ungewissheit leben kann, nicht zu wissen, ob und wann er einen Job finden und ob und wann er davon auch finanziell gut leben kann, der kommt gut durch. Wer mit der Ungewissheit zurechtkommt, ob er einmal eine Familie gründen wird, ebenfalls. Die Erfahrung zeigt: Eine gute Bildung schafft eine entscheidende Voraussetzung dafür. Intuitiv haben die Ypsiloner das erkannt und investieren so stark wie noch nie in das Training ihrer Kompetenzen. Besonders die jungen Frauen. Sie sind es auch, die auffallend gut mit der neuen Ungewissheit umgehen können. Sie haben vielfältige Strategien der Egotaktik entwickelt und dazu ein Rückmeldesystem aufgebaut, das ein systematisches Selbstmonitoring ermöglicht. Zum Beispiel im Hinblick auf ihre körperliche und psychische Fitness. Ständig sind sie mit der Selbsteinschätzung des Gesundheitszustandes und der Wahrnehmung und Aneignung des eigenen Körpers beschäftigt. Nie sind sie mit ihrem Gesundheitszustand und ihrer Körpergestalt wirklich zufrieden, immerzu müssen sie an sich arbeiten und sich verbessern. Dafür etablieren sie eine sensible, kritische Selbstbeobachtung und eine große Feinfühligkeit den eigenen Körpersignalen und der seelischen Befindlichkeit gegenüber. Sie sind bemüht, die Signale von Körper und Psyche rechtzeitig zu registrieren und Konsequenzen daraus zu ziehen, um sich vor Überforderungen zu schützen.

Auch die jungen Männer bewegen sich in diese Richtung, aber sie tun sich im Vergleich noch schwer. Denn für Männer ist es traditionell nicht gerade typisch, eine sensible Haltung zum eigenen Körper zu entwickeln. Immer noch werden Männer in ihrem Umfeld als normal und gesund angesehen, wenn sie Charaktereigenschaften wie Unabhängigkeit, Durchsetzungsfähigkeit, Härte, Wettbewerbsfähigkeit und Rationalität zeigen. Frauen jedoch dann, wenn sie Wärme, emotionale Ausdrucksfähigkeit, Weichheit, Sensibilität für menschliche Beziehungen und intensive Problemerfassung zeigen. Schauen wir aber auf die wachsenden Zahlen junger Männer in den Fitness-Studios und die anziehenden Verkäufe von Kosmetika für Männer, sehen wir eine deutliche Trendwende. Mann möchte Muskeln haben und körperlich stark sein – also das alte Männerbild bedienen –, gleichzeitig aber auch sozial und psychisch fit sein, gut aussehen und die Vorstellung vom »neuen Mann« aufnehmen, der soziales Engagement kennt und gut kochen kann.

Die Generation Y arbeitet intensiv daran, die alten Geschlechterstereotypen zu verwischen. Die Y-Frauen wollen Kinder und Karriere miteinander verbinden. Und immer mehr Y-Männer wollen sie in beidem unterstützen. Hierfür prüfen sie konkrete Rollenmodelle. Sie erkennen, dass die Doppel- und Dreifachbelastung durch Beruf, Haushalt und Kindererziehung, die immer typischer für Frauen wird, für deren Entwicklung keinesfalls von Nachteil ist. Im Gegenteil scheint sie auch Mehrfachgestaltungsmöglichkeiten mit entsprechender Flexibilität der Lebensführung mit sich zu bringen.

Frauen sind nicht wie Männer auf eine Berufsrolle fixiert, sondern können auch Erfahrungen und Erfolge durch einen Wechsel ihres Lebensmittelpunktes erzielen. Sie können vorübergehend die Berufsrolle verlassen, um die Mutterrolle zu übernehmen, ohne dabei in irgendeiner Form gesellschaftlich geächtet zu werden. Damit sind sie besonders gut auf den egotaktischen Lebensstil eingestellt.

Was knapp ist, wird hoch bewertet

Die Generation Y erlebte in Kindheit und Jugend Wirtschaftskrisen und Massenarbeitslosigkeit, Terroranschläge und politische Umbrüche. Im Unterschied zu den beiden alten Generationen, den »Großeltern«, geht es jungen Leuten heute nicht um die schiere materielle Existenz. Sie bewegen sich nicht am wirtschaftlichen Limit, sondern in einigermaßen etablierten Zuständen. Aber sie befürchten, den Lebensstandard, den sie von ihren Eltern gewohnt sind, selbst nicht halten zu können. Deshalb rücken materielle und soziale Sicherheit auf der Liste der Wünsche wieder mit nach oben.

Die Ypsiloner verstehen Fleiß und Lebensgenuss ebenso wie Sicherheit und Selbstentfaltung als sich ergänzende Wertorientierungen. Diesen Trend stellte die Shell Jugendstudie 2002 zum ersten Mal fest: »Die heutige Jugend hat alle Freiheiten, bewegt sich jedoch in einer wirtschaftlich riskanteren Situation. Früher erschien der Wohlstand sicher, aber Handlungsfreiheit und Mitbestimmungsmöglichkeiten waren knapp. Für die Jugendlichen der 1990er- und 2000er-Jahre ist es jedoch gerade umgekehrt. Was knapp ist, wird zumeist besonders hoch bewertet, und so ist es verständlich, dass das Streben nach Sicherheit in der Mentalität der heutigen Jugend eine zentrale Rolle spielt als früher.«[22]

Die Ypsiloner mischen sich ihren eigenen Wertecocktail. Sie kombinieren Leistungs- und Genusswerte. Nach dem traditionellen Verständnis der Eltern- und Großelterngeneration haben diese beiden Orientierungen wenig gemeinsam. Fleiß und Ehrgeiz stehen bei den Babyboomern und der Generation X für eine aufgeschobene Bedürfnisbefriedigung, Lebensgenuss zielt eher auf die Befriedigung von Bedürfnissen im Hier und Jetzt. Bei den Ypsilonern ist das anders. Sie bewerten Leistung und Genuss beinahe gleich hoch und unterscheiden sich damit von den beiden früheren Generationen. Ihre Werte sind nicht neu. Vielmehr verbinden sie die ihrer Großeltern mit denen ihrer Eltern. Sie nehmen Impulse von beiden auf, definieren sie für sich neu und passen sie an ihre Lebensbedingungen an. Durch diese neuartige Vermengung von Werten entsteht dann doch eine bisher nicht gekannte innovative Lebenskonzeption.

Die Werte- und Mentalitätstypen der Ypsiloner

Unterschiedliche Gruppen der Generation Y setzen unterschiedliche Prioritäten. Die Shell Jugendstudie hat vier Werte- und Mentalitätstypen von Jugendlichen gefunden, die sich in der Mischung des Wertecocktails darin unterscheiden, wie gut sie darauf vorbereitet sind, mit der schwierigen wirtschaftlichen Ausgangslage klarzukommen.[23] Die beiden ersten Typen sind es, die Trends und Perspektiven der gesamten jungen Generation bestimmen.

Zunächst lässt sich eine »Leistungselite« der »selbstbewussten Macherinnen und Macher« identifizieren. Sie bildet fast ein Drittel der Generation Y und zeichnet sich durch eine Synthese von »alten« und »neuen« Werten aus. Die Werte Fleiß und Ehrgeiz, Macht und Einfluss sowie Sicherheit erleben in dieser Gruppe eine Renaissance. Die Macherinnen und Macher kombinieren sie mit den Selbstverwirklichungswerten Kreativität, Unabhängigkeit, Lebensgenuss und Lebensstandard. Sie sind eine aufstiegsorientierte Gruppe von gleich vielen jungen Frauen und jungen Männern, die eine unbefangene Kombination von materialistischen und postmaterialistischen Orientierungen praktiziert. Die selbstbewussten Macherinnen und Macher verbinden Selbstverwirklichung mit Selbstdisziplin, sie haben keine Schwierigkeiten damit, über Fleiß und Disziplin zu materiellem Reichtum und Lebensgenuss zu kommen.

Eine zweite herausragende und tonangebende Gruppe, die ebenfalls etwa ein Drittel der Population umfasst, sind die »pragmatischen Idealistinnen und Idealisten«. In dieser Gruppe sind die Frauen in der Überzahl. Im Unterschied zu den Machern kommen bei ihnen humanistisch geprägte Motive für ein soziales Engagement ins Spiel. Diese richten sich vor allem auf jugendbezogene Themen in Freizeit und Schule, beziehen aber auch sozial bedürftige Gruppen mit ein. Die jungen Frauen repräsentieren diese konzentrierte Lebensführung der tonangebenden jungen Generation mit einem kräftigen Schuss Selbstbewusstsein und einer gestaltenden Aktivität in Schule, Beruf, Freizeit, Gemeinde und sozialen Organisationen besonders prägnant. Die tonangebende Mentalität ist eine Mischung aus wacher Umweltwahrnehmung und beherztem Ergreifen von Chancen der Umweltgestaltung.

Diesen beiden selbstbewussten und erfolgreichen Gruppen stehen die »zögerlichen, skeptischen, resignierten und unauffälligen Jugendlichen« gegenüber. Sie haben keinen großen Erfolg in Schule und Ausbildung. Dennoch streben sie nach Lebensstandard und Macht, finden sich aber duldsam und durchaus tolerant mit ihrer gegenwärtigen Lebenslage ab. Sie stellen etwa ein Fünftel der Population, unter ihnen sind in der Mehrzahl junge Frauen.

Ebenfalls etwa 20 Prozent gehören zur vierten Gruppe, den »robusten Materialisten«. In dieser Gruppe überwiegen zahlenmäßig die jungen Männer. Sie wollen Macht und Lebensstandard und einflussreiche Positionen mit Lebensgenuss verbinden. Aber sie haben ein deutliches Gefühl dafür, dass ihre leistungsmäßigen und sozialen Kompetenzen hierfür bei Weitem nicht ausreichen. Bei ihnen kommen Verlierer- und Versagerängste auf. Sie sind anfällig für unkontrollierte Aggression und Gewalt, Fremdenfeindlichkeit und Rechtsextremismus. In dieser Gruppe ist das politische Interesse gleich null, das soziale und zivile Engagement außerordentlich klein. Sie steht am Rande der bundesrepublikanischen Leistungsgesellschaft und wartet nur noch latent auf Angebote der Integration.

Mit Zuversicht in die Ungewissheit

Zu Zeiten der Babyboomer war klar: Wer einmal einen sicheren Job hat, hat meist für sein Leben ausgesorgt. Heute existiert potenziell jeder Arbeitsplatz nur noch auf Zeit. Gleiches gilt häufig für Partnerschaften und seit der Finanzkrise gefühlt auch immer für Sparkonten. Doch die Generation Y hat trotz allem in ihrer Mehrheit die Erfahrung gemacht, immer irgendwie auf die Füße gefallen zu sein. Das macht sie immun gegen Ungewissheiten. Sie entwickelt einen pragmatischen Optimismus, dass es schon irgendwie weitergeht. Mittlerweile scheint sie diesen Zustand zu lieben und bewegt sich darin wie ein Fisch im Wasser. Immer mit dem großen Strom, aber mit List und Tücke und mit einer intuitiven Gewissheit, ein interessantes Leben zu führen.

Das ist die Grundmentalität, die die große Mehrheit der Ypsiloner kennzeichnet und – wie man wohl sagen darf – auszeichnet. Ihnen können die Unwägbarkeiten des Lebens, die in großer Zahl auf sie einprasseln, nichts wirklich anhaben. Ihr Lebensmotto ist: In der Ungewissheit eine gewisse Zuversicht finden. Eben weil es ja weitergeht und man bisher immer irgendwie durchgekommen ist. Nach einiger Zeit empfinden die Ypsiloner Genugtuung dabei, mit dieser Ungewissheit zu spielen. Ihnen käme ein vorgezeichnetes Leben mit starken Gewissheiten langweilig vor. Sie fangen an, den Sinn ihres Lebens auf einer anderen Ebene zu suchen als auf der Ebene der täglichen Absicherung. Beständigkeit und Nachhaltigkeit der Lebensgrundlagen werden bedeutsam. Themen der langfristigen Sicherheit von wirtschaftlichen und natürlichen Ressourcen spielen eine Rolle.

Sie möchten zur Gesellschaft dazugehören, aber sie nehmen gelassen zur Kenntnis, dass sich soziale, kulturelle, wirtschaftliche und ökologische Rahmenbedingungen geändert haben und alte Regeln und Strukturen nicht mehr gelten. Ihnen macht das nichts. Sie sind es gewohnt, immer wieder vor dem Nichts zu stehen. Schließlich ging es danach immer weiter. Das hat sich in ihre Persönlichkeit eingebrannt. Sie sind es gewohnt, ihre Lebensplanung immer wieder neu den Realitäten anzupassen. Als Egotaktiker haben sie dazu die nötige Kompetenz der hyperflexiblen Problemverarbeitung aufgebaut. Schon lange müssen sie mit der Ungewissheit umgehen können, ob sie tatsächlich jemals erwachsen und damit vollwertige Mitglieder der Gesellschaft werden. Das treibt sie nicht mehr um, weil sie ahnen, dass »Erwachsenwerden« und »Gesellschaftliches-Vollmitglied-Sein« nicht mehr das sind, was sie noch für ihre Eltern waren. Erstaunlich ist die innere Sicherheit, mit der die Ypsiloner durch das Leben gehen. Scheinbar gerade weil die Umwelt so unsicher ist.

Die Generation Y schätzt ihre Eltern über alles und genießt die lange Unterstützung, die sie von Mutter und Vater erfährt. Sie investiert deutlich mehr in ihre Bildung als frühere Generationen. Einmal im Beruf angekommen, sind ihr Gestaltungsmöglichkeiten, gutes Betriebsklima und die Vereinbarkeit von Beruf und Familie weitaus wichtiger als eine steile Karriere. In sozialen Netzwerken veröffentlicht sie Kommentare über Gott und die Welt.

Auf die Idee, sich in der organisierten Politik zu engagieren, kommen nur sehr wenige der Ypsiloner. Sie sind zufrieden mit der bundesdeutschen Demokratie, doch ein soziales Engagement betreiben sie lieber über soziale Netzwerke im Internet. Sie sind unideologisch und haben eine realistische und pragmatische Weltsicht. Über die elektronischen Medien organisieren sie ihr gesamtes soziales Leben und sorgen dafür, sich persönlich vorteilhaft zu präsentieren.

Sie sind nicht selbstzufrieden, die Ypsiloner, aber überzeugt von ihren Fähigkeiten sind sie schon. Und das kann selbstverliebte Züge annehmen. Weil sie immer überall irgendwie durchgekommen sind, haben sie insgesamt eine hohe Meinung von sich. Das kann dazu führen, dass sie narzisstisch zu lange in den Spiegel schauen und nur noch sich selbst sehen, sich unheimlich viel zutrauen und vorübergehend die Maßstäbe für die reale Welt verlieren. Dass sie tagträumen, so wie Lucy aus dem amerikanischen Blog.

Aber kurze Zeit später erwachen sie wieder, treten auf den Boden der Tatsachen zurück und machen sich daran, die real existierende Gesellschaft in allen ihren Winkeln grundlegend zu verändern. Sie sind heimliche Revolutionäre, denen man ihr Umstürzlertum nicht ansieht. Auf leisen Sohlen, scheinbar angepasst und still sondierend und taktierend, sanft und unbemerkt, mischen sie Bildung und Beruf auf, krempeln das Familienleben um, unterwandern Politik und Gemeinschaftsleben, setzen neue Maßstäbe in Medien und Freizeit, Konsum und Wirtschaft, sorgen für ihre Zukunft vor und demonstrieren, wie man das alles schaffen kann, ohne ständig vom Burnout bedroht zu sein.

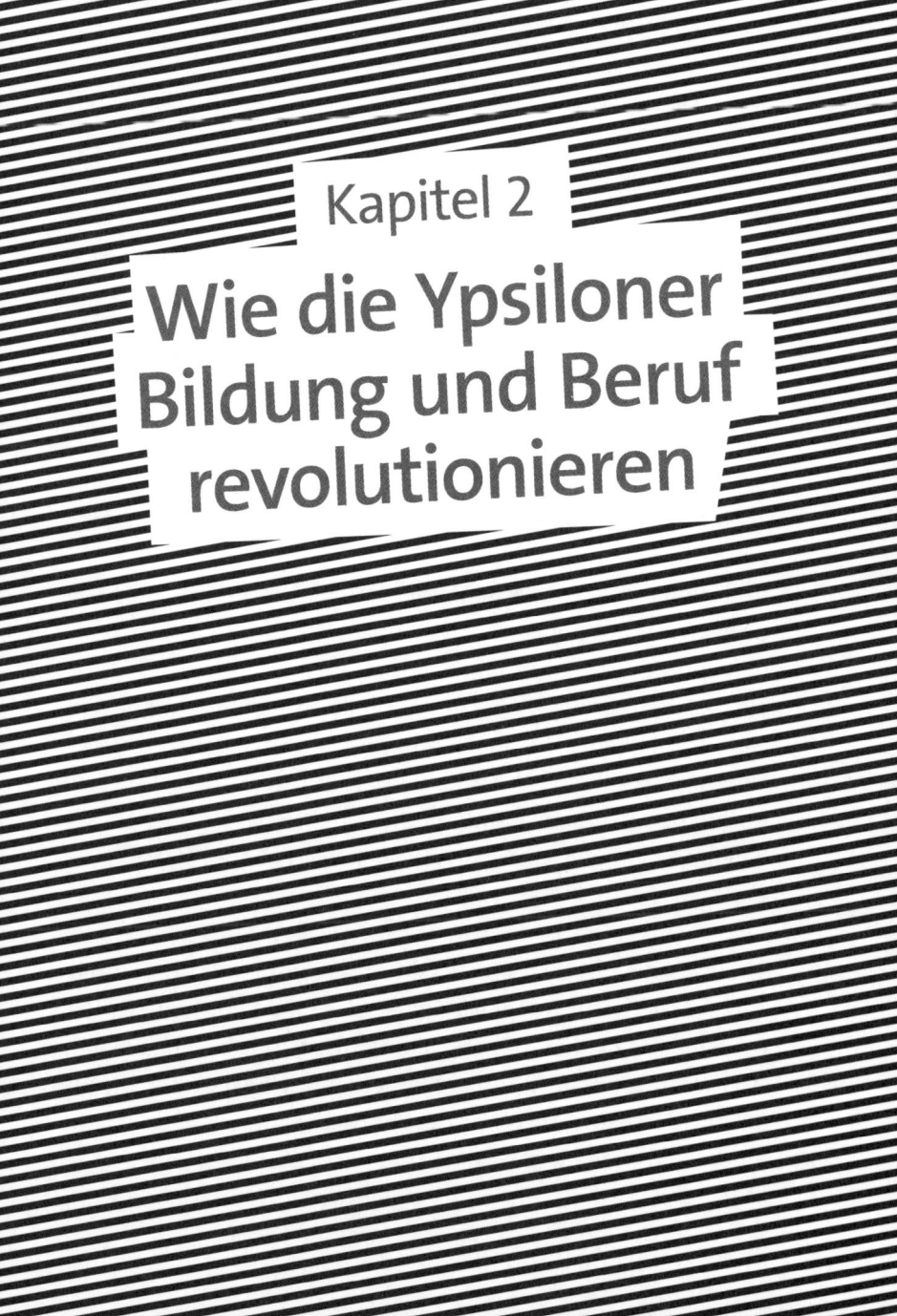

Kapitel 2

Wie die Ypsiloner Bildung und Beruf revolutionieren

Ungewisse berufliche Perspektiven

»Ich habe mein Leben eigentlich nur bis April geplant«, sagt Jenny. »Also bis übernächsten Monat.« Wenn alles klappt, will sie dann für ein Jahr mit dem »Work and Travel«-Programm nach Kanada. Dabei hat sie gerade ihren Master in soziokulturellen Studien mit Bravour gemacht. »Das sehen viele Leute als Überbrückung nach dem Motto: ›Na ja, und danach weißt du dann, was du machen willst‹«, erzählt die 26-Jährige. »Ich sehe das überhaupt nicht so. Das ist einfach ein Teil von mir.«

Keinen Plan und auch noch stolz darauf. Die Generation Y ist wohl die erste, die nicht mehr mit festen Karriereplänen in Ausbildung und Studium geht. Stattdessen hält sie als Egotaktiker möglichst lange alle Optionen offen. Die Ypsiloner rechnen nicht mehr mit dem Job fürs Leben. Für sie ist der Weg Ziel. Und damit sie sich in jedem Job selbst verwirklichen können, kämpfen sie auf breiter Front für Arbeitsbedingungen, unter denen sie ihren Job fürs Leben gern machen.

»Mathe und Physik Leistungskurs war komplett die richtige Wahl. Das macht mir wirklich Spaß«, sagt Tim. Jetzt will er wissen, was er damit später einmal beruflich machen kann. Ausbildung oder Studium, Mathematik, Physik oder Biologie. Anderthalb Jahre hat der Elftklässler noch Zeit: Dann muss er wissen, wie es nach dem Abitur weitergehen soll. Doch bislang ist er noch ziemlich orientierungslos. »Mein

Spektrum an Interessen ist so breit«, sagt er. »Da stehen mir so viele Möglichkeiten offen.« Deshalb ist er schon jetzt zu Christina Westermann von der Arbeitsagentur in Berlin Treptow-Köpenick zur Berufsberatung gekommen, um zu erfahren, »was das Beste ist«.

»Es ist schwerer als früher, eine Entscheidung zu treffen«, wird Westermann später sagen. Früher hätten viele nach Bauchgefühl entschieden. Heute stießen sie in den Schulen immer wieder auf große Verunsicherung und Skepsis. »Nennen Sie uns doch bitte Berufe, mit denen man auch in zehn oder zwanzig Jahren noch Arbeit findet«, werde sie oft gebeten, erzählt Westermann. »Wie antworten? Das weiß ja niemand so genau.«

Natürlich gibt es langfristige Trends, die Arbeitsmarktforscher prognostizieren. Demnach werden etwa deutlich mehr Menschen in Pflegeberufen Arbeit finden, da die deutsche Bevölkerung im Schnitt immer älter wird. Auch Ingenieuren und IT-Fachleuten wird eine goldene Zukunft vorausgesagt. Doch solche Prognosen sind kurzatmig. Niemand kann zuverlässig abschätzen, wie sich der digitale Wandel auf den Arbeitsmarkt auswirkt. Der Internet-Guru Jaron Lanier etwa hält es für möglich, dass viele Tätigkeiten in der Altenpflege in zehn Jahren von Robotern übernommen werden können.[1] Google lässt schon heute erste selbstfahrende Autos über amerikanische Straßen fahren. Wenn die Technologie ausgereift ist, wird sie weltweit zig Millionen Jobs im Transportgewerbe bedrohen. Die digitale Revolution hat das Potenzial, den Arbeitsmarkt förmlich umzupflügen. Sie könnte viele der Prognosen obsolet machen.

»Jugendliche wollen möglichst herausfinden, womit sie später eine echte Chance haben«, sagt Westermann. Das sei auf dem vielfältigen Arbeitsmarkt aber kaum noch möglich. Schon allein den »richtigen« Weg in den Beruf gibt es heute nicht mehr. Was man studieren soll, um sich die beste Ausgangsposition für seinen Traumjob zu verschaffen, ist oft unklar. »Wenn ich allein die vielen Studiengänge betrachte: wie viele Bezeichnungen es da inzwischen gibt und die Kombinationsmöglichkeiten. Das kann für den Einzelnen schon sehr frustrierend sein«, sagt Westermann. Sie beobachte, dass das Überangebot an Informationen bei Abiturienten Druck erzeuge. »Bei manchen ist das so extrem, dass sie vor Bedenken überhaupt keine Entscheidung treffen können. Die Informationen ordnen, verarbeiten, noch mal abwägen. Hier noch dieser Einwand, jenes Argument. Das blockiert ja auch.« Schritt für Schritt versucht Christina Westermann in solchen Fällen, mit den Abiturienten den richtigen Beruf zu finden.

Als Tim die Fragen nach dem »besten Beruf« stellt, spielt bei Westermann kurz ein Lächeln um die Mundwinkel. Die Berufsberaterin hört solche Fragen nicht zum ersten Mal. Dann zählt sie das gesamte Spektrum der möglichen Berufe vom physikalisch-technischen Assistenten bis hin zum Ingenieur oder Wissenschaftler auf. Nach einem Blick auf Tims Zeugnis dreht sie den Computerbildschirm in seine Richtung. Zwei Klicks, und auf dem Monitor erscheint die Übersicht der Bachelorstudiengänge der Technischen Universität Berlin. Die Liste erschlägt auf den ersten Blick. Für Tim ist sie Hausaufgabe bis zur nächsten Beratung. Dann werden er und Christina Westermann die Suche gemeinsam weiter eingrenzen.

Jedem, der zu ihr in die Beratung komme, sei klar, dass es den einen Beruf fürs Leben nicht mehr gebe, sagt Westermann. Die Generation Y stellt sich auf häufige Wechsel, einzelne Projekte und andere Brüche in der Karriere ein.

15 Jahre Krise am Arbeitsmarkt

»Weißt du noch, als wir alle zu viel waren?«, besingt 2006 der Popmusiker Peter Licht das Lebensgefühl, das lange Zeit die Jugend der Generation Y prägte. Schon in der Schule erlebte sie, wie die Arbeitslosenquote mit Ausnahme eines kleinen Aufschwungs um das Jahr 2000 stetig stieg – auf dem Höhepunkt 2005 waren über 4,8 Millionen Menschen in Deutschland ohne Arbeit. Im gesamten Bundesgebiet war die wirtschaftliche Konjunktur gestört. Während ältere Arbeitnehmer vom Kündigungsschutz profitierten, hatten Berufseinsteiger ganz schlechte Karten. Ausgerechnet jetzt drängten zahlenmäßig sehr starke Jahrgänge auf den Arbeitsmarkt.

Die rot-grüne Bundesregierung unter Gerhard Schröder reagierte auf die Misere in der Agenda 2010 mit kräftigen Einschnitten in das soziale Netz und der Lockerung des Kündigungsschutzes. Atypische Beschäftigungsverhältnisse wie Leiharbeit und Minijobs weiteten sich in der Folge stark aus. Unbefristete Festanstellungen sind für die Generation Y längst nicht mehr selbstverständlich. Als sich die Lage von 2006 an langsam wieder entspannte, sorgte die weltweite Finanzkrise für neue Unsicherheit. Das ist die Begleitmusik aus Tagesschau und Tageszeitung, während die Generation Y darüber nachdenkt, welche Berufe sie ergreifen will.

Und sie beobachtet die Entwicklung sehr genau: Während sich für Hochqualifizierte die Wartezeit auf einen festen Job durch Praktika meist nur verlängerte, traf es diejenigen mit niedrigerem Schulabschluss besonders hart. Die Nachfrage nach Ausbildungsplätzen war deutlich größer als das Angebot. Fast ein Fünftel der Schulabgänger bekam keine Stelle.[2] Die meisten von ihnen schlugen sich mit Gelegenheitsjobs durch.

Wer in dieser Zeit bis Ende der 2000er-Jahre in der Schule nicht gut abschnitt und nur einen mäßigen oder gar keinen Hauptschulabschluss schaffte, der hatte kaum eine Chance auf dem Arbeitsmarkt. Unternehmen konnten sich ihre Auszubildenden aussuchen. Und sie bevorzugten Bewerber mit mittlerer Reife nach zehn erfolgreichen Schuljahren oder (Fach-)Abitur nach 12 oder 13 Jahren. Schließlich gab es davon sehr viele. Sie strömten plötzlich in das duale System der Berufsausbildung, das bislang der »Königsweg« für junge Leute mit einem Hauptschulabschluss gewesen war. In der Krise gingen über zwei Drittel aller Ausbildungsstellen an Realschüler und Gymnasiasten. Junge Leute mit »nur« einem Hauptschulabschluss standen in hartem Wettbewerb um die wenigen verbleibenden Stellen.[3] Geschätzte 20 Prozent aller Schulabgänger eines jeden Jahrgangs zwischen etwa 1995 und 2007 blieben auf der Strecke. Rund 1,5 Millionen Jugendliche erhielten in dem Zeitraum keinen Ausbildungsplatz.

Der PISA-Schock

Atmosphärisch verschärfte die PISA-Studie die Krisenstimmung weiter, die 2002 zum ersten Mal veröffentlicht wurde. In der Analyse der Internationalen Organisation für wirtschaftliche Zusammenarbeit und Entwicklung (OECD) schnitt Deutschland im Vergleich zu anderen Industrieländern viel schlechter ab, als es selbst kritische Politiker und Wissenschaftler jemals für möglich gehalten hätten. Es kam zum »PISA-Schock«. Das Land der Dichter und Denker, so zeigten die PISA-Daten, hatte eine schlecht ausgebildete Jugend, die erschreckende Defizite in Lesen und Schreiben aufwies. Das erhöhte den Druck auf die Schüler der Generation Y.

Die PISA-Studie zeigte auch, wie stark Erfolg in der Schule vom Elternhaus abhängt. Die besonders schwachen Schüler stammen ganz überwiegend aus Familien, in denen Vater und Mutter selbst nur wenig gebildet sind.[4] Viele von ihnen sind nach Deutschland eingewandert. Sie sind meist schon längere Zeit arbeitslos, verhältnismäßig arm und oft auf staatliche Unterstützung angewiesen. Im Laufe der Jahre geraten sie in eine verfestigte randständige soziale Lage und sehen keine Chance mehr, sich durch eigene Anstrengungen daraus zu befreien.

Die Ausbildungsstudie für McDonald's[5] bezeichnet sie als »Statusfatalisten«, weil ihre Lebensumstände sie daran hindern, an einen Aufstieg durch Bildung zu glauben. Die »Statusfatalisten« sind sich ihrer aussichtslosen Lage bewusst. Das legen auch die Shell Jugendstudien schonungslos offen. Fast zwanzig Prozent fühlen sich den Anforderungen in Schule und Berufsausbildung ebenso wenig gewachsen wie denen in ihrer Freizeit- und Medienwelt. Sie empfinden sich als sozial Abgehängte und Versager, weil sie mit der selbstbewussten Macher-Mentalität ebenso wenig zurechtkommen wie mit der der pragmatischen Idealisten und mit deren anspruchsvollem Lebensstil nicht mithalten können.[6]

Lernen, lernen und nochmals lernen

In Zuffenhausen spürt man förmlich, wie das Herz der deutschen Wirtschaft schlägt. Der verschlafene Stuttgarter Stadtteil liegt eingekeilt zwischen dem Werksgelände von Porsche und dem des Zulieferers Robert Bosch. In den vergangenen Jahrzehnten hat sich die Industrie immer weiter durch den engen Talkessel gefressen. Porsche plant bereits, sein Werk kräftig zu erweitern.

Ruhig liegt der kleine Park vor der Robert-Bosch-Schule in der Morgensonne. Nur einmal in der Stunde öffnen sich die Schultore. Raucherpause für die Berufsschüler. Für Cihan ist es einer der wenigen ruhigen Momente. Er lernt »beim Bosch«, wie es in Schwaben heißt. Neben Ausbildung und Berufsschule holt er nach Feierabend auf dem Abendgymnasium seine Fachhochschulreife nach. Cihan genießt den Stress. »Ich hab eine Zeit gehabt, da war ich ein Jahr daheim und habe nichts zu tun gehabt, außer siebenmal im Monat irgendwo Teilzeit zu arbeiten«, erzählt Cihan. Modischer Bart, Stecker im Ohr, immer ein Lächeln auf den Lippen. Dass Cihan mal zu denen gehörte, die zu cool waren, in die Schule zu gehen, ist heute im Gespräch mit ihm nur schwer vorstellbar. Ein Jahr lang war er ohne Abschluss, ohne festen Job, während die meisten seiner Freunde ihre Ausbildung begannen. »Du weißt wirklich nach diesem Jahr: Du musst was machen«, sagt der 22-Jährige heute. »Keiner kommt zu dir und fragt: Willst du arbeiten?«

Heute lebt er den Traum der Generation Y. Schon jetzt braucht er sich über einen sicheren Arbeitsplatz als Industriemechaniker nach der Ausbildung kaum Gedanken zu machen. Doch er will mehr. Sein Plan ist, nach dem Abitur Fahrzeugtechnik zu studieren. Jeder in der Generation Y weiß intuitiv, dass der richtige Abschluss heute über Erfolg oder Misserfolg im Leben entscheidet. Cihan hat es am eigenen Leib erfahren.

»Lernen, lernen und nochmals lernen.« Der Spruch des russischen Revolutionsführers Wladimir Lenin beschreibt knapp 100 Jahre später treffend die Strategie der Generation Y für Arbeitsmarkt und Gesellschaft. »Bildungsverlierer« zu sein, damit zu den abgehängten 20 Prozent der Statusfatalisten zu gehören bedeutet heute das sichere gesellschaftliche Aus. Also strengen sich die Ypsiloner in der Schule an. Ihr

Ziel lautet deshalb: nicht zu den Leistungsschwachen zu gehören, besser zu sein als der Durchschnitt, am besten zur Leistungsspitze zu zählen. Dann erst glaubt sie eine Chance zu haben, den ungünstigen Umständen am Arbeitsmarkt zu trotzen, die – das ist allen so weit klar – das gesamte weitere Leben bestimmen könnten. Es geht um »Survival of the Fittest«.

Wer wenigstens den Status seiner eigenen Eltern halten will, muss in der Schule besser sein als diese. Damit sind in erster Linie die Noten gemeint, nicht die Substanz der Bildung. Diese Erfahrung macht die Generation Y zu einer Generation von Leistungsstrebern. Sie stürmt die Gymnasien. Sie werden zur eigentlichen »Hauptschule« der Bildungsrepublik. Denn alle wollen Abitur machen. Das Abiturzeugnis gilt als Versicherung gegen spätere Arbeitslosigkeit und sozialen Abstieg.

Auch die Eltern trimmen die Ypsiloner auf Leistung. Sie machen ihren Kindern schon beim Eintritt in die Grundschule klar: Jetzt beginnt der Ernst des Lebens. Die Schule bestimmt die berufliche Karriere. Und da ist Leistung gefragt. Eine »Schonzeit«, eine Phase des sorglosen Ausprobierens, in der Neugier und inhaltliches Interesse am Lernen im Vordergrund stehen, gibt es heute nicht mehr. Die Kinder sollen gute Noten nach Hause bringen. Ihre Eltern sind überzeugt: Ein Misserfolg verbaut die Chance auf einen sicheren Job.

So werden großen Teilen der Generation Y das Taktieren und Streben zur zweiten Natur. Sie wollen auf Gedeih und Verderb im Bildungssystem funktionieren. Und die meisten schaffen es auch. Sie werden zu Nutzenkalkulierern, die ihr Engagement im schulischen Unterricht einzig und allein danach bemessen, zu welchen Ergebnissen in Form von Bewertungen, Zensuren und Zeugnissen es führt. Das Ergebnis heiligt die Mittel, auch Anpassung und Opportunismus gehören zum Repertoire.

Die Ypsiloner streben nach hohen Schulabschlüssen und setzen ihren ganzen Ehrgeiz daran, ihre Eltern nicht zu enttäuschen. In der Shell Jugendstudie 2010 geben 55 Prozent der 12- bis 25-Jährigen an, Abitur machen zu wollen.[7] In der World Vision Kinderstudie sagen das schon 48 Prozent der Sechs- bis Elfjährigen. Bei Kindern aus der sozialen Oberschicht sind es sogar 73 Prozent.[8] Den Takt geben die Eltern vor. Die überwältigende Mehrheit von ihnen wünscht sich erklärtermaßen das Abitur für ihr Kind.[9]

Auf diese Weise baut sich ein enormer Druck im Schulsystem auf. Die 16 Bundesländer verschärften diesen Druck, indem sie ausgerechnet Mitte der 2000er-Jahre, zu den Hochzeiten der internationalen Wirtschafts- und Finanzkrise mit weltweit erdrückenden Arbeitslosenzahlen, die Laufzeit des Gymnasiums um ein Jahr verkürzten. Genau gesagt, wurde der Beschluss schon einige Jahre früher gefasst, aber in Kraft trat er just zu der Zeit, die durch internationale Arbeitsmarktkrisen gekennzeichnet war. G8 statt G9 in einer Phase, als jede Mutter, jeder Vater und jeder Ypsiloner mit allen Sinnen danach trachtete, das begehrte Abitur zu erreichen, um wenigstens eine Eintrittschance am Arbeitsmarkt zu haben – das hat der politischen Legitimität der Bildungspolitik sehr geschadet. Ein Jahr Schule einfach mit einem administrativen Akt weggestrichen – das empört bis heute alle Eltern.

Selten hat es ein bildungspolitisches Thema gegeben, bei dem die Schulministerinnen und Schulminister so sehr am Willen der Eltern vorbei Fakten geschaffen haben. Selten waren nach einer Bildungsreform so viele Väter und Mütter bereit, auf die Barrikaden zu steigen. Mittlerweile diskutieren mehrere Bundesländer darüber, zumindest teilweise wieder zum Abitur nach 13 Jahren zurückzukehren, um die Gemüter zu beruhigen.

Gestresste Schüler

An der Tür zu Beate Dappers Büro endet die schulische Leistungsgesellschaft. Wände in einem warmen Gelbton, indirekte Beleuchtung und weicher Teppichboden strahlen eine Ruhe aus, die jeden Stress besiegt. Ein Refugium für diejenigen, die mit dem Leistungsdruck in der Schule nicht zurechtkommen. Gemeinsam mit fünf Kollegen ist die Diplom-Psychologin in Pankow für über 30.000 Schülerinnen und Schüler zuständig. Der Berliner Stadtteil ist ein typischer Mittelschichtsbezirk. Über 80 Prozent gehen hier auf das Gymnasium. Der schulische Druck habe in den vergangenen Jahren stark zugenommen, beobachtet Dapper. Vor allem durch die Verkürzung des Gymnasiums. Der gleiche Unterrichtsstoff in 12 statt 13 Jahren. »Das ist eine ganz entscheidende Maßnahme«, sagt sie. Die Schülerinnen und Schüler müssen nun durchschnittlich 33 Stunden pro Woche belegen. Eine Stresswelle rollt durch Deutschlands Schulen.

Die Reformen im Bildungswesen verunsichern viele Schüler. Der 16-jährige Magnus etwa, den die Shell Jugendstudie interviewt, als er die 11. Klasse eines Braunschweiger Gymnasiums besucht, hat Angst, dass ihn die Lehrer nicht gut genug auf das Zentralabitur vorbereiten. Magnus gehört zum ersten Jahrgang, der in Niedersachsen nach zwölf Schuljahren Abitur macht. Er fürchtet, dass die 13. Klasse, die sich zeitgleich mit ihm auf Studienplätze bewirbt, besser abschneidet, weil sie ein Jahr mehr zur Vorbereitung hatte. Zeit, Freunde zu treffen, habe er so kurz vor dem Abitur kaum. Oft reiche es gerade für einen Online-Chat am Abend.[10]

Vor allem die Oberstufe erlebten Schüler heute als äußerst belastend, bestätigt auch Beate Dapper. Doch wer es einmal so weit gebracht habe, habe meist gelernt, mit dem Druck umzugehen. Ihre Kollegen und sie betreuen vor allem Schüler der dritten bis siebten Klassen, vor allem aber auch Kinder in der Erprobungsphase des Gymnasiums. Das ist in Berlin die sechste Klasse. »Da sind die Kinder sehr unter Druck. Ein Jahr lang müssen sie beweisen, dass sie fürs Gymnasium geeignet sind«, sagt Dapper. Bei schwachen Lernern empfehle sie den Eltern oft, die Kinder zunächst auf eine integrierte Sekundarschule zu schicken. Den Stress des Gymnasiums über sechs Jahre durchzuhalten grenze bei schwachen Schülern an eine Gefährdung des Kindeswohls.

Keiner will zu den Bildungsverlierern gehören. Eltern haben heute deutlich ehrgeizigere Pläne für die Schullaufbahn ihrer Kinder als jemals zuvor. Oft vermittelt die Psychologin deshalb auch zwischen Lehrern und Eltern, die das Gefühl haben, ihr Kind werde in der Schule nicht optimal gefördert. Gerade im Mittelschichtsbezirk Pankow scheint das Phänomen der Helikopter-Eltern stark ausgeprägt zu sein, der Mütter und Väter, die permanent um ihre Kinder kreisen und sie auf Schritt und Tritt beobachten und begleiten. »Die Kinder werden schon sehr eng geführt. Es gibt ein sehr viel höheres Maß an Kontrolle als noch vor 15 Jahren«, sagt Dapper. »Jedes Kind hat ein Handy, da kann man morgens, mittags, abends überprüfen, was das Kind gerade tut.«

So wird die Mehrheit der Generation Y zu Nutzenkalkulierern, die sich so verhalten, wie am meisten Gewinn für sie ganz persönlich entsteht. Sie sind am Aufstieg orientiert. Anpassung gepaart mit Ehrgeiz ist ihre Strategie. Sie wollen Erfolg in der Schule, die sie als Inbegriff der Leistungsgesellschaft definieren. Wer diese egotaktische Fähigkeit zum Optimieren des persönlichen Nutzens und zum tastenden Sondieren der Chancen nicht besitzt, wer sich gegenüber Lehrern und Schulleitern nicht optimal präsentiert, wer seine Leistungsmotivation nicht auf die Reihe bekommt, der gerät schnell ins Abseits und fühlt sich auch so. Denn auch das gehört zur Mentalität des Wettbewerbs unter jungen Leuten: mit einer nicht zu übersehenden Missachtung auf die Loser herunterzuschauen, die es nicht schaffen.[11] Im Berliner Bezirk Pankow betreut das Team von Beate Dapper 91 Schulen. »Es gibt hier wunderschöne Schulen im Bezirk«, schwärmt die Psychologin. »Es gibt aber auch solche, bei denen man denkt, da kann man seine Kinder nicht hinschicken. Da stimmt gar nichts.« Vor allem aus Letzteren suchen Schüler und Eltern bei der Schulpsychologin Rat. Gute Schulen gleich gute Schüler – intuitiv weiß das die Generation Y schon lange.

Schulen der Zukunft

Ginge es nach den Wünschen der Ypsiloner, würden Schulen anders aussehen als heute. Sie würden den Unterricht und das Schulleben an ihren Bedürfnissen ausrichten: Jede Schule erhielte den Auftrag, Schülerinnen und Schüler je nach den individuellen Voraussetzungen optimal zu fördern. Jede Schule nähme eine genaue Bestandsaufnahme vor, mit welchen Voraussetzungen ein Jugendlicher zu ihr kommt und wie die Schule ihn individuell fördern kann. Jede Schule entwickelte solche pädagogischen und didaktischen Konzepte, die auf die Voraussetzungen des einzelnen Jugendlichen zugeschnitten sind, um ihn gezielt zu stärken und die Schwächen auszugleichen. Zudem beteiligte sie die jungen Leute an allen wichtigen Entscheidungen über das Schulleben und die Gestaltung des Schulgebäudes.[12] Schulen als pädagogische Dienstleistungseinrichtungen, die sich aktiv um ihr Wohl bemühen und in denen sie sich genügend Anregungen holen können, um die persönliche Entfaltung voranzubringen – das wäre der Traum der Generation Y.

Die Ypsiloner möchten Lernunternehmer sein, Bildungsmanager in eigener Sache sozusagen. Sie möchten ihre eigene Bildungslaufbahn bestimmen können und die Selbstkontrolle über ihre Lernleistung ausüben. Sie fühlen sich durch permanenten Frontalunterricht gegängelt. Stattdessen wollen sie mitentscheiden, wie und wann sie lernen. Sie möchten sich dafür moderner Informations- und Kommunikationstechniken bedienen. Sie drängen auf methodisch-didaktische Lehr- und Lernformen, die dem Selbststudium einen viel größeren Stellenwert einräumen als bisher. Lehrerinnen und Lehrer sollen die Aufgaben definieren und ihnen die notwendigen Kenntnisse und Techniken vermitteln, die Lösung dann aber in die Regie der Jugendlichen geben. Während diese daran arbeiten und sich dabei aller Quellen bedienen, die sie ausfindig machen können – darunter natürlich auch Lernportale und Angebote von Vorlesungen und Seminaren im Internet –, unterstützen die Lehrerinnen und Lehrer sie als ständige Berater und Begleiter.

Davon sind die Schulen in Deutschland weit entfernt. Für die gut situierten Fraktionen der Generation Y ist das nicht so dramatisch. Die 30 Prozent selbstbewussten und leicht egozentrischen Macherinnen und Macher kommen auch mit schlechten schulischen Bedingungen zurecht. Sie haben großes Selbstvertrauen in die eigene Leistungsfähigkeit und setzen sich viele anspruchsvolle Ziele.[13] Sie sind nicht auf ihre Lehrer fixiert, lavieren sich mit Geschick durch die Schulzeit hindurch und wissen sich in Szene zu setzen. Sie wollen nach Schule, Studium und Ausbildung den Tauschwert für ihr jahrelanges Engagement kassieren, den sie in einer Berufslaufbahn sehen. In der wollen sie sich voll entfalten und zeigen können, was sie draufhaben. Die 30 Prozent pragmatischen Idealistinnen und Idealisten tun sich schon etwas schwerer mit schlechten Schulen. Sie sind aber extrem anpassungsbereit und in der Lage, für ihren Erfolg in der Bildung viele Abstriche bei ihrer Lebensqualität zu machen. Sie stellen sich zähneknirschend dem Wettbewerb, disziplinieren sich und sind bemüht, gute Noten einzufahren. Im Beruf wollen sie diese dann in Lebensqualität ummünzen, sind sie daran interessiert, wieder zu sich selbst zu kommen und nicht immer nur zu funktionieren.

Wirklich schlecht dran sind die 20 Prozent starke Gruppe der mittelmäßig erfolgreichen und unauffälligen und die ebenfalls etwa 20 Prozent leistungsmäßig schwachen und sozial verunsicherten und benachteiligten jungen Leute. Sie wissen genau, wie wichtig gute Schulabschlüsse heute sind. Aber sie finden nur selten Schulen, die sie mit ihren besonderen Fähigkeiten und Interessen richtig ansprechen und unterstützen können. Nicht alle haben das Glück wie Cihan, der schließlich doch noch auf die harte Tour gelernt hat, wie wichtig ein guter Abschluss heute ist. Viele von ihnen verzweifeln am Bildungssystem und bleiben in ihrer Bildungslaufbahn irgendwo auf der Strecke, weil sie sich der Schule und ihren Lehrern entfremdet haben.

Plötzlich ändert sich der Arbeitsmarkt

Fachinformatiker – 68, Industriemechaniker – 72, Mechatroniker – 42, Bankkaufmann/-frau – 115. Die Liste mit den freien Ausbildungsplätzen der Region Stuttgart füllt zwei Stellwände auf der Ausbildungsmesse im Rathaus der Landeshauptstadt. »Die Situation hat sich dahin gehend gewandelt, dass wirklich kein Versorgungsproblem wie in den vergangenen Jahren mehr da ist, sondern dass die Unternehmen Probleme haben, die Stellen zu besetzen«, sagt Martin Frädrich. Als Geschäftsführer für Beruf und Qualifikation der örtlichen Industrie- und Handelskammer führt er den Kampf gegen den Lehrlingsmangel in der Region an. Von A wie Anlagenmechaniker bis Z wie Zimmerer sind etwa 2000 Stellen unbesetzt. Seine Kollegen stehen auf dem Berufsbildungstag im Stuttgarter Rathaus vor großen Karteikästen. Jeder Reiter steht für einen anderen Ausbildungsberuf. Allein im Ordner Kaufmann/-frau für Büromanagement finden sich 134 Stellenangebote.

Es ist eine neue Wirklichkeit, die sich heute Schulabgängern eröffnet. Noch nicht überall, doch in immer mehr Regionen und Branchen hat sich seit 2009 die Lage auch für diejenigen schlagartig verbessert, die nicht zur Mehrheit der leistungsstarken und selbstbewussten Macherinnen und Macher oder der pragmatischen Idealistinnen und Idealisten zählen. Sogar mit einem schwachen Abschluss existieren neuerdings wieder Chancen am Arbeitsmarkt. Auch wenn die dunklen Wolken der Finanzkrise die Entwicklung zunächst verdeckt haben, ist innerhalb weniger Jahre aus dem Lehrstellen- ein Lehrlingsmangel geworden. In vielen Branchen und Regionen fehlen nicht nur Arbeitskräfte, sondern auch Azubis – auch weil die Zahl der Schulabgänger sinkt. In Bayern etwa kann schon jedes dritte Unternehmen in der Metall- und Elektroindustrie seine angebotenen Lehrstellen nicht mehr vollständig besetzen. Die Entwicklung lief so rasant, dass viele ihre Tragweite bis heute noch nicht erfasst haben.[14]

Besonders die Berufsgruppen Verkäufer, Fachverkäufer, Lebensmittelhandwerker, Kaufleute, Küchen- und Restaurantfachkräfte, Bäcker, Fleischer und Sanitär- und Heizungstechniker klagen über einen Mangel an Nachwuchs. Das sind mehrheitlich Berufe, in denen bisher Bewerberinnen und Bewerber mit Realschul- oder Hauptschulabschluss dominieren.»Deswegen werden solche Messen und alle anderen Aktionen immer wichtiger, damit wir nicht auf beiden Seiten die Enttäuschung haben«, sagt Martin Frädrich. Früher habe man gesagt, wer nicht zu Aktionen wie dem Berufsbildungstag komme, den könne man auch nicht beraten. »Inzwischen geht es auch so weit, dass wir sagen: Wer nicht kommt, hat vielleicht Gründe, die berechtigt sind, dann gehen wir halt hin.« Elternarbeit, spezielle Programme für Jugendliche mit Migrationshintergrund oder Azubis, die als Ausbildungsbotschafter an der Schule für ihre Berufe werben – die IHK Stuttgart bemüht sich mittlerweile intensiv um die Schulabgänger der Generation Y.

Firmen müssen um junge Leute buhlen

Zurück in der Robert-Bosch-Schule. Hemd statt Kapuzenpulli, Hose statt Jeans, Hornbrille: Denny sticht aus der Masse der Berufsschüler in Stuttgart-Zuffenhausen heraus. Sieben Jahre arbeitet der 26-Jährige schon in einem Betrieb der Metallindustrie in Aschaffenburg. Nun will er bald Führungsaufgaben übernehmen. Deshalb lässt er sich an der Robert-Bosch-Schule zum Technischen Zeichner weiterbilden. Während der Ausbildung bekommt er Geld von seinem ehemaligen Betrieb – ohne Gegenleistung. Nur wenn Denny im Anschluss nicht wieder nach Aschaffenburg zurückkehrt, muss er drei Viertel der Summe zurückzahlen. Es ist ein Versuch des Betriebs, Denny als guten Mitarbeiter an sich zu binden.

Denny hat den Wandel des Arbeitsmarkts am eigenen Leib miterlebt. Als er 2006 in Aschaffenburg eine Lehrstelle suchte, hätte er nie damit gerechnet, dass ein Unternehmen später einmal so viel tun würde, um ihn zu halten. »Ich war meinem Chef damals richtig dankbar, dass er mir eine Chance gegeben hat«, erinnert er sich. Über 50 Bewerbungen hatte er bereits geschrieben. Ein halbes Jahr war er nach der Schule ohne Arbeit. Heute ködert sein Betrieb Azubis mit Firmenlaptops, damit sie nicht zur Konkurrenz gehen.

Seit einigen Jahren berichten auch die Medien verstärkt über Betriebe, die im Wettbewerb um Lehrlinge neue Wege gehen. So schrieb die Süddeutsche Zeitung etwa über eine Lackiererei in Unterfranken, in der die besten Lehrlinge jedes Jahrgangs einen Smart als Firmenwagen fahren. Nachdem sich immer weniger Schulabgänger auf seine Lehrstellen bewarben, versucht der Betrieb mit solchen Vergünstigungen, gute Auszubildende anzuwerben.[15]

Mittlerweile müssen sich Firmen regelrecht anstrengen, um für die junge Generation attraktiv zu werden. Es bleibt ihnen oft nichts anderes übrig, als sich auf alte unternehmerische Tugenden zu besinnen und gezielt auf die Entwicklung der Kompetenzen, Fähigkeiten und Verhaltensweisen der jungen Leute zu setzen – auch wenn diese zu Beginn unzureichend sind. Der Smart als Dienstwagen, übertariflicher Lohn oder Projekte, in denen mehrere Betriebe gemeinsam Jugendliche ohne Abschluss fit für eine Ausbildungsstelle machen – das Kräfteverhältnis zwischen Angebot und Nachfrage auf dem Ausbildungsmarkt hat sich gewandelt.

Martin Frädrich von der IHK Stuttgart warnt davor, dass Unternehmen für Azubis mit Dienstwagen und anderen Vergünstigungen »den roten Teppich ausrollen«. »Ich halte es für sehr viel wichtiger und auch nachhaltiger, wenn Zusatzqualifikationen während der Ausbildung angeboten werden«, sagt Frädrich. Immer mehr Betriebe setzten auf Auslandsaufenthalte, den Erwerb der Fachhochschulreife oder von fachlichem Können etwa in den Bereichen Controlling oder Wirtschaftsmanagement. Frädrich beobachtet, dass die Erwartungshaltung der Generation Y deutlich gestiegen ist.

»Man muss sich schon darstellen als ein Unternehmen, das
etwas bietet, das Wege aufzeigt, das Karrieren aufzeigt und
nicht als jemand, der etwas verlangt.«

Eine neue Berufswelt

Von Herrenjahren sind junge Leute aber dennoch weit entfernt. Ein »Normalarbeitsverhältnis« – ein Arbeitsvertrag
mit voller Stundenzahl und mit einem tariflich geregelten
vollen Gehalt inklusive gesetzlichen Kündigungsschutzes
und des vollen Urlaubs- und Rentenanspruchs –, das ist keineswegs mehr selbstverständlich. Die fachlich qualifizierte
Arbeit kann heute in großem Umfang auch eine angelernte
sein, die Stundenzahl nur einen Teil des Tages umfassen,
Kündigungsschutz und Urlaub sind oft fraglich. Befristet,
geringfügig oder Teilzeitbeschäftigte und Leiharbeiter sind
heute weiter verbreitet als vor Beginn der Krise in den 1990er-
Jahren. Etwa zwei Drittel der Arbeitsplätze entfallen heute
noch auf die typischen »normalen«, schon ein Drittel auf die
atypischen nicht normalen Arbeitsverhältnisse.[16]

Die Berufsberaterin Christina Westermann kann auch für
Berlin bestätigen, dass heute auch Schulabsolventen mit
schlechten Zeugnissen wieder eine Chance haben, einen Ausbildungsplatz zu finden. Nur: »Die Schüler haben das noch
nicht so mitbekommen.« Wer wirklich völlig unzureichende
Qualifikationen mitbringt, Lücken im Schreiben und Lesen,
im Umgang mit Texten und Medien, Schwächen bei mathe-
matischen und wirtschaftlichen Grundkenntnissen und mangelnde Fähigkeiten in den Bereichen logisches Denken,
räumliches Vorstellungsvermögen, Merkfähigkeit, Bearbei-
tungsgeschwindigkeit und Aufmerksamkeit hat, wer dann
auch noch Defizite bei Selbstorganisation und Selbstständig-

keit aufweist, der kann auch heute kaum mit einem Angebot einer Ausbildungsstelle rechnen. Die Anforderungen im modernen Berufsleben sind dafür einfach zu hoch, sagen die Unternehmen.

Ob das wirklich stimmt, bezweifeln manche Berufsberater. Eigentlich sollten unter den neuen Bedingungen eines Lehrlingsmangels vor allem im handwerklichen Bereich die Chancen der bisher benachteiligten Jugendlichen mit einem mäßigen oder schlechten Hauptschulabschluss sprunghaft ansteigen. Davon kann aber keine Rede sein. Die Personalabteilungen vieler Unternehmen sind es gar nicht mehr gewohnt, die Unterlagen auch der schwächeren Bewerber zu sichten. Bisher konnten sie diese immer gleich aussortieren, weil es genug Hochqualifizierte gab. Eine komfortable Lage für die Unternehmen.[17] Zumal durch Technisierung und Digitalisierung ohnehin die Anforderungen an Auszubildende stiegen. Musste ein Kraftfahrzeugmechaniker früher vor allem Freude am Schrauben und Basteln haben, so wartet heute ein Kfz-Mechatroniker zudem die gesamte Elektronik der Wagen.

Handwerkliche Geschicklichkeit ist auch weiter gefragt. Aber die Generation Y braucht zusätzlich noch die Kompetenz, in Systemen und Zusammenhängen zu denken, sowie viele mathematische und naturwissenschaftliche Fertigkeiten. Einfache und sich wiederholende Tätigkeiten sind seltener, komplexe und koordinierende weitaus häufiger geworden. Im Arbeitsleben kommt es immer stärker auf Selbstständigkeit und die Fähigkeit zur eigenverantwortlichen Gestaltung der Tätigkeiten an. Es ist kaum noch möglich, sich durch Vorablernen auf alle Eventualitäten des Berufs vorzubereiten, weil sich vieles erst direkt am Arbeitsplatz ergibt. Außerdem werden Kooperation, Teamarbeit und selbstständige Aufgabenlösung immer wichtiger. Die Schulabgänger müssen entsprechend flexibel und aufnahmefähig sein, schnell auf neue Anforderungen reagieren und sie mit ihren jeweiligen privaten und sozialen Lebensansprüchen in Einklang bringen können.

Duale Ausbildung unter Druck

Abdulkerim besucht die Berufsfachschule der Robert-Bosch-Schule in Stuttgart-Zuffenhausen. Ohne Abschluss hat er nach der Hauptschule zunächst mehrere Jahre gejobbt. Doch zum Leben reichte das kaum. »Sogar um Müllmann zu werden, brauchst du heute einen Realschulabschluss«, sagt Abdulkerim. Deshalb geht er jetzt wieder zur Schule. Früher wäre er der klassische Anwärter auf einen Ausbildungsplatz gewesen. Heute will auch Abdulkerim Abitur machen. Der 22-Jährige ist wild entschlossen, nicht noch einmal im Berufsleben vor eine Wand zu laufen, nur weil ihm der nötige Schulabschluss fehlt.

Bildung, Bildung, Bildung – die Maxime der Generation Y bedroht mittlerweile das international viel gerühmte System der dualen Berufsbildung. Immer weniger schlagen eine berufliche Ausbildung direkt im Anschluss an die Pflichtschulzeit ein. Die klassische Berufsausbildung verliert ihren Appeal. In den 1980er-Jahren, vor der Ausbildungs- und Arbeitsmarktkrise, befand sich über die Hälfte eines Jahrgangs im dualen System der beruflichen Ausbildung und ein Viertel in der Hochschulausbildung. Heute sind die Proportionen umgekehrt: Nur noch ein Viertel macht die Berufsausbildung nach Ende der Pflichtschulzeit, die Hälfte erwirbt sie per Studium. Das duale System hat seine vor der Krise noch führende Position gegenüber der gymnasialen Oberstufe verloren.[18]

»Die Hochschulen sind die Konkurrenz«, sagt auch Martin Frädrich von der IHK Stuttgart. Es gehe ihm natürlich nicht darum, jemanden vom Studium abzuhalten. Doch er befürchtet große Fehlallokationen, sollte der Trend zu Schule und Hochschule weiter anhalten. »Denn dann sind nicht nur die Hörsäle an den Unis überfüllt, sondern den Leuten fehlen auch die Einsatzfelder in der Wirtschaft.« Gerade das habe aber in der Vergangenheit in Deutschland immer vergleichsweise gut funktioniert.

Die Generation Y hadert mit dem traditionellen deutschen Ausbildungssystem. Dort muss sie sich auf einem regionalen Markt mit stark begrenztem Angebot bewerben. Früh muss sie ein Gefühl dafür entwickeln, ob diese Angebote überhaupt zu ihr passen. Anders als beim Studium sind Ortswechsel nicht üblich. Das bedeutet, alle Bewerberinnen und Bewerber müssen einen Kompromiss zwischen ihren eigenen Wunschvorstellungen und den tatsächlich vorhandenen Angeboten eingehen. Das widerspricht der Mentalität der Ypsiloner. Sie wollen ihre persönlichen Interessen, Wünsche, Fähigkeiten und Qualifikationen in die Ausbildung nach der Schulzeit einbringen. Sie wollen volle Wahlfreiheit.[19]

Das duale System kann diese Wahlfreiheit nur begrenzt bieten. Im Unterschied zu den Hochschulen ist das berufliche Ausbildungssystem im Wesentlichen vom Bedarf der Wirtschaft gesteuert. Die in einer Region vorhandenen Wirtschaftszweige bestimmen darüber, welche Ausbildungsstellen und welche Arbeitsplätze für Berufsanfänger eingerichtet werden. Die Berufsinteressen der Jugendlichen haben keinen Einfluss darauf. Bei den Hochschulen ist das anders. Dort entscheidet im Kern nur die Nachfrage. Welche Studiengänge wie viele Plätzen anbieten, wird nur indirekt durch die Interessen der Politik, der Wirtschaft und der Wissenschaft gesteuert.

In der Generation Y entscheiden sich alle, die es irgend können, für das Abitur, weil ihnen damit alle möglichen weiteren Wege der Berufsausbildung offenstehen. Wer aber das Abitur einmal gemacht hat, der will auch studieren. Von 1985 bis heute ist die Studienquote von 30 auf 50 Prozent eines jeden Jahrgangs angestiegen. Nach internationalen Maßstäben ist dieser Wert immer noch sehr niedrig. Organisationen wie die OECD mahnen die zuständigen deutschen Landesregierungen regelmäßig, den Rückstand gegenüber vergleichbaren Ländern mit im Durchschnitt 65 Prozent Studierenden im Hochschulsystem schnellstens auszugleichen. Nur durch die wissenschaftlich angereicherte Berufsbildung, so das Argument, kann eine hoch entwickelte Wirtschaft den steigenden Qualifikationsanforderungen nachkommen.[20] Nur durch ein Studium sei es möglich, die junge Generation auf die veränderten Kompetenzanforderungen vorzubereiten. Die Generation Y folgt, so könnte man ketzerisch sagen, in diesem Fall vorbehaltlos den Empfehlungen der OECD.

In starker Position

Die Generation Y hat in ihrer Jugend viele Krisen erlebt: lang anhaltende Arbeitslosigkeit, die Internetblase 2001, die Finanzkrise ab 2007, die europäische Schuldenkrise. Sie konnte nicht ahnen, dass wegen der guten wirtschaftlichen Lage in Deutschland seit 2009 und der demografischen Entwicklung, die sie ganz plötzlich nicht als »zu viele«, sondern als »zu wenige« erscheinen lässt, ihre Berufs- und sogar ihre Karrierechancen exorbitant steigen würden. Jahr für Jahr werden jetzt mehr als 400.000 ältere Menschen aus dem aktiven Erwerbsleben ausscheiden, über einen Zeitraum von mindestens zwei Jahrzehnten hinweg. Ein Jahrgang Jugendlicher ist heute rund 650.000 Personen stark – da sind die Chancen schon recht gut, einen Platz zu bekommen.

An der Schwelle zum Beruf stößt die Generation Y also plötzlich auf einen Ausbildungs- und Arbeitsmarkt, der sich vom Angebots- zum Nachfragemarkt mausert. Fachkräftemangel wird immer mehr zu einem wichtigen Schlagwort in der Diskussion um den Standort Deutschland. Für die Ypsiloner bietet das die Chance, ihre eigenen Vorstellungen in der Arbeitswelt durchzusetzen. Nicht weil sie arbeitsscheu wären, wie manche Medien behaupten. »Wir sind nicht faul. Wir wollen arbeiten. Nur anders. Im Einklang mit unseren Bedürfnissen«, schreibt die ZEIT-Journalistin Kerstin Bund.[21] »Wir lassen uns im Job nicht versklaven, doch wenn wir von einer Sache überzeugt sind, geben wir alles.«

Vor allem die beiden stärksten Gruppen der Ypsiloner, die selbstständigen Macherinnen und Macher und die pragmatischen Idealistinnen und Idealisten, können heute mit ihrer guten Ausbildung auf einmal Forderungen an ihre potenziellen Arbeitgeber stellen. Damit krempeln sie langsam die Arbeitswelt nach Y-Manier um. Doch Arbeiten im Einklang mit den eigenen Bedürfnissen ist längst nicht nur ein Traum der Jahrgangsbesten der Generation Y. Cihan aus der Region Stuttgart träumte schon davon, seine Arbeitszeit selbstständig einteilen zu können, als er noch ohne Schulabschluss Gelegenheitsjobs annehmen musste. Nur fehlte ihm damals die Möglichkeit, das auch umzusetzen. Auch deshalb will er studieren. Die selbstständigen Macherinnen und Macher und die pragmatischen Idealistinnen und Idealisten setzen die Standards für ihre ganze Generation.

Die Arbeitswelt der Generation Y

Ein Laptop – natürlich von Apple. Eine Bluetooth-Tastatur für die bessere Körperhaltung. Ansonsten strahlt Stephanie

Leongs Schreibtisch in jungfräulichem Weiß. Durch die schrägen Dachfenster fällt Sonnenlicht auf die lange Tafel, an der die 25-Jährige mit einem knappen Dutzend Kollegen arbeitet. Nichts deutet darauf hin, dass sie Leiterin des Kundendienstes ist. Beim Berliner Internet-Start-up Eyeem zählen Status und Hierarchien nicht viel.

Der Social-Media-Fotodienst wird derzeit als heißer Konkurrent des Marktführers Instagram gehandelt. Das Geschäftsmodell ist einfach: Die User können über Eyeem nicht nur ihre Fotos mit Freunden teilen. Der Dienst ermöglicht auch, nach Bildern von bestimmten Orten oder Veranstaltungen zu suchen. Machen Nutzer abends im Klub beim Konzert Fotos, sortiert Eyeem die Bilder automatisch nach Band und Spielort. Eyeem will so Ordnung in das Bilderchaos im Internet bringen. Auf dem Handy kann sich dann jeder durch alle Aufnahmen klicken, die an einem bestimmten Ort oder zu einem bestimmten Thema entstanden sind. Über zehn Millionen Nutzer teilen, tauschen und finden über Eyeem schon so Fotos. Zudem hilft ihnen die Plattform, ihre eigenen Aufnahmen auch zu verkaufen.

Das Team dahinter passt auf zwei Etagen eines Bürogebäudes in Berlin Mitte. In dem hellen Dachgeschoss hat Eyeem-Gründer Florian Meissner, selbst erst 26, der Generation Y ein Refugium geschaffen. Programmierer, Designer, Community-Manager – etwa 30 junge Leute aus 17 Ländern arbeiten jetzt schon für seine Firma. Wohl jeder hier hat die Schlüsselfrage »Why« seiner Generation für sich beantwortet. Viele von ihnen so wie Stephanie: »Ich glaube wirklich an unser Produkt«, sagt die quirlige US-Amerikanerin. Was wie ein platter Werbeslogan klingen könnte, scheint aus ihrem Mund völlig aufrichtig und selbstverständlich. »Was wir machen, wird vielen Menschen helfen, die bislang ihre Fotos nicht verkaufen konnten.« Eyeem mache etwas völlig Neues, das es so noch nicht gebe. Davon wolle sie ein Teil sein. Arbeit ist für die Generation Y immer auch Selbstentfaltung. Die Ypsiloner wollen durch ihre beruflichen Aktivitäten Spuren hinterlassen. Psychologen nennen das das Selbstwirksamkeitsgefühl. Deshalb arbeitet Stephanie für das Start-up.

Arbeiten einfach nur, um Geld zu verdienen und davon leben zu können – wie viele in der Spitzengruppe der Leistungsträger der Generation Y kann sich auch Stephanie das nur schlecht vorstellen. Natürlich muss das Gehalt vor allem bei den tonangebenden Ypsilonern stimmen. Doch für viele ist das nicht mehr als ein »Hygienefaktor«, wie es im Personaler-Deutsch heißt: gut zu haben, aber nichts, was die Jobzufriedenheit entscheidend beeinflusst. Die Ypsiloner stehen zum Kapitalismus und zum Gewinnprinzip, aber sie arbeiten nicht um des Geldes, sondern des Interesses willen und wollen ihre Arbeitskraft in sinnvolle Projekte stecken.

Hartes Arbeiten unter Wettbewerbsbedingungen ist für sie selbstverständlich. Viele von ihnen haben ja gerade deshalb stark in Bildung und Ausbildung investiert. Das soll sich im Beruf auch auszahlen. Sie erwarten von ihrer Arbeit Abwechslung und spannende Aufgaben, sodass sie ihre Talente und Fähigkeiten einbringen können. Bei der Jugendstudie »Generation 05« des »manager magazins« gaben 93 Prozent der Befragten »Interessante Arbeitsinhalte« als wichtiges Karriereziel an.[22] Sie nehmen dafür notfalls auch eine geringe Bezahlung und einen Zeitvertrag in Kauf – es sei denn, bei einem Konkurrenzbetrieb ergeben sich bessere Möglichkeiten. Sie stehen für einen menschlichen Kapitalismus, der sein Humankapital nicht ausbeutet, sondern schützt.

Spaß statt Geld

»Natürlich schwimme ich hier nicht im Geld«, sagt auch Stephanie. Das sei aber auch nicht ihre Motivation. »Mir geht es um Lebensqualität.« Spaß an der Arbeit, flexible Bürozeiten und ein nettes Team – das ist es, was ihr über die Geschäftsidee hinaus an Eyeem gefällt. Das Start-up wächst derzeit rasant. Stephanie macht meist erst nach zehn Stunden Feierabend. Dafür stört sich aber auch niemand daran, dass sie fast als Letzte morgens ins Büro kommt. Die Generation Y tut sich schwer mit steifen Hierarchien und starren Bürozeiten. »Das Statussymbol meiner Generation heißt Selbstbestimmung«, schreibt Kerstin Bund.[23]

Auch weil sie gerne beruflichen Erfolg mit einem erfüllten Privatleben verbinden möchte. Donnerstags geht das Team von Eyeem nach getaner Arbeit zusammen in die Kneipe. Mittwochs gibt es zum Teamlunch Präsentationen zu Themen wie »Lucid Dreaming« oder »Kindheit im Prenzlauer Berg«, die so gar nichts mit der tagtäglichen Arbeit eines Internet-Start-ups zu tun haben. »Wir wollen den Menschen Gelegenheit geben, auch mal über den Tellerrand zu schauen«, sagt Sven Ole Schubert von Eyeem.

Die gut gebildeten Ypsiloner wollen sich selbst über die Berufstätigkeit als unverwechselbare Persönlichkeiten entfalten. Die selbstbewussten Macherinnen und Macher setzen dabei andere Akzente als die pragmatischen Idealistinnen und Idealisten. Erstere treten selbstbewusst auf, wollen möglichst schnell Einfluss im Unternehmen gewinnen und aktiv mitgestalten. Sie halten sich nicht lange mit untergeordneten Rollen auf und wünschen sich außerdem noch an ihrem neuen Arbeitsplatz eine gute soziale Atmosphäre. Die ebenfalls sehr leistungsstarken pragmatischen Idealisten wollen mit Freude und Leidenschaft arbeiten, aber sie wollen auch weiter gut leben. Sich mit Haut und Haaren ihrer Arbeit verschreiben und das persönliche und gesellige Leben darüber hintanstellen – das ist nicht in ihrem Sinne. Sie haben sich in ihrer Bildungs- und Ausbildungslaufbahn viel Mühe gegeben und haben intensiv an sich gearbeitet. Nun erwarten sie vom Arbeitgeber, dass er auf ihre Wünsche und Bedürfnisse eingeht.[24]

So mischt die Generation Y Freizeit und Arbeit auf. Sie will beim Arbeiten leben und beim Leben arbeiten. Das Wirtschaftsprüfungsunternehmen Ernst & Young fand in seiner Studentenstudie 2009 heraus, dass sich Studierende an erster Stelle Kollegialität bei einem zukünftigen Job wünschen.[25] Stephanie könnte von jedem Ort der Welt mit ihrem Laptop ihre Arbeit tun. Ins Büro kommt auch sie vor allem der Kollegen wegen.

Auch für Leoni Beckmann ist es wichtig, sich bei der Arbeit unter den Kollegen wohlzufühlen. Die 24-Jährige arbeitet bei einer Firma, die politische Projekte an Schulen organisiert. Sie geht nach ihrem Achtstundentag nicht immer einfach nach Hause. »Wir chillen ja hier eh irgendwie alle rum und trinken dabei schon ein Bier«, berichtet sie von einer typischen Situation am Freitagabend. »Dann kann ich ja auch noch drei Stunden im Büro bleiben und komme erst um neun nach Hause.« Natürlich sei es nett mit den Kollegen, sagt Beckmann. Aber: »Für die Chefs ist das natürlich fast eine Traumsituation.«

Auszeiten statt steiler Karriere

Erst wenn Lotte schläft, hat Jonas Mittagspause. Wuschelhaare, Hipster-T-Shirt und Trainingsjacke – so entspannt, wie der 28-Jährige wirkt, ist es schwer vorstellbar, dass er noch bis vor kurzem 60-Stunden-Wochen als Yacht-Ingenieur geschoben hat. Jonas war erfolgreich in seinem Beruf. Schnell ist er in dem Unternehmen aufgestiegen. Als vor einem Jahr seine Tochter zur Welt kam, wollte ihn sein Chef nicht in Elternzeit gehen lassen. Jonas ging trotzdem. Heute arbeitet er freiberuflich als Berater für seine frühere Firma.

Die Generation Y fordert auffällig häufig persönliche und familiäre Auszeiten. Und wenn ein Vorgesetzter nicht bereit oder in der Lage ist, diese zu gewähren, dann wechselt man eben wie Jonas den Arbeitsplatz. Das gilt verstärkt dann, wenn die Ypsiloner eine Familie gründen. Wenn sie denn schon Kinder haben, sollen die nicht unter dem Diktat beruflicher Anforderungen leiden, sondern viel Aufmerksamkeit bekommen. Flexible Arbeitszeiten, Arbeitszeitkonten, Elternzeit und Elterngeld, Heimarbeitsplätze – das sind alles Regeln, die voll im Interesse der jungen Generation liegen. Rund ein Drittel aller Väter nimmt mittlerweile Elternzeit. Zwar ist die Zahl immer noch erstaunlich gering. Auch nehmen die meisten nur ein bis zwei Monate – doch es werden mehr. Auch Betriebskindergärten oder andere Unterstützungen für eine gute Betreuung der Kinder werden hoch geschätzt und für die Auswahl eines Arbeitsplatzes immer wichtiger.

Hier baut sich auch eine neue Anspruchshaltung auf: Wenn der Arbeitgeber etwas von mir verlangt, nämlich meine kreative Mitarbeit, dann erwarte ich, dass er mich dabei unterstützt, dies mit meinen persönlichen Lebensbedingungen in Einklang zu bringen. Das ist heute erst bei einigen Leitungskräften eine selbstverständliche Regel, aber immer mehr Ypsiloner, das zeichnet sich schon ab, werden auch in ganz normalen mittleren Positionen am Arbeitsplatz diesen Anspruch in den kommenden Jahren anmelden.[26] Die Generation Y will am Arbeitsplatz zwar volle Leistung bringen, aber im Gegenzug mitbestimmen können.

In Zeiten der modernen Kommunikationsmedien stellen sich hier enorme Herausforderungen. Es gibt heute keine Grenzen zwischen Arbeit, Familie und Freizeit mehr, die nicht überbrückt werden könnten. Ob am Arbeitsplatz, in der Kinderkrippe oder im Fitness-Studio – erreichbar ist man immer. Damit aber auch ausbeutbar. Es scheint so, als ob die junge Generation – jedenfalls die Spitzengruppe der Leistungsträger unter ihnen, von der wir hier sprechen – sich von Anfang an dagegen immunisieren will und auf Spielregeln für neue Grenzen besteht. Rund um die Uhr wollen sie schon erreichbar sein, aber nicht für jeden. Von der lauernden Gefahr, ein Burnout zu erleben, haben alle schon gehört.[27]

Beide tonangebenden Gruppen der Generation Y haben ein Gespür dafür, dass heute weniger Menschen immer mehr Arbeit erledigen müssen und sich alle Abläufe und Anforderungen verdichten – Stress auf der Arbeit wird immer mehr zur Regel. Deshalb wollen sie genau wissen, wie viel Arbeit und Zeit ein Job erfordert. Sie möchten sich nicht vom Beruf verschlingen lassen. Mehr Gestaltungsfreiheit und ausreichend Zeit für das Privatleben sind ihnen wichtig. Die pragmatischen Idealisten sind auch bereit, Abstriche bei der Karriere zu machen, damit sie nicht auf Kosten von Familie und Privatleben geht. Bei ihnen dürfte die Idee einer 32-Stunden-Woche für junge Eltern von Familienministerin Manuela Schwesig auf viel Zustimmung stoßen. Sie möchten nicht wie ihre Eltern leben, um zu arbeiten, sondern wünschen sich eine Verbindung von beidem: beim Arbeiten leben und beim Leben arbeiten.[28]

Neue Arbeitswelt

Lucy, die Figur von Blogger Tim Urban, die sich zu schade war, US-Präsidentin zu werden, war überzeugt, dass sie etwas ganz Besonderes war. Umfragen aus den USA und aus Deutschland zufolge teilen dieses Gefühl unter den Ypsilonern deutlich mehr junge Leute als in der Generation X. So wie Lucy bringen viele aus der Leistungselite der Ypsiloner hohe Ansprüche an sich selbst mit an den Arbeitsplatz. Sie sind es aus Schule und Hochschule gewohnt, besser zu sein als die Generationen vor ihnen. Sie sind Einser-Abiturienten und haben akademische Abschlüsse mit Auszeichnung. Und so wollen sie auch im Berufsleben weitermachen. Sie gehen auch hier davon aus, besser zu sein als die bisherigen Arbeitnehmer, die nun zu ihren Kolleginnen und Kollegen werden. Sie möchten schnell Verantwortung übernehmen und demonstrieren, was sie alles draufhaben. Der Wirtschaftswissenschaftler Anders Parment schreibt über die Generation Y, sie sei offener und direkter im Umgang mit Kollegen und Vorgesetzten.[29] »Statt erst um Erlaubnis zu fragen, schreiten sie zur Tat.« Das könne für Unternehmen nur von Vorteil sein. Allerdings sei der Übergang zu einer offeneren Betriebskultur gerade für die ältere Belegschaft oft nicht einfach, räumt auch Parment ein.

Tatsächlich überschätzen die Ypsiloner leicht ihre Kompetenzen. Oft machen sie sich nicht die Mühe, erst einmal sorgfältig die bisherigen eingefahrenen Arbeitsabläufe zu verstehen, bevor sie mit kühnen Reformideen in den Ring steigen. Viele junge Leute leben in dem naiven Gefühl, durch die guten Schulabschlüsse und ihren Umgang mit elektronischen Medien überlegen zu sein. Sie müssen auf den Boden der Tatsachen gebracht werden und sich auf das konzentrieren, was sie wirklich sehr gut können. Am besten ist es für sie, wenn sie in der Anfangszeit im Beruf erst einmal an begrenzte und überschaubare Arbeitsprojekte gesetzt werden, die sich innerhalb einer begrenzten Zeit lösen lassen und kreativen Einsatz ermöglichen. So können ihnen nach jedem Schritt Rückmeldungen, darunter natürlich auch Erfolgsmeldungen, gegeben werden, und allmählich können sie sich in die Arbeitsabläufe einklinken.[30]

Die Generation Y ist in ihrer Kindheit und Jugend von ihren Eltern so häufig gelobt worden wie keine andere vor ihr. Darauf will sie auch bei der Arbeit nicht verzichten. Sie kann zäh und ausdauernd viel leisten. Sie kann auf diese Weise große Dinge erschaffen, aber nur dann, wenn sie Spaß an ihrer Arbeit hat und konstant Feedback erhält. Dieses kleinschrittige Arbeiten zur Lösung großer Probleme sind die Ypsiloner aus Schule und Ausbildung gewohnt. Es entspricht dem Belohnungsmechanismus bei elektronischen Spielen, bei dem man große Aufgaben durch die angeleitete Meisterung kleiner, aufeinander aufbauender Lösungen abarbeitet und im Erfolgsfall auf ein höheres Schwierigkeitsniveau steigen kann. Arbeitsplätze, die so organisiert sind, dass sie diese eingespielten Muster aufnehmen, gefallen den Ypsilonern am besten, und dort wachsen sie in ihrem Output schnell über sich hinaus. Schwierigkeiten haben sie, wenn monotones und mechanisches Hintereinander-weg-Arbeiten von ihnen verlangt wird, wenn dabei stur nach Zeit gearbeitet werden muss und ein Ergebnis erst ganz am Ende steht und zwischendurch nichts Geschafftes greifbar ist.

Arbeitsprozessen bekommt diese Umstellung gut. Digitale Informations- und Kommunikationstechnologien schreiten voran, die Produktions- und Dienstleistungsabläufe werden komplexer, und da ist es von Vorteil, wenn sie in überschaubare Einheiten und aufeinander aufbauende Module gegliedert werden können. Die Qualifikationsanforderungen am Arbeitsplatz sind hoch, und wer heute Erfolg haben will, braucht die technische Kompetenz im Umgang mit modernen Medien. Für die konkrete Umsetzung der einzelnen Module bestehen große Entscheidungsspielräume. Deshalb ist Selbstständigkeit am Arbeitsplatz ein Muss. Wer bringt diese Qualifikationen alle in schlafwandlerischer Sicherheit mit? Die Ypsiloner, die deshalb zum Katalysator für die moderne Arbeitswelt werden. Digitale Medien und das Internet gehören nun einmal ebenso wie das Denken in miteinander verwobenen Schlaufen zu ihrem täglichen Leben von Kindesbeinen an.[31]

Chefs als Trainer

Die Ypsiloner stellen nicht nur an sich selbst hohe Ansprüche, sondern auch an ihre Chefs. Sie wünschen sich Vorgesetzte, die sich für ihre Arbeit interessieren und ihnen, wie gerade angesprochen, möglichst viele Rückmeldungen geben. Chefs sollen aber auch selbst mit Spaß und Leidenschaft in ihrem Job arbeiten und professionell ein Team leiten können. Der Chef wird so eher zu einer Art Coach als zum klassischen Vorgesetzten. Von ihren Eltern, Lehrern und Ausbildern sind sie in dieser Hinsicht verwöhnt worden. Nun erwarten sie diese zugewandte, fördernde und zugleich Autonomie und Mitsprache gewährende Haltung auch von den Bossen. Sie kennen es nicht anders, aber sie glauben auch, das stehe ihnen zu. Zumal sie ja ihrerseits auch mit Spaß und Einsatz bei der Arbeit sind.[32]

Firmen und Organisationen mit einer traditionellen Hierarchie tun sich deshalb bei jungen Leuten schwer. Chefs, die den persönlichen Umgang scheuen und sich stattdessen in ihren Büros verbarrikadieren und aus der Ferne Anweisungen geben, sind ebenso verpönt wie Unternehmen, in denen feste Zeit- und Dresscodes herrschen und sehr förmliche Umgangsformen erwartet werden. Ypsiloner sind gewohnt, informell zu leben. Dies können sie bei herausgehobenen Anlässen auch einmal mit förmlicher Kleidung und fester Etikette durchbrechen. Doch steife Stile liegen ihnen nicht, weil sie verdecken, worum es am Arbeitsplatz geht. Ziel ist für sie nicht die Demonstration von Macht und Status, sondern ein kollegiales Miteinander und ein gemeinsames Interesse an spannenden Aufgaben. Sie möchten ihre eigene Meinung aussprechen können und ihre fachliche Auffassung kundtun, ohne auf Zuständigkeiten und Hierarchien Rücksicht nehmen zu müssen.[33]

Wenn ihnen das nicht möglich ist, sind sie schlechte Mitarbeiter und bringen auch schlechte Leistungen. Betriebe, die sich nicht auf die besonderen Fähigkeiten der Generation Y einstellen, können deren Potenzial auch nicht erschließen. Unternehmen, die es nicht vertragen, dass die jungen Mitarbeiter eigene Ideen und Vorstellungen haben und auch mal eben auf die Schnelle etwas im Betriebsablauf verändern wollen, was sie stört, werden junge Leute auch nicht binden können.[34]

Selbstständige Arbeitskraft-Unternehmer

Die Anforderungen an Arbeitnehmer wandeln sich. Die soziologische Arbeitsforschung charakterisiert diese Veränderungen mit einer Metapher: Sie spricht von einem Trend vom »verberuflichten Arbeitnehmer« zum »verbetrieblichten Arbeitskraft-Unternehmer«.[35] In vielen Branchen sind die Zeiten vorbei, in denen Arbeitnehmer morgens ins Büro kommen und dort am Schreibtisch den Tag über stur die anfallende Arbeit abarbeiten. Immer weniger Arbeitnehmer verkaufen so gewissermaßen ihre Arbeitskraft an einen Betrieb. Stattdessen handeln moderne Arbeitnehmer quasi wie selbstständige Unternehmer, nur eben innerhalb eines Betriebs, der sie für ihre Leistungen bezahlt. Ihre »Aufträge« erhalten sie von ihrem Chef. Wie sie diese erfüllen, können sie jedoch weitgehend selbst bestimmen. Flexible Projektarbeit ersetzt streng durchstrukturierte Arbeitsabläufe.

Diese Veränderung kommt der Generation Y entgegen. Sie treibt sie sogar aktiv voran. Sie will ihre Arbeit täglich selbst planen. Das gilt für die Zeit ebenso wie für die Frage, wo sie arbeitet: zu Hause, im Büro oder im Café. Die Generation Y hat eine hohe Selbstmotivation und Bereitschaft zur fachlichen Flexibilität. Sie ist bereit, ständig Schritt zu halten mit Veränderungsprozessen.[36]

Als Arbeitskraft-Unternehmer werden die Ypsiloner zu aktiven Maklern der eigenen Fähigkeiten und individuellen Qualifikationen. Sie orientieren ihre eigene Arbeitskraft permanent am wirtschaftlichen Nutzen und am spezifischen Bedarf des Unternehmens und sind immer bereit, sich weiterzubilden. Hierzu gehören die Verfügbarkeit und der Einsatz von privaten Organisations- und Kommunikationsmitteln. Die Generation Y unterwirft sich einer starken Selbstrationalisierung und einem hohen Leistungsdruck und sorgt von sich aus für den nötigen gesundheitlichen Ausgleich, um der Selbstausbeutung zu entgehen. Und wozu das alles? Na klar, um im Gegenzug ein hohes Ausmaß an Autonomie bei der beruflichen Tätigkeit zu genießen, Einfluss auf die Gestaltung der Arbeitsabläufe zu nehmen und Spaß an den Arbeitsergebnissen zu haben, die sie selbst mit bewirkt hat.[37]

Bedingungslos treu – auf Zeit

Arbeitsverträge sind heute flexibel, auch was ihre Laufzeit angeht. Der alte Sozialvertrag, in dem der Mitarbeiter für Loyalität mit einer lebenslangen Anstellung belohnt wird, gilt so nicht mehr. Viele Ypsiloner haben mit unbezahlten Praktika ihre Erfahrungen gemacht. Das Thema Leiharbeit betrifft längst auch hochqualifizierte Ingenieure. Insgesamt hat sich die Verweildauer auf einem Arbeitsplatz für junge Berufstätige verkürzt. Wer 1960/61 geboren wurde, blieb in seinen ersten Berufsjahren vor dem 30. Lebensjahr im Schnitt 834 Tage in einem Job. Bei den Jahrgängen 1978/79 waren es nur noch 652 Tage – ein Rückgang um 22 Prozent. Auf alle Generationen bezogen sei die durchschnittliche Beschäftigungsdauer dagegen tendenziell eher gestiegen, fanden Thomas Rhein und Heiko Stüber vom Institut für Arbeitsmarkt- und Berufsforschung (IAB) der Bundesagentur für Arbeit heraus. »Unsere Ergebnisse sind daher ein Hinweis darauf, dass eine Verlagerung oder Umverteilung von Beschäftigungsrisiken hin zu jüngeren Beschäftigten stattgefunden hat«, so die beiden Forscher. Dafür spricht auch, dass heute weniger junge Menschen ohne Bruch von Job zu Job wechseln. Während die 1960/61 Geborenen im Schnitt zu Beginn ihrer Karriere 1.257 Tage ohne Unterbrechung beschäftigt waren, sind es bei den Jahrgängen 1978/79 nur noch 1.123 Tage. Die Arbeitsmarktforscher schließen daraus, dass heute jüngere Arbeitnehmer häufiger gefeuert werden.

Auch deshalb definiert die Generation Y Treue anders. »Nicht nach den Jahren, die wir bei einem Arbeitgeber verbringen«, schreibt Kerstin Bund, »sondern danach, wie sehr wir uns in dieser Zeit für ihn ins Zeug legen.«[38] »Für die Dauer einer Beziehung – ganz gleich, ob zu einem Lebenspartner oder einem Arbeitgeber – wird Treue großgeschrieben, ohne allerdings einen Anspruch auf ›Lebenslänglichkeit‹ zu erheben«, schreiben die Betriebswirtschaftswissenschaftlerinnen Jutta Rump und Silke Eilers.[39] Beim Job zählt für die Generation Y, dass er Spaß macht und sinnvolle Tätigkeiten anbietet, die eine Weiterentwicklung ermöglichen. Gleichzeitig schaut sie auf Respekt und Achtung und holt sie sich, wenn irgend möglich, dort ab, wo sie sie bekommt. Die Ypsiloner möchten ihre persönlichen Fähigkeiten in das Unternehmen einbringen. Darin liegt ihre Bindung an das Unternehmen, aber darüber gehen sie auch nicht hinaus. Können sie das nicht entsprechend ihren Vorstellungen, suchen sie woanders ihr Glück. So sind sie es aus der Zeit von Schule und Ausbildung gewohnt und übertragen das nun auf das Berufsleben. Die Wahl eines Faches, das nicht gefällt, korrigieren sie ebenso wie die einer nicht ideal passenden Lehrstelle oder eines Studienfachs. Genauso ist es auch im Berufsleben für sie selbstverständlich, sich zu korrigieren. Wechsel sind sie gewohnt. Neuanfänge auch.

Eine lebenslange oder automatische Loyalität für einen Arbeitgeber ist bei ihnen nicht zu erwarten. »Die jüngere Generation sieht sich nicht länger in einem Abhängigkeitsverhältnis, sondern vielmehr in einer ›Win-win-Situation‹, in der beide Seiten von Erhalt und Steigerung der Beschäftigungsfähigkeit profitieren«, schreiben Rump und Eilers.[40] Sie zitieren die Instant-Talent-Studie, in der 46,8 Prozent der 25- bis 35-Jährigen mit ersten Erfahrungen in Fach- und Führungspositionen angaben, innerhalb der nächsten beiden Jahre das Unternehmen verlassen zu wollen. 19,5 Prozent planen einen Wechsel im eigenen Unternehmen.

Arbeit als Ort der Selbstverwirklichung

Für Anders Parment zeichnet sich hier ein grundlegender Wandel in der Einstellung zur Arbeit ab. Für die Leistungsträger der Generation Y sei Arbeit nicht mehr eine Notwendigkeit, um seine Brötchen zu verdienen. »Die Generation Y sieht Arbeit als einen Ort zur Selbstverwirklichung«, schreibt Parment.[41] Ein Jobwechsel stelle damit nur eine weitere »Kaufentscheidung« als Verbraucher da. Auch deshalb verschwömmen die Grenzen zwischen Arbeit und Freizeit immer mehr.

Viele dieser Haltungen und Erwartungen stellen langjährige Prinzipien des etablierten Arbeitslebens auf den Kopf. In vielen Personalabteilungen schütteln die Verantwortlichen den Kopf, wenn sie von den inhaltlichen und zeitlichen Arbeitsvorstellungen der Novizen hören. Da es auf einem leer gefegten Markt oft keine Alternativen gibt, richten sie sich mit den Neuen und ihren Forderungen ein. Erst nach einiger Zeit merken dann viele, dass von dieser eigenwillig aufgestellten jungen Generation interessante neue Impulse für Fairness, Teamarbeit, Gleichberechtigung und Gerechtigkeit ausgehen, die ihren Unternehmen guttun. Sie haben sich Systemveränderer in ihre Reihen geholt, die auf leisen Sohlen evolutionäre Prozesse einleiten, die in der Firmengeschichte eine Revolution bedeuten. Aber wenn diese Impulse gut aufgenommen werden, dann steigern sie am Ende die Wettbewerbsfähigkeit des Unternehmens. Die Ypsiloner schneiden viele unproduktive alte Zöpfe ab. Das traditionelle männlich geprägte Chefwesen mit seinen formalen Hierarchien, das Machtgehabe und das Zuständigkeitsgezerre werden ebenso reduziert wie die Überforderung, in jeder Situation und zu jeder Zeit unentbehrlich zu sein.[42]

Beim Lernen arbeiten und beim Arbeiten lernen

Für Stephanie Leong von Eyeem ist Arbeit immer auch Arbeit an sich selbst. Sie ist fast seit der Gründung des Start-ups Teil des Teams. Zunächst als Praktikantin, dann als Community-Managerin. Später wurde sie Pressesprecherin. Jetzt leitet sie das Team für den Kundensupport. In den drei Jahren hat sie ständig ihre Fähigkeiten verbessert.

Die Generation Y hat so viel in Schule, Ausbildung und Studium investiert, dass sie mit dem Lernen gar nicht mehr aufhören will. In der Wissensgesellschaft ist die Möglichkeit zur persönlichen Weiterentwicklung für sie eines der wichtigsten Kriterien bei der Jobsuche. »Die größte Angst ist nicht, den Arbeitsplatz zu verlieren, sondern die Attraktivität für den Arbeitsmarkt«, schreibt Anders Parment.[43] In einer Zeit, in der kein Job mehr Beschäftigung bis zur Rente garantiert, werden neues Wissen und Fähigkeiten zur besten Versicherung gegen Arbeitslosigkeit.

So sind die Ypsiloner dabei, den traditionellen Drei-Phasen-Rhythmus der Lebensgestaltung außer Kraft zu setzen, der die beiden letzten Jahrhunderte geprägt hat: Erst Bildung und Ausbildung, danach Übergang in das volle Gesellschaftsleben mit Beruf und Familie, danach Ausstieg aus dem Beruf und Abschied als Rentner. Dieses Modell der sequenziellen Abfolge von Lernen, Arbeiten und Leben ist für die Generation Y unattraktiv. Würden sie es umsetzen, so hieße dies unter den heutigen Umständen, einer fast 30-jährigen Periode des Lernens zur Vorbereitung auf den Beruf eine ebenfalls fast 30-jährige Periode der Arbeitstätigkeit folgen zu lassen, die schließlich durch eine ebenso lange Phase des Ruhestandes, des Lebens ohne Lernen und Arbeiten, abgeschlossen wird.

Die Ypsiloner sind – wie wir in diesem Kapitel sehen konnten – dabei, Bildung und Arbeitstätigkeit zu revolutionieren. Aber ihre heimliche Revolution greift noch weiter. Sie wollen auch das Verhältnis von Lernen und Arbeiten von Grund auf verändern. Schon während der Bildung in Schule und Hochschule möchten sie arbeitstätig sein. Sie tun das heute schon, indem sie jobben und Geld verdienen, aber eine systematische Verknüpfung wäre viel konsequenter: Schülerfirmen und Hochschulbetriebe, die nicht nur ausbilden, sondern auch wichtige Produkte und Dienstleistungen anbieten; Arbeitsplätze, an denen produziert wird, zugleich aber auch regelmäßig Bildung und Fortbildung stattfinden. Und das lebenslang. Wobei für bestimmte Perioden flexible Arrangements greifen sollten, zum Beispiel in der Phase der Familiengründung und in der Phase des hohen Alters.

Überhaupt wünscht sich die Generation Y, nicht nur Bildung und Arbeit zu verbinden, sondern auch Leben und Arbeit. Sie will das entspannte und satte Leben nicht auf den Ruhestand verschieben. Sie will leben, während sie intensiv lernt und hart arbeitet. Sie lehnt die künstlichen Segmentierungen ab, die den Lebenslauf zerhacken und zergliedern. Sie empfindet das nicht nur als künstlich – für sie bedeutet es auch zu viel Stress, und der ist ungesund. Zum Credo der Generation Y gehört, sich in keiner Phase des Lebens so aufzureiben, dass ihr Wohlbefinden leidet. Ein Burnout will sie unter allen Umständen vermeiden. Deshalb neigt sie intuitiv dazu, Auszeiten zu nehmen und den Rhythmus zu entschleunigen, wenn es ihr zu viel wird. Auch deshalb gehört für Jenny ihr Jahr »Work and Travel« in Kanada genauso zum Lebenslauf wie Praktika und andere Berufserfahrung. Die Generation will eben Leben, Lernen und Arbeiten miteinander kombinieren.

Kapitel 3

Wie die Ypsiloner das Familienleben neu erfinden

Die unerfüllte Sehnsucht nach Familie

Wenn Ernie und Bert heute jung wären, müssten sie ihre gemeinsame Wohnung in der Sesamstraße nicht als Wohnge-
meinschaft tarnen. Statt zweier getrennter Einzelbetten
stünde in der Mitte ihres Schlafzimmers ein großes Doppel-
bett. Wenn die beiden heute jung wären, wäre die Frage, ob
sie wirklich ein schwules Paar sind, spätestens mit einem
Blick auf ihren Beziehungsstatus bei Facebook beantwortet.
Den Aufwand, vorzugeben, zwei Männer oder zwei Frauen
verbinde nicht mehr als eine tiefe Freundschaft, sonst wäre
da nichts, betreibt die Generation Y höchstens noch gegenüber Oma und Opa. Wenn Ernie und Bert heute jung wären, hätten sie allerdings auch lange gehadert, ob sie – der
ordnungsliebende Bert, der wenig mehr genießt, als in Ruhe
ein Buch zu lesen, und der chaotische Ernie, der lieber
Schlagzeug spielt, als aufzuräumen – wirklich zueinander
passen.

Familienleben ist in. 71 Prozent der Y-Männer und sogar 81
Prozent der Y-Frauen sind überzeugt, ohne eine Familie
könne man in der heutigen Gesellschaft nicht glücklich sein.
Fast 70 Prozent wünschen sich ausdrücklich Kinder. Die Fa-
milienbegeisterung ist hoch.[1]

Doch es ist ein neues Ideal von Familienleben nach der
heimlichen Y-Revolution, nach dem die Generation Y strebt.
Sie ist für eine Vielzahl unterschiedlicher Lebens- und Liebes-
entwürfe offen. Die verquasten familienpolitischen Diskus-

sionen der vergangenen Jahre interessieren sie kaum. Betreuungsgeld? Kein großes Thema. Über 80 Prozent der Y-Frauen wollen Kinder und Karriere vereinbaren. Adoptionsrecht für homosexuelle Paare? Warum nicht, mit zwei Vätern wie Ernie und Bert hätte die Generation Y kein Problem.

Die heimliche Revolution ist also bereits in vollem Gang, während die Familienpolitik die letzten großen Kämpfe zwischen Bewahrern eines traditionellen Familienbilds und Modernisierern ausficht. Die Ypsiloner schaffen derweil neue gesellschaftliche Fakten. Frühere Generationen hätten dies als hochpolitisches Manöver à la »freie Liebe« und »sexuelle Revolution« inszeniert. Die Generation Y sieht das pragmatisch. Sie nimmt für sich schlicht und einfach das Recht in Anspruch, so zu leben, wie sie will.

Und doch handelt sie auf den ersten Blick nicht sehr konsequent: Da büffelt sie über Jahre hinweg strebsam in Schule, Lehre und Studium, sammelt förmlich die verschiedenen Bachelor- und Masterabschlüsse oder setzt eine Ausbildung auf die andere, um nur ja danach einen sicheren Job zu bekommen, der ihr eine Perspektive bietet. Anschließend erkämpft sie sich Freiräume im Beruf, um genug Zeit für sich selbst, für Freunde und Familie zu haben. Und doch bekommt sie entgegen ihrer Überzeugung so selten Kinder wie kaum eine Generation vor ihr.

Seine Sexualität kennenzulernen und zu akzeptieren, eine feste Beziehung zu finden, sich von den Eltern zu lösen und irgendwann später selbst Kinder zu bekommen waren schon immer mit die wichtigsten Herausforderungen für Jugendliche auf dem Weg zum Erwachsenwerden. Heute bleibt dafür neben allen Bemühungen um eine gute Bildung und einen guten Job oft kaum noch Zeit.

Die Jugend ihrer Eltern muss den Ypsilonern heute zwar ein wenig langweilig, aber auch wunderbar einfach vorkommen. Man verliebte sich, zog zusammen. Nachdem man eine Stelle gefunden hatte, wurde geheiratet. Das junge Paar zog in ein Haus oder eine größere Wohnung. Dann kam die Generation Y zur Welt. Ob spießig oder nicht – ihre Eltern erfüllten damit gesellschaftliche Erwartungen, die die Ypsiloner heute so nicht mehr vorfinden. Dadurch sind sie so ungebunden wie noch nie eine Generation vor ihnen. Jede und jeder Einzelne kann für sich selbst entscheiden, wie sie oder er das eigene Leben gestalten will und welche Rolle Beziehung und Familie darin spielen sollen.

Doch mit der Freiheit kommen die Zweifel: Wer Beruf, Partner und dann auch noch Kinder unter einen Hut bringen will, muss sein Leben perfekt organisieren. Heirat und eigene Kinder sind von einem selbstverständlichen Pflichtposten, der sie noch zu Zeiten der Großeltern waren und gegen den man sich nur mit großem Aufwand wehren konnte, zu einer Entscheidung unter vielen geworden. Heute sind sie nicht mehr als denkbare Optionen, die die Generation Y zum Tarif des Lebens flexibel hinzuwählt, wenn sie das will. Doch das hängt von vielen Faktoren ab, die sie alle genauestens überdenkt und sondiert. Die Egotaktiker der Generation Y hadern damit, sich festzulegen. Genau das bedeutet aber Familie.

Liebe im Zeichen des Y

Thorben ist wohl das, was man früher »eine gute Partie« genannt hätte. Sportlich, modischer Bart, selbst im Café lässt er die Hipster-Mütze an. Noch steckt der 21-Jährige im Bachelor-Studium Maschinenbau. Danach soll der Master ebenfalls an der renommierten RWTH Aachen folgen. Ein gut bezahlter Job scheint ihm sicher.

Nach traditionellen Maßstäben ist Thorben längst »vergeben«. Seine Freundin hat er im Studium in Aachen kennengelernt. Sie beide seien glücklich zusammen, sagt er und scheint das ernst zu meinen. Und doch fügt er hinzu: »Es ist halt schwierig zu sagen, ob so etwas für immer hält.« Der Partner fürs Leben ist die Hürde Nummer 1 der Generation Y auf dem steinigen Weg zur eigenen Familie. Denn sie prüft ganz genau, ob sie auch wirklich den richtigen Partner oder die richtige Partnerin gefunden hat. »Wenn es etwas ist, das wir mittlerweile sicher wissen, dann, dass nichts sicher ist«, schreibt die Journalistin Nina Pauer, Jahrgang 1982. »Dass uns in Liebesdingen auf Dauer nichts, aber auch gar nichts gegen die kleinen Zweifelmonster, die auch all unsere anderen Lebensbereiche begleiten, schützen kann.«[2] Auch die Generation Y glaubt an die Liebe. Nur hat sie bei ihren Eltern viel zu oft gesehen, dass Beziehungen scheitern können. Ihr allgegenwärtiger Realitätssinn lässt diese Erfahrung auch bei ihrem Freund oder ihrer Freundin im Hintergrund immer mitlaufen.

Deshalb denkt sie bei Beziehungen das Scheitern oft gleich mit. »Wir wissen, dass wir zur Not alles wieder kündigen und canceln können«, schreibt Pauer.[3] »Dass nicht nur unsere Gefühle, Schwüre und Versprechen jederzeit wieder rückgängig gemacht werden können. (…) Auch die Ringe, die wir einander an die Hände stecken, so wissen wir, können selbstverständlich wieder abgenommen werden.« Das klingt zunächst zynisch, für die Ypsiloner ist es aber einfach nur ehrlich und realitätsnah. Single sein ist keine Schande – und für die Generation Y gibt es keinen Grund, eine Beziehung nicht zu beenden, wenn sie nicht mehr funktioniert. Natürlich will sie das ebenso wenig wie frühere Generationen. Aber sollte es so kommen, sieht sie in einer Trennung die ehrlichste und anständigste Variante. Vielleicht liegt hier auch der Grund dafür, dass nur noch 41 Prozent der jungen Leute zwischen 12 und 25 eine Heirat von ihrem Image her positiv bewerten.[4]

Partnerschaft auf Augenhöhe

Auch die Generation Y kennt durchaus die Romantik der bedingungslosen Liebe – allerdings auf DVD. Im Kino laufen Filme wie »Freundschaft plus« (»No Strings Attached«), in dem Natalie Portman eine junge Ärztin spielt, die so vollständig in ihrem Job aufgeht, dass sie sich gegen jede Form von Beziehung, die über das rein Körperliche hinausgeht, mit Händen und Füßen wehrt. Oder »Francis Ha«, gespielt von Gerta Gerwig, die so damit beschäftigt ist, ihr Leben auf die Reihe zu bekommen, dass sie dabei ihre womöglich große Liebe als »undatable« in die Freundschaftsecke abschiebt und sich vor jedem emotionalen Liebestaumel schützt.

Praktika, Auslandssemester, Jobs in verschiedenen Städten: Das Leben ist heute eben nicht langfristig planbar. Damit sind auch Beziehungen komplizierter geworden. Da die Generation Y sehr viel Energie in die Suche nach einer sicheren und erfüllenden Arbeit steckt, wird es immer schwieriger, Lebensläufe in einer Partnerschaft zu koordinieren. Jedes siebte Paar in Deutschland lebt und liebt Schätzungen zufolge auf Entfernung – doppelt so viel wie noch vor 20 Jahren. Jeden vierten beruflich gut Ausgebildeten, meist akademisch Geschulten, zieht der Job zumindest für ein paar Jahre seines Lebens fort vom Partner oder von der Partnerin. »Es fehlt irgendwie ein Stück weit die Konstanz in gewissen Sachen, weil alles schneller geworden ist und flexibler und damit eben auch austauschbarer«, sagt auch Thorben. »Ich würde schon sagen, dass Beziehungen auch dazugehören.«

Für ihn ist das eine generelle Feststellung, die nichts mit seinen Gefühlen für seine Freundin zu tun hat.

Der Trend passt zur Lebenseinstellung der jungen Generation. Als Einzelkinder oder nur mit Schwester oder Bruder aufgewachsen, ist jungen Menschen ihre Individualität äußerst wichtig. »Ich will frei sein und mich gleichzeitig ergeben«, singt die Band Tocotronic über Beziehungen im Zeichen des Y. Der Titel des Liedes: »Ich will für dich nüchtern bleiben«. Auch die Generation Y verliebt sich stürmisch. Doch sie kommt nicht mehr auf die Idee, ihr Schicksal bedingungslos an den anderen zu knüpfen. Stattdessen lebt sie Partnerschaft oft auf Augenhöhe, nach ihren Gefühlen, ohne sich zu etwas gesellschaftlich verpflichtet zu fühlen. Beziehungen sind heute äußerst filigran. Man lebt zusammen, stimmt sich ab, geht auf die Bedürfnisse des anderen ein, gibt ihm oder ihr Raum, sich selbst zu verwirklichen. Das macht Beziehungen intensiver.

Die Generation Y folgt ihren Gefühlen, ist sich aber auch bewusst, dass die sich ändern können. »So etwas kann man schlecht beeinflussen«, sagt Thorben. »Und wenn es doch hält, dann ist man ja umso froher und glücklicher.« Nur Familie muss so lange erst einmal warten.

Familienmodelle in Eigenarbeit

Auch der Hahn hat Familie. Argwöhnisch wacht er zwischen Bauernhaus und Scheune über seine Hühner. Carina wartet in respektvollem Abstand, bis er seine Damen über den Weg geleitet hat. Sie ist noch neu auf dem Hof in Brandenburg, und der Gockel greift jeden an, der sich der Hühnerschar ungefragt nähert. Aggressive Polygamie müsste dieses Familienmodell wohl genannt werden – eines der wenigen, das ganz sicher nicht nach dem Geschmack der Generation Y ist.

Carina und ihr Mann Jonas haben das geschafft, woran viele in ihrer Generation scheitern. Sie wollten nicht warten, bis beide Karriere gemacht hatten, um erst dann Eltern zu werden. Als ihre Tochter Lotte zur Welt kam, studierte Carina noch. Lange haben sie das gelebt, was beide ein »klassisches 60er-Jahre Leben« nennen. Abends wartete Carina als Teilzeitstudentin, Ehefrau und Mutter in ihrer Dreizimmerwohnung in Bremen mit dem Essen darauf, dass ihr Mann von seiner 60-Stunden-Woche heimkam. Irgendwann kam die Einsicht, dass sie damit nicht glücklich waren. »Wir haben uns am Kopf gekratzt, dass wir genauso lebten wie unsere Eltern«, erinnert sich Carina. Als Lotte ein Jahr alt war, zog die Familie aufs Land. Ihr Bauwagen wäre der Traum eines jeden Immobilienmaklers: Parkett, bodentiefe Fenster nach Süden, Einbauküche, Kamin. Es ist der Versuch, ein eigenes, gleichberechtigtes Familienmodell zu entwickeln. Die Generation Y wächst auch in Familienfragen ohne feste Normen auf. Carina und Jonas sehen das als Chance.

Mit jeder Veränderung der Gesellschaft wandelt sich auch die Struktur der Familie. Die Industrialisierung machte aus Großfamilien mit mehreren Generationen unter einem Dach Kleinfamilien, die in jeweils eigenen Haushalten leben, oft räumlich sehr zerstreut. Später wurden Ehen zu »wilden Ehen«, bis diese so normal wurden, dass sie niemand mehr als »wild« bezeichnete. Insgesamt ist das, was die Generation Y heute als Familie erlebt, deutlich bunter geworden: Dass Eltern verheiratet sind, ist längst nicht mehr selbstverständlich. Kinder müssen nicht unbedingt leibliche sein. Sie können aus Adoptionen und Pflegeverhältnissen ebenso stammen wie aus neu zusammengesetzten Patchworkfamilien. Immer mehr Mütter gehen arbeiten, und immer mehr

Männer packen bei Haushalt und Kindererziehung mit an. Konrad Adenauers Ausspruch »Kinder kriegen die Leute immer« gilt längst nicht mehr. Die Hälfte der Generation Y bleibt – meist gewollt, selten allerdings auch ungewollt – ohne Nachwuchs. Trennung und Scheidung sind fast normal geworden, dadurch wächst die Zahl alleinerziehender Eltern. Viele heiraten erneut und bringen ihre Kinder aus der vorigen Beziehung mit in die neue Patchworkfamilie. Auch immer mehr schwule und lesbische Paare haben Kinder.

Offen für Neues

Die Ypsiloner haben in ihrer Jugend erlebt, wie fraglich moralische Urteile in der Familienpolitik sind. Zwar wachsen gut 70 Prozent von ihnen weiterhin in »traditionellen« Kleinfamilien auf, bei denen Mutter und Vater verheiratet sind und leibliche Kinder haben. Doch der Anteil sinkt kontinuierlich. Alleinerziehende gab es schon immer. Heute machen sie aber schon über 17 Prozent aller Familien aus. Fünf Prozent sind Eltern in nicht ehelicher Lebensgemeinschaft, sechs Prozent in Patchworkfamilien und knapp ein Prozent in anderen Formen, darunter homosexuelle Eltern mit adoptierten oder leiblichen Kindern.[5] Diese neuartigen Familienkonstellationen sind also gar nicht so sehr verbreitet. Dennoch beeinflussen sie die Muster dessen, was als regulär und normal empfunden wird. Schließlich hat so gut wie jeder in der Generation Y Freunde, die anders aufwachsen.

Nicht alle haben ein unkompliziertes Verhältnis dazu. Auch unter den Ypsilonern träumen die meisten für sich selbst ganz überwiegend von der klassischen Vater-Mutter-Kind-Familie. Aber der ständige Kontakt mit einer Vielfalt von anderen Konstellationen macht sie toleranter als frühere

Generationen. Für sie ist wichtig, dass Eltern und Kinder eine Variante des Zusammenlebens finden, mit der alle zufrieden sind. Diese Freiheit der Lebensgestaltung proklamieren sie auch für sich. Deshalb sind sie innerlich darauf eingerichtet, irgendwann möglicherweise in einer anderen als der traditionellen Familienform zu leben. Sie sind eben pragmatische Realisten und wollen sich ihren Lebensrhythmus nicht durch irgendwelche normativen Vorgaben diktieren lassen, sondern nach ihren ganz persönlichen Vorstellungen gestalten.

Auch Lotte hat sechs Großeltern. Zwei Jahre sind nun die 20 Quadratmeter des Bauwagens für sie und ihre Eltern Jonas und Carina ihr Zuhause. »Unsere erste eigene Immobilie«, sagt Jonas schmunzelnd. Er unterbrach seine Karriere und nahm zwei Jahre Elternzeit. Jetzt ist er erst einmal im Hauptberuf Hausmann und Vater, bis Carina ihr Psychologiestudium im nahen Berlin abschließt. »Wir haben keine Ahnung, was danach kommen kann«, sagt Carina, während Jonas neues Holz für den Ofen holt. Auch bei unzähligen möglichen Modellen muss die Generation Y Familienleben eben immer wieder neu erfinden.

Patchwork statt Konvention

Feste Familienmodelle haben vor allem in der Kindheit der Generation Y massiv an Bedeutung verloren. Die Ypsiloner sind Pioniere in Sachen Patchworkfamilie. Der Begriff kam in den 1990ern nach Deutschland. Zunächst tauchte er in der Ratgeberliteratur auf. In der Folge griffen ihn Politiker, Soziologen und Journalisten auf. Weckte das Wort »Stieffamilie« bis dahin deutlich stärker Assoziationen an Aschenputtel und ihre böse Stiefmutter, deutete die Idee der Familie als eines bunt zusammengewürfelten Flickenteppichs das Phänomen positiv. »Komplizierte Familienkonstellationen« verlieren für die Generation Y so ihren sozialen Makel.

Die Patchworkfamilie hat die Vorstellungen der Ypsiloner von Familienleben stark geprägt: eine Vielfalt, die freies und ungezwungenes Verhalten ermöglicht und alte einengende Normen überwindet. Das Alltagsleben ist reichhaltig und die Wahlverwandtschaften sind breit gefächert. Viele der Ypsiloner haben zahlreiche entfernte Familienmitglieder, zu denen sie eine Beziehung nach eigenen Bedürfnissen aufbauen können, wenn ihnen danach ist. Zwanghafte Familienrituale sind selten. Zwar verlangt die Flickenteppich-Familie ihren Mitgliedern eine ständige Neuorientierung und immer wieder auszuhandelnde Regeln des gemeinsamen Umgangs ab, aber das kennen die Ypsiloner ja auch aus anderen Lebensbereichen. Ähnlich steht es mit den Regenbogen-Familien.

Diese bunte Entwicklung erweckt mitunter den Eindruck, die Familie beginne sich aufzulösen. Doch der täuscht. Die Familie als eine Form der sozialen Gemeinschaft löst sich nicht auf. Sie befindet sich – wieder einmal – im Wandel. Nach wie vor ist sie das, was Forscher im vorigen Jahrhundert die »Keimzelle der Gesellschaft« nannten. Das stellt auch die junge Generation mit keinem Wort infrage. Als Keimzelle ist sie aber für alle Impulse empfänglich, die von außen auf sie einwirken. Sie bekommt alle Erschütterungen und Verwerfungen ab und alle sozialen und ökonomischen Neuorientierungen mit, die sich in ihrem sozialen Umfeld abspielen. Wirtschaftskrisen mit hoher Arbeitslosigkeit wirken sich zum Beispiel sofort auf den Elternhaushalt aus und stellen die Kinder vor völlig neue Herausforderungen, weil sie mit eingeschränkten finanziellen Ressourcen umgehen müssen. Die Familie ist eine eigenständige kleine Welt des Zusammenlebens, aber sie ist nicht gesellschaftlich isoliert. Sie spiegelt in ihrem Innenleben die Offenheit der modernen Gesellschaft mit dem Widerspruch aus Optionsvielfalt und Unsicherheit, Individualisierung und Anpassungszwang wider. Eine »heile« Familienwelt erleben die Angehörigen der Generation Y also nicht. Dafür eine lebendige, vielfältige und offene. Familie ist und bleibt die wichtigste Erziehungseinrichtung, wenn auch der Einfluss von Kindergarten und Schule und natürlich auch der Medien immer größer wird. An den eigenen Eltern können die Ypsiloner am besten studieren, wie Zusammenleben funktioniert und welche Anforderungen sich dabei stellen. Und vielen gefällt, was sie da erleben. Sie finden die Beziehungen ihrer Eltern grundsätzlich gut. Sie genießen auch die große Freiheit der Beziehungs- und Kontaktgestaltung, die ihre Eltern ihnen einräumen. Sie akzeptieren, dass ein Familienleben anspruchsvoll ist und ihnen ebenso wie ihren Eltern hohe soziale Virtuosität und differenzierte Beziehungsgestaltung abverlangt.[6]

Eines allerdings erleben die Ypsiloner immer seltener: Kinderreichtum. Fast alle haben nur eine Schwester oder einen Bruder oder sind Einzelkinder. Tatsächlich entscheidet sich fast die Hälfte aller Paare mit Kindern für nur ein Kind, fast die gesamte andere Hälfte für zwei Kinder. Familien mit drei und mehr Kindern sind eine Rarität geworden. Das wirkt modellhaft und führt mit dazu, sich als Ypsiloner Zeit zu lassen, um Kinder zu bekommen.

Die Pubertät verliert ihren Schrecken

Pinkfarbener Blazer. Perlenkette. Die übergroße Sonnenbrille macht Neles* Gesicht undurchdringlich. Beste Voraussetzun-

---

* Name geändert

gen eigentlich fürs Pokern. Trotzdem ist ihr Glück im Spiel an diesem Abend eher dürftig. Immer dienstags ist Pokerabend in dem evangelischen Jugendclub irgendwo in Brandenburg. Seine Eltern hätten ihn gefragt, ob sie um Geld spielen würden, erzählt ihr Freund Tom*, während er genüsslich seine Jetons zählt. Für einen Moment entspannen sich die ernsten Pokergesichter in einem gemeinsamen Lachen. Manchmal sind die Elternsorgen für Jugendliche einfach nur niedlich.

So viel Harmonie wie zu Zeiten der Generation Y war noch nie: Trotz der turbulenten Pubertät und der schrecklichen Schwierigkeiten des Erwachsenwerdens gibt es kaum Spannungen zwischen Eltern und ihren jugendlichen Kindern. Eigentlich gute Voraussetzungen dafür, eine eigene Familie zu gründen. Mit ihren Eltern leben die Ypsiloner in Symbiose. 90 Prozent der in der Shell Jugendstudie Befragten sind voll mit den Umgangsformen im Elternhaus einverstanden, 73 Prozent von ihnen wollen sogar später ihre eigenen Kinder genauso erziehen, wie sie von ihren Eltern erzogen worden sind. Es gibt nur eine Ausnahme: Bei den Jugendlichen aus der untersten sozialen Schicht sind nur 40 Prozent mit den Eltern zufrieden. Auch diese Jugendlichen schätzen ihre Eltern, aber sie sind nicht mit allem einverstanden, was sie in der Familie erleben.[7] Sie beklagen die mangelnde Zuwendung der Eltern und deren unberechenbaren Umgangsstil. Ihre Eltern sind stark mit sich selbst beschäftigt und haben nicht die Zeit und die Geduld, sich in die Belange der Jugendlichen hineinzudenken. Darunter leidet deren Persönlichkeitsentwicklung, und auch in der Schule kommt es zu vielen Leistungsstörungen. Es verwundert daher nicht, dass die Jugendlichen aus diesen Familien, das untere Fünftel auf der sozialen Rangleiter, fast die Einzigen sind, die unzufrie-

---

* Name geändert

den mit dem Verhalten ihrer Eltern sind und sich im Vergleich zur Mehrzahl ihrer Altersgenossen sozial abgehängt und gesellschaftlich benachteiligt fühlen.

Insgesamt aber hat die Generation Y Glück mit ihren Eltern. Sie sind liberaler und toleranter als frühere Generationen. Deshalb verstehen sie sich so gut mit ihren Kindern und die sich mit ihnen. Zählten zu Zeiten der Großeltern in der Erziehung noch Unterordnung und Gehorsam, so versuchen Eltern heute, Selbstverantwortung, Rücksichtnahme und Stärkung der Entscheidungsfähigkeit der Kinder in den Vordergrund zu stellen. Immer mehr Eltern bemühen sich um einen demokratischen, zugleich partizipativen und autoritativen Erziehungsstil mit viel Zuwendung, Wärme und Anerkennung, aber auch konsequenter Kontrolle und Sanktionierung bei Überschreitung von Regeln und Vereinbarungen. Untersuchungen zeigen, dass ein solcher Erziehungsstil die Jugendlichen sehr leistungsfähig, selbstständig und verantwortungsbewusst macht.[8]

Eltern sind in

»Wenn ich meine Eltern nicht hätte: Die unterstützen mich, und davon profitiere ich total«, sagt auch Nele, bevor sie ihre Poker-Brille aufsetzt. »Die geben mir so viel Energie, dass ich das alles leisten kann.« In der großen Mehrheit der Familien der Generation Y schätzt und würdigt man sich, profitiert voneinander und lebt in geradezu symbiotischen Verhältnissen. Nur in einem Bereich haben es die Ypsiloner heute nicht leicht mit ihren Eltern. Diese lassen über alles mit sich reden, aber nicht über ein reibungsloses »Funktionieren« in der Schule. Gute Zensuren und Schulabschlüsse, das ist der »Tauschwert«, den Mütter und Väter für die vielen Freiheiten und die große Unterstützung erwarten, die sie ihrem Nachwuchs angedeihen lassen. Vieles lassen sie durchgehen, aber ein schlechtes Abschneiden in der Schule nicht. Wie wir schon gesehen haben, gehen die Jugendlichen auf diesen Deal ein, denn sie sind selbst auch daran interessiert, sich durch gute Abschlüsse eine gute Ausgangsposition auf dem Arbeitsmarkt zu verschaffen. Deswegen akzeptieren sie die ewige Nerverei von Mutter und Vater, wenn die Zensuren nicht stimmen und die Vorbereitungen auf die nächste Klausur auf die lange Bank geschoben werden.

Ihren ersten Sex, meist irgendwann im Alter zwischen 15 und 16 Jahren, haben die Jugendlichen heute meist in ihrem Kinderzimmer – in der Regel mit stillem Einverständnis ihrer Eltern. Viel geredet wird darüber nicht, wie überhaupt die sexuelle Aufklärung auf das Nötigste beschränkt ist. Alles andere erledigen Freundeskreis und Gleichaltrige mit ihren Verbindungen zum Internet einschließlich der Pornoseiten. Zwar experimentiert die Generation Y gerne herum und probiert verschiedene Formen sexueller und persönlicher Kontakte aus, aber von einer »Generation Porno«, wie oft in der Klatschpresse berichtet wird, kann keine Rede sein. Es stimmt, junge Leute möchten heute frei entscheiden, ob und wie häufig und intensiv und in welcher Situation sie Pornografie konsumieren. Sie setzen sich für ihre sexuelle Selbstbestimmung ein. Mit sexualmoralischer Rigidität und sittenrichterlicher Wachsamkeit können sie nicht viel anfangen und finden auch nicht unbedingt viel dabei, freizügige Bilder von sich ins Netz zu stellen.[9] Aber insgesamt hat die Generation Y entgegen vielen Vorurteilen bei Älteren ein ziemlich solides und sozial gut eingebettetes Sexualleben. Sie sind in ihren intimen Beziehungen so selbstbewusst wie auch sonst in ihrer Lebensführung und entwickeln schnell ein Gefühl für das, was ihnen gefällt, und das, was ihnen schadet.

Pragmatisch, wie sie sind, reagieren die Ypsiloner auf die Verzögerungen im Lebenslauf recht gelassen. Sie gehen ihren eigenen Weg in Bildung und Ausbildung, Freundschaft und Freizeit, Liebe und eventuell auch Beruf, halten aber immer Kontakt zum Elternhaus. Die meisten bleiben finanziell lang auf ihre Eltern angewiesen. Viele wohnen sogar so lang wie möglich im Elternhaus, weil sie die Vorzüge von Hotel Mama zu schätzen wissen.

Bequem bei Mutter und Vater

Noch nie sind Jugendliche im Schnitt so spät ausgezogen wie heute. Von den 22- bis 25-Jährigen leben fast 40 Prozent noch in ihrem Kinderzimmer, darunter deutlich mehr junge Männer als Frauen. Bei den 30-jährigen Männern ist es immer noch mehr als ein Zehntel. Ein großer Teil von ihnen hat in der Zwischenzeit schon einmal in einer eigenen Wohnung gelebt, kam aber zurück, weil er damit nicht zufrieden war. Einige junge Männer bleiben sogar im Elternhaus, wenn sie in einer festen Partnerschaft leben, und auch, wenn sie schon berufstätig sind. Zugehörigkeit und Harmonie in einer eigenen Partnerbeziehung und parallel dazu im Elternhaus empfinden sie nicht als Widerspruch. Sie genießen die Wahlmöglichkeiten, die sich hieraus ergeben.

Gerade weil die jungen Leute in ihrem Beziehungsleben pragmatisch vorgehen, sind ihnen ihre Eltern so wichtig. Mutter und Vater geben dem eigenen Leben Orientierung, Halt und Perspektive. Sie sind so wichtige Kontaktpersonen, dass man die völlige Loslösung vom Elternhaus, die absolute Selbstständigkeit, so lange wie möglich aufschiebt. Die Ypsiloner fühlen sich in between ganz wohl: halb noch zu Hause, halb bei der Freundin; auf Kühlschrank und Waschmaschine von Mutter zurückgreifen und gleichzeitig Ausgehen ohne Kontrolle der Eltern. 43 Prozent der Nesthocker erklären ihr Verbleiben im Elternhaus damit, dass das »für uns alle am bequemsten ist«, 46 Prozent machen finanzielle Gründe geltend.[10] Wahrscheinlich spielt unbewusst die Sehnsucht eine große Rolle, in einer unübersichtlich gewordenen Welt einen festen Platz zu haben und irgendwo dazuzugehören – auch wenn das die Generation Y nicht so ohne Weiteres zugeben möchte. Das Ganze wäre so nicht möglich, wenn sich nicht auch die Eltern mit der Kombination aus Zuwendung und Ablösung ihres Nachwuchses gut arrangiert hätten. Auch für sie springen Vorteile aus der Allianz heraus.

Sie halten durch ihre Kinder den Anschluss an die moderne Medienwelt und die neuesten Strömungen von Mode und Aussehen. Doch gleichzeitig bleiben sie in ihren alten Rollen als Mama und Papa hängen und versäumen es, neben dem Empty Nest eine neue Beziehung als älteres Paar aufzubauen.

Das lange Verweilen zu Hause ist also ein zweischneidiges Schwert. Bei aller Harmonie – irgendwann muss sich die Generation Y wie jede vor ihr von ihren Eltern lösen. Das ist kein Selbstzweck: Nur so kann ein junger Mann oder eine junge Frau eine eigenständige Persönlichkeit entwickeln und später selbst eine Familie gründen. Freunde statt Eltern als Bezugsgruppe, die erste Liebe statt Muttis Gutenachtkuss, ein eigener Geschmack in Mode, Musik, Literatur, eine eigene Wohnung, später eigenes Geld – all das gehört zur normalen Entwicklung. Wenn aber die Beziehung zu den Eltern derartig innig und gut ist wie heute, dann wird der richtige Zeitpunkt für die Ablösung schon mal verpasst, und die Trennung fällt ganz schön schwer.

Erst Karriere, dann Familie

Auch Cihan will Kinder. Doch er will auch Karriere machen. Auf dem Abendgymnasium holt er derzeit neben der Ausbildung sein Abitur nach. Bislang bekommt der 22-Jährige als Azubi 780 Euro. »Damit kann ich keine Familie ernähren«, sagt er. Nach der Ausbildung will er Fahrzeugtechnik studieren. So lange muss die Familienplanung warten. »Wenn ich gutes Geld verdiene oder Geld verdiene, das mir reicht, dann kann man an Familie denken.«

Das kann heute dauern. Nur etwa ein Drittel eines jeden Jahrgangs ist, so schätzen wir, bis zum 23. Lebensjahr berufstätig und verdient eigenes Geld. Das sind überwiegend junge Frauen und Männer, die keine sehr langen oder gar keine Berufsausbildungen durchlaufen haben. Die allermeisten Ypsiloner vollziehen diesen Schritt bis zum 27. oder auch erst 30. Lebensjahr. Hierunter sind die mit einer Hochschulausbildung, und die werden immer mehr.

Die Generation Y konzentriert sich erst auf die Karriere, dann auf die Familie. Sie lässt sich mit beidem Zeit und legt keinen Wert darauf, in einem traditionellen Sinn schnell erwachsen zu werden. Es macht ihr nichts aus, nicht als »erwachsen« wahrgenommen zu werden, weil dieser Status für sie keine allzu große Bedeutung hat.

Im Gegensatz zu ihren Eltern und Großeltern ist für sie nicht besonders wichtig, möglichst bald alle Merkmale einer gesellschaftlichen Vollmitgliedschaft zu erwerben: Vollberufstätiger, Elternteil, Wirtschaftsbürger und politisch Engagierter zu sein. Sie sucht einen Weg im privaten und sozialen Leben, der persönlich passt, um damit die eigenen Wünsche zu erfüllen. Ob dieser Weg aber nun in traditionellem Sinne »erwachsen« ist oder nicht, ist für die Ypsiloner nicht besonders relevant. Das macht natürlich auch das Kinderkriegen schwer.

Eltern als Sicherheitsnetz

Mittlerweile ist es für Jonas Routine: Flink legt er neue Holzscheite in den kleinen Ofen. Ein wenig Papier, ein Streichholz, und wieder füllt wohlige Wärme für mehrere Stunden den Bauwagen. »Wir hatten schon minus 14 Grad«, erzählt Jonas von ihrem ersten Brandenburger Winter. »Auch das war in Ordnung.« Nur morgens brauchten sie eine Stunde, um den Wagen nach der Nacht wieder aufzuheizen. Die Generation Y zieht es nicht geschlossen in Bauwagen aufs Land. Doch sie hat kein Problem, sich solche Auszeiten zu gönnen. Dabei können viele von ihr der Unterstützung ihrer Eltern immer gewiss sein. »Die zwei Jahre hier gehen auch nur, weil Jonas schon gearbeitet hat und wir deshalb Geld haben und weil unsere Eltern uns unterstützen«, sagt Carina. Nur wenige Eltern drängen ihre Kinder zwischen deren 20. und 30. Lebensjahr wirklich aktiv, aus dem Elternhaus auszuziehen. Und nur wenige Ypsiloner sind daran interessiert, so schnell wie möglich auf eigenen Beinen zu stehen. »Das ist so ein riesiges Auffangtuch von unseren Eltern«, pflichtet Jonas seiner Frau bei. »Wir müssen uns nicht selbst erhalten, und das tun wir auch nicht.« Jonas' Eltern finanzieren dem 28-Jährigen derzeit vor allem seinen MBA, den Master of Business Administration, den er in Teilzeit in Berlin macht. Ihren Lebensunterhalt bestreiten Jonas und Carina aus ihrem Ersparten.

Ohne Bedürfnis nach dem großen Masterplan tastet sich die Generation Y ganz pragmatisch in kleinen Schritten in Richtung des Erwachsenwerdens vor. Ihre Eltern dienen ihnen so lange wie nur irgend möglich als eine Art soziales Modell, an dem sie sich orientieren. Mutter und Vater sind als soziale Sicherheitsanker und finanzielle Stütze von unschätzbarem Wert. Das Elternhaus ist der sichere Ankerplatz, von dem aus die Ypsiloner irgendwann zu neuen Ufern aufbrechen. Dann, wenn es so weit ist oder wenn es wirklich sein muss. Erst einmal genießen sie dort den Schutzraum, den sie in unsicheren Zeiten nur ungern verlassen.

Statt nach gesellschaftlichen Normen lebt die Generation Y nach ihren eigenen individuellen Maßstäben. Auch sie will zu ihren Eltern Abstand gewinnen, den Kontakt aber auf gar keinen Fall einstellen. Die Ypsiloner wollen erkunden, welche Beziehungsform (und welche sexuelle Identität) und welcher Partner oder welche Partnerin zu ihnen passt, sich aber nicht gleich festlegen, ob der- bzw. diejenige auch Mutter oder Vater ihrer Kinder sein soll. Sie suchen eine sichere berufliche Perspektive, behalten sich aber vor, diese zu wechseln, wenn sich ihre Vorstellungen nicht umsetzen lassen und sie möglicherweise etwas Besseres finden. Wann Jugendliche wirklich eigenständig geworden sind, ist damit heute schwieriger zu bestimmen denn je.

Doch das hat Konsequenzen für die Familienplanung. Wenige wollen wie Carina erst Kinder bekommen und dann Karriere machen. Die allermeisten Ypsiloner setzen zunächst auf ein gesichertes Einkommen. Auch bei Simone ist das der Plan. Sie studiert Wirtschaftsingenieurwesen. Ein Feld mit guten Zukunftschancen, und die will sie nutzen. Simone will Karriere machen. Und so resolut, wie sie im Gespräch auftritt, lässt sie keine Zweifel daran, dass ihr das auch gelingen wird. Neben dem Studium ist sie in einem Netzwerk zur Förderung von Frauen in Ingenieursberufen aktiv. Kinder und Karriere sei da ein großes Thema, erzählt sie. Viele ihrer Kommilitoninnen seien eigentlich überzeugt, es sei ideal, während des Studiums Kinder zu bekommen. Dann sei man zeitlich flexibel, bekomme Geld von den Eltern oder vom Staat, und bis zum ersten Bewerbungsgespräch habe man längst bewiesen, dass man mit der Doppelbelastung zurechtkomme. »Doch dann denkt man sich: ›Ich könnte noch ins Ausland gehen‹, und: ›Ich könnte noch dies tun und ich könnte noch das tun‹«, sagt die 24-Jährige. »Diese Freiheit dann einzuschränken, das fällt einem schon superschwer.« Schließlich habe man ja nie wieder so viele Möglichkeiten im Leben wie im Studium.

Kinder? Später

Wenig fällt den Egotaktikern der Generation Y so schwer, wie auf mögliche Optionen zu verzichten. Doch genau das bedeutet es, selbst zu Mutter oder Vater zu werden. »Mit einem Kind legt man sich einfach verdammt fest und schränkt sich ein«, sagt Carina. »Du hast Verantwortung: Du musst dann arbeiten, du musst dein Kind versorgen, du kannst dir nicht mehr groß aussuchen: Will ich jetzt hier leben oder da?«

In einer Welt, in der die Gesellschaft nicht mehr vorgibt, wann es Zeit ist, Kinder zu bekommen, tut sich die Generation Y mit dieser Entscheidung schwer. Deshalb warten so viele Ypsiloner, bis sie wenigstens 30 sind. Das jedenfalls ist der statistische Mittelwert bei Frauen, die ihr erstes Kind bekommen. Dieser Wert hat sich in den vergangenen 20 Jahren kontinuierlich erhöht, eben weil junge Menschen immer länger für Ausbildung und Karrierestart brauchen. Insgesamt gründet schätzungsweise ein gutes Drittel der Generation Y vor dem 30. Lebensjahr eine Familie, danach eine noch etwas größere Gruppe. Aber ein Viertel der jungen Frauen, so lässt sich schätzen, bleibt kinderlos. Nach den ganz traditionellen Mustern, die noch zu Zeiten ihrer Großeltern galten, sind sie keine »vollwertigen Erwachsenen«.

Die meisten Kinderlosen verpassen die Entscheidung für eine Familiengründung, obwohl sie eigentlich Nachwuchs wollen. »Ich hab den Eindruck, dass man den Zeitpunkt für diesen Kompromiss einfach nicht findet«, sagt Simone. Wenn sie nach dem alten Verständnis der Großeltern gerade »im besten gebärfähigen Alter« sind, ist bei ihnen trotz der hohen Wertschätzung für Familie der richtige Zeitpunkt noch nicht gekommen. Zwischen dem 30. und 40. Lebensjahr kommt er auch später nur noch selten. Familieneuphorie hin oder her – die Entscheidungsparameter stimmen nach persönlicher Sicht einfach nicht, die Sehnsucht nach einem Kind muss warten. Die zu erwartenden Belastungen rechnen sich nicht. Jedenfalls noch nicht, deshalb verschieben viele die Entscheidung ein weiteres Mal. Einen Teil der Sehnsucht nach Familie erfüllt man sich ganz einfach dadurch, dass man bei den Eltern wohnen bleibt.

Die Überlegung der Ypsiloner ist etwa diese: Wenn ich mit meinem Partner oder meiner Partnerin ein Kind habe, muss sich unsere Partnerschaft in eine verantwortungsvolle Elternschaft verwandeln. Das kann die Partnerschaft zerstören, die heute typischerweise innig und exklusiv ist, von Sehnsucht nach Erfüllung und Glück getragen. Eine intime Zweierbeziehung ist oft schon schwierig genug zu organisieren, als Familie wäre sie noch viel komplexer und müsste völlig neuen Regeln folgen. Man hat sich mit seinem jetzigen Leben wunderbar arrangiert. Leicht ist das nicht, es verlangt einem alle Kraft ab. Man hat Angst vor dem Scheitern, wenn man in dieses filigrane Organisations- und Beziehungsgeflecht nun auch noch die Riesenaufgabe der Versorgung und Erziehung eines Kindes aufnimmt. Das kann schiefgehen, viele trauen sich nicht.

Insgesamt bricht die Generation Y mit vielen Traditionen, die in unserer Gesellschaft in Bezug auf Bindung, Partnerschaft und Familie bestehen. Sie tut es auf die für sie typische sanfte und stille Art. Sie revolutioniert die privaten Lebensformen ohne aufsässiges Gehabe, ohne Protestgeschrei und demonstrative moralische Ansagen. Scheinbar Widersprüchliches wird verbunden. Die Ypsiloner müssen sich ihren eigenen Vers auf die komplizierte Ausgangslage machen. Oft bleibt die Familiengründung dabei auf der Strecke.

Für Frauen ist Familie angesagter als für Männer

Wenn Simone über Kinder und Karriere spricht, zieht sie vor allem gedankliche rote Linien. Klar könne sie zunächst bei dem Kind zu Hause bleiben. Doch nur, wenn das ihre eigene Entscheidung sei. »Wenn jemand von mir erwartet, dass ich mich verhalte wie so ein Hausmütterchen – das geht gar nicht.« Als Wirtschaftsingenieurin studiert Simone in einer sehr männlich geprägten Atmosphäre. Keine dieser Entscheidungen steht derzeit konkret für sie an. Doch es ist förmlich mit den Händen zu greifen, wie wichtig es ihr ist, weg von den traditionellen Rollenbildern zu kommen. »Es sollte auch klar sein, dass das nicht selbstverständlich ist«, sagt sie mit Blick auf jeden potenziellen Vater ihrer Kinder, »und dass ich das nicht nur mache, weil ich eine Frau bin.«

Tatsächlich gibt es in dieser Frage Geschlechterunterschiede. Für Frauen der Generation Y ist Familie deutlich angesagter als für Männer.[11] Und sie wollen beides: Kinder und Karriere. Fast 80 Prozent von ihnen, so lassen sich die Ergebnisse der Shell Jugendstudien aus den vergangenen zehn Jahren interpretieren, haben sich von dem klassischen Rollenkonzept der Frau als Hausfrau und Mutter abgewandt. Sie sprechen sich für eine gleichberechtigte Kombination von Familie, Haushalt und Kindererziehung auf der einen Seite und Beruf und Karriere auf der anderen aus – ein anspruchsvolles Konzept, das große Flexibilität und Anpassungsbereitschaft von ihnen verlangt. Nur eine kleine Gruppe von etwa zwanzig Prozent der jungen Frauen orientiert sich noch am traditionellen Bild aus den Zeiten der Großeltern.

Den modernen Frauen gehen die Männer aus

Familie wie zu Zeiten des Wirtschaftswunders – für deutlich mehr Y-Männer ist das dagegen noch attraktiv.»Ich finde es überraschend, wie viele Männer noch dieser Ansicht sind. Auch solche, die studieren oder die es selber bei ihren Eltern anders erlebt haben«, sagt Simone. Die Mehrheit von ihnen hat die Zeichen der Zeit offensichtlich noch nicht erkannt. Etwa 60 Prozent sehnen sich in die guten alten Zeiten zurück. Aus Angst vor der anstrengenden flexiblen und offenen Männerrolle bleiben sie auf die traditionelle Variante fixiert. Sie fühlen sich als die geborenen Berufstätigen und Haupternährer der Familie. Beruf und Karriere ließen keine Zeit für Haushalt und Kind. Das müsse die Frau übernehmen – ganz traditionell eben. Nur etwa 40 Prozent der jungen Männer sind bisher bereit zur gleichberechtigten Arbeitsteilung in Familie und Beruf.

Die Konsequenz ist: Den modern denkenden, flexiblen und für das »Unternehmen moderne Familie« aufgeschlossenen Frauen gehen die dazu passenden jungen Männer aus. Viele Y-Frauen spüren, wie wenig Unterstützung sie von ihren männlichen Partnern erfahren, wenn es um die arbeitsteilige Aufteilung der Verpflichtungen in Haushalt und Kindererziehung geht. Während sie sich bei der Wahl zwischen Familie und Karriere beherzt für beides entscheiden, haben ihre Partner viel größere Schwierigkeiten, sich neu zu erfinden. Auch deshalb zieht Simone in dieser Frage rote Linien.

Hinter den unterschiedlichen Mustern der Geschlechtsrollen stehen tief liegende Konzeptionen der Lebensführung.

Schon an Fragen von Bildung und Beruf gehen Y-Männer und Y-Frauen ja unterschiedlich heran. Die jungen Frauen sammeln immer mehr Bildungsressourcen und schneiden bei fast allen Prüfungen im Schul- und Hochschulsystem besser ab als die jungen Männer. Die jungen Frauen erwerben die Mehrzahl der hochwertigen Schulabschlüsse – in Deutschland schon fast 55 Prozent beim Abitur – und in vielen Fächern auch Hochschulabschlüsse. Sie drängen in die Hochschulen und besetzen seit einiger Zeit sogar im Prestigefach Medizin schon über zwei Drittel aller Studienplätze. In einigen Dienstleistungsbereichen ist bereits zu beobachten, dass Frauen nicht nur die erfolgreicheren Hochschulabsolventinnen sind, sondern auch beim Berufseinstieg vorn liegen. Noch werden sie bei Bezahlung und Aufstieg eklatant benachteiligt, aber selbst das kann sich im weiteren Verlauf ändern, wenn diese Dynamik so anhält. Das seit Generationen etablierte Muster der Hierarchie der Geschlechter ist jedenfalls ins Wanken geraten.

Y-Frauen in Deutschland setzen sehr wohl auf »typisch weibliche« Eigenschaften wie Harmonie, Gemeinschaft, Netzwerkbildung, soziale Bindung und Dienst am Gemeinwesen. Sie wollen eine eigene Familie gründen und bleiben bei den traditionellen »drei K«, Kinder, Küche, Kirche (wobei heute zu »Kirche« auch Kommune, Nachbarschaft und soziales Netzwerk zählen), die sie nicht infrage stellen. Aber: Sie geben sich damit nicht mehr zufrieden, sondern erweitern ihre Rolle. Die Shell Jugendstudie zeigt, dass die große Mehrheit von ihnen neben den traditionellen drei K nun auch das vierte »K«, die berufliche »Karriere«, dazuerobert hat. Junge Frauen schlüpfen damit in wesentliche Bereiche der traditionellen Männerrolle mit hinein, erschließen sie für sich und erobern damit neue und flexible Wege zur Ausübung von Weiblichkeit.

Neue Männer

Doch auch die Männer wandeln sich. »Klar, wieso nicht?«, sagt Cihan auf die Frage, ob auch er Elternzeit nehmen würde. »Für mich ist es ja besser, wenn ich mein Kind besser kennenlerne und wirklich eine Beziehung zu ihm aufbauen kann.« Das sei bei täglich acht bis zehn Stunden Arbeit doch kaum möglich. Jonas hat mit seinen zwei Jahren im Bauwagen den Beweis längst angetreten, dass er bereit ist, im Job zurückzustecken und Elternzeit zu nehmen. Und auch Thorben findet nichts dabei. »Zur Not beiße ich auch in das männliche Ego«, sagt er mit Blick auf Erwartungen der Gesellschaft. »Das ist kein Problem.«

Immer mehr junge Männer spüren, dass sie sich mit der Fixierung auf die traditionelle Geschlechterrolle selbst blockieren. »Ich finde das total hip, jung Papa zu sein«, sagt Jonas. Er sei sehr froh, Elternzeit genommen zu haben. Von 2009 bis 2012 stieg die Zahl der Väter, die für ihre Kinder aus dem Beruf gingen, von 23,4 auf 29,3 Prozent.[12] Die meisten nehmen nur zwei Monate, aber die haben eine starke Ausstrahlung. Sie signalisieren den Männern selbst und ihrer Umwelt: Wir Männer trauen uns, traditionell weibliche Verhaltensdomänen in unser Rollenrepertoire als Mann zu übernehmen. Von Jahr zu Jahr wächst die Minderheit an, die bereit ist, das Risiko einzugehen, eine gleichberechtigte Partnerschaft zu leben. Immer weniger von ihnen empfinden es als Bedrohung, im Beruf zurückzustecken, um arbeitsteilig mit ihrer Partnerin Haushalt und Kindererziehung zu stemmen. Immer mehr erkennen, dass sie sich auf diesem Weg neue Lebenserfahrungen erschließen und anregende Orientierungen für ihre Lebensführung erhalten können.

Diese jungen Männer sind die Trendsetter und werden in wenigen Jahren den Ton angeben. Sie reflektieren ihre Rolle kritisch. Ihnen ist bewusst, wie viele neue Entfaltungsspielräume das neue Männerbild bietet – sozial, kulturell, aber auch ökonomisch. Sobald sie einmal die Mehrheit bilden, dürften sich die Voraussetzungen für gleichberechtigte Partnerschaften und vielleicht auch für Familiengründungen verbessern. Sie entwickeln als die »neuen Männer« ein neues Konzept von Männlichkeit und nehmen die Herausforderung an. Die Mammutaufgabe »Kinder plus Karriere« wollen sie gemeinsam mit ihrer Partnerin angehen. Beide sollen im individualistischen Sinne der Generation Y beides haben können. Die neuen jungen Männer arrangieren sich mit der Leistungsgesellschaft und verlieren ihre Sorge, als sanftes Weichei oder als angepasster Streber angesehen zu werden, wenn sie nicht nur Spaß am Lernen und Arbeiten haben, sondern dafür auch hart arbeiten. Sie fallen nicht auf primitive Macho-Muster von Männlichkeit herein.

Gegenwärtig haben die jungen Frauen noch das bessere Rüstzeug, um mit den veränderten Lebensbedingungen ihre eigene Zukunft zu gestalten. Sie sind in wichtigen Alltagsbereichen innovativer und flexibler als die jungen Männer. Ganz offensichtlich nutzen sie das historische *window of opportunity*, das sich ihnen auftut. Sie haben die einmalige Chance erkannt, durch Investitionen in ihre Bildung und Ausbildung endlich ihren niedrigeren gesellschaftlichen Status gegenüber den Männern zu überwinden. Sie spielen mit den Regeln der Leistungsgesellschaft und investieren in Bildungskapital, das sich über kurz oder lang in Karrierekapital einlösen lässt. Sie repräsentieren den Wunsch der Generation Y nach der Vereinbarkeit von Beruf und Familie in besonders intensiver Form und gehen damit weit über die Vorstellungen ihrer eigenen Mütter hinaus.[13]

Kinder haben muss hip sein

Aus reinem Pflichtgefühl entscheidet sich in der Generation Y niemand für ein Kind. Zwar fände sie es in ihrer breiten Mehrheit gut, Kinder zu haben. Nur ist sie skeptisch, ob ihr auch ein Leben mit Kindern im Alltag gefallen würde. Objektiv sind die Voraussetzungen dafür in Deutschland nicht gerade gut. »Es kann nicht sein, dass Kinder in Deutschland immer noch ein Armutsrisiko sind«, sagt Simone. Doch selbst, wenn es so weit nicht kommt: Alle wissen, dass die finanzielle Lebenssituation sich mit einem Kind verschlechtert, weil die staatlichen Transferleistungen keinen wirklich vollen Ausgleich herstellen können.

Alle wissen auch, dass vor allem Mütter ihre Karriere aufs Spiel setzen. Arbeitgeber würden immer noch befürchten, dass junge Frauen schwanger werden könnten, kritisiert Carina. »Ich finde, dieser Gedanke sollte sich ausweiten auf: Da kommt ein junger Mann, der könnte noch Kinder kriegen und in Elternzeit gehen«, fordert sie. »Das denken die aber nicht. Die denken das nur bei Frauen.«

Ihr Mann Jonas träumt davon, sich nicht zwischen Kindern und Karriere entscheiden zu müssen: »Wenn es in der Gesellschaft akzeptiert wäre, dass du einen Karrierejob machst, in dem du hochwertige Arbeit lieferst, aber eben nicht 60 Stunden in der Woche, das wäre schön.«

Auch das Thema Kitaplätze macht der Generation Y trotz des Rechtsanspruchs weiter Sorgen. Wenn es in der komplizierten Entscheidungslage auch nur ein Punkt unter vielen ist: Im internationalen Vergleich ist das Betreuungssystem für kleine Kinder in Deutschland immer noch außerordentlich schlecht ausgebaut. Das ist oft der Grund, warum junge Paare auf Kinder verzichten. Wie lückenhaft und schwerfällig Kinderbetreuung jenseits der Familie heute immer noch ist, ist keiner jungen Frau und keinem jungen Mann entgangen. Da Jonas in Elternzeit ist, hat seine Tochter Lotte Anspruch auf sechs Stunden Kitabetreuung. »Was mach ich denn mit sechs Stunden Kita?«, fragt er ungläubig. »Da muss ich mir erst mal überlegen, was ich damit machen kann.« »Was ich richtig schlimm finde, ist, dass du dir nicht mal eine Kita aussuchen kannst«, fügt Carina hinzu. Wenn die Qualität der Betreuung nicht stimme, fange man trotzdem wieder an zu überlegen, ob es nicht besser für das Kind sei, zu Hause zu bleiben,

Im Ergebnis gehört Deutschland zu den Ländern mit sehr niedrigen Geburtenziffern. Laut Statistik bekommt jede Frau 1,38 Kinder. Zu wenig, um die Bevölkerungszahl zu stabilisieren. Niedriger liegen nur noch Rumänien, Ungarn und die Slowakei. Die dafür notwendigen Werte um 2,0 erreichen in Europa nur Island, Irland, Frankreich, Großbritannien und die skandinavischen Länder.

Im Café Blume steht hinten in der Ecke eine Rutsche. Daneben liegen ein paar Bauklötze. Mehr nicht. Tatjana Thiersbach ist das wichtig. Die zweifache Mutter wollte ein Café betreiben, in dem Platz für Kinder ist. Nicht jedoch ein Kindercafé. »Für mich finde ich es schöner in einem Laden, wo man auch mit anderen erwachsenen Menschen zu tun hat, die keine Kinder haben.« Tatjanas Vision: Kinder als Teil der Gesellschaft und Eltern, die auch mit Kindern weiter so leben können, wie sie wollen.

Für die Generation Y ist die Sache klar: Eigene Kinder sollten das Leben bereichern, nicht erschweren. Eine Familie wollen sie nur dann gründen, wenn alle Parameter stimmen. Es geht ihnen nicht nur darum, den richtigen Mann oder die richtige Frau zu finden. Ebenso wichtig ist es ihnen, dass Familie finanziell, zeitlich, organisatorisch und beruflich keine zu großen Einschränkungen mit sich bringt. Die junge Generation will, dass das Leben mit Kindern Spaß und Freude bringt. Für die Generation, in der Hipster zum Massenphänomen wurden, muss auch die Familie hip werden. Solange Familie und Beruf im Alltag nicht besser vereinbar werden als heute, bedeutet Familie, das eigene Leben quasi aufzugeben und nur noch für das Kind da zu sein. Doch so wollen die Ypsiloner kein Kind haben. Sobald sich das ändert, sind sie dabei.

Frauen wie Männer betreten Neuland

Die Frauen der Generation Y werden sich in den nächsten Jahren darum bemühen, in Politik und Wirtschaft Unterstützung für ihren aus heutiger Sicht kühnen Plan der Koordinierung von Kindern, Küche, Kirche/Kommune und Karriere zu organisieren. Sie werden nicht lockerlassen, bis der Ausbau von Kindertagesstätten und der von Nachmittagsbetreuung an Kindergärten und Schulen endlich beschleunigt wird, flexiblere Arbeitszeiten und kinderfreundliche Arbeitsbedingungen in den Unternehmen eingeführt werden und gezielte Hilfen zur Verfügung stehen, wenn ihr Kind Entwicklungs- und Leistungsprobleme oder gesundheitliche Schwierigkeiten hat oder aus anderen Gründen die Haushaltsorganisation zusammenzubrechen droht. Viele bekommen heute immer noch Angst vor der eigenen Courage, wenn die Belastungen sich auftürmen, und greifen dann verzweifelt und gegen ihre Absicht doch noch auf ein traditionelles Familienmodell zurück. Dann überkommt sie das schlechte Gewissen und sie erwägen, beruflich zurückzustecken. In solchen Krisensituationen fehlt es heute an Beratung und gezielten Hilfen. Die wünschen sie sich auch im beruflichen Sektor, in dem sie sich noch oft gegenüber Männern benachteiligt fühlen.

Die Männer der Generation Y würden gerne aus ihrem selbst gebastelten »Geschlechtsrollengefängnis«, der Fixierung auf die traditionelle Männerrolle, ausbrechen. Sie möchten das Gefühl haben, Mann sein zu dürfen und mit ihrem Hang nach Bewegung und Aktion und ihrem Streben nach Einfluss nicht überall auf Ablehnung und Ausgrenzung zu stoßen. Dafür wünschen sie sich von der Grundschule an eine gezielte soziale Unterstützung, die es ihnen möglich macht, sich mit schulischen Anforderungen besser als heute zu identifizieren, gute Leistungen zu bringen und dennoch nicht als verweichlichter Streber angesehen zu werden. Das ist in überwiegend weiblichen Kollegien von Kindergärten und weiterführenden Schulen nicht ganz einfach. Viele männliche Jugendliche greifen provokativ auf klischeehafte Macho-Muster der Männlichkeit zurück, um ihre Lehrerinnen zu verunsichern. Wohl fühlen sie sich dabei nicht. Was sie eigentlich wollen, ist eine analog zu den Frauen angelegte Rollenanreicherung. Es geht ihnen darum, neben dem heute vorherrschenden »K« der Karriere die anderen »drei K« Kinder, Küche, Kirche/Kommune mit aufzunehmen, und sie suchen nach Bezugspersonen und -institutionen, die ihnen hierbei Flankenschutz geben.

Beide Geschlechter brauchen die Gewissheit, dass die Gesellschaft sie auch wirklich als Eltern erleben möchte und Kinder willkommen sind. Deshalb ist der Ausbau der öffentlichen Kinderbetreuung bis hin zu den Ganztagsschulen zurzeit der politisch wichtigste und nachhaltigste Schritt. Er symbolisiert, wie sehr sich das Gemeinwesen mitverantwortlich fühlt. Eltern allein waren schon immer mit der Kindererziehung überfordert. Wie sagt ein afrikanisches Sprichwort: »Es braucht ein ganzes Dorf, um ein Kind zu erziehen.« Macht das ganze Dorf mit, steigt auch die Chance, dass die Y-Männer und die Y-Frauen Lust bekommen, eine Familie zu gründen. Die Gesellschaft kann sicher sein: Wenn sie erst einmal Mütter und Väter sind, dann werden sie das Familienleben kräftig beleben und nach ihren Maßstäben neu erfinden. Und wer weiß, vielleicht würden sich unter diesen Umständen auch Ernie und Bert entscheiden, Kinder großzuziehen.

Kapitel 4
Wie die Ypsiloner die Politik unterwandern

Eine unpolitische junge Generation?

Es hätte die Geburtsstunde einer neuen Studentenbewegung sein können. Genau 40 Jahre nach dem in Deutschland fast schon mythisch verklärten Jahr 1968 bricht in New York die Investmentbank Lehman Brothers zusammen. Das Weltfinanzsystem steht vor dem Abgrund. Regierungen schnüren in Windeseile Rettungspakete in schwindelerregender Milliardenhöhe für marode Banken. Sie stützen damit ein System, das viele für die schlechten Chancen der Generation Y auf dem Arbeitsmarkt mitverantwortlich machen. Zudem wird sie es sein, die die Rekordschulden über Jahrzehnte abtragen muss. Das bedroht ihre Zukunftsperspektiven massiv. Grund genug eigentlich, auf die Straße zu gehen. Doch der vermeintlichen neuen Studentenbewegung geht schon beim Start die Puste aus. Zu mehr als ein paar Demonstrationen der Occupy-Bewegungen kann sich die Generation Y nicht aufraffen. Und selbst die bleiben vergleichsweise klein. Systemverändernder Protest sieht jedenfalls anders aus.

Jugend und Politik – seit Jahren scheinen beide immer seltener zueinander zu finden. Die Generation Y hat schon die katastrophal schlechten Ausbildungs- und Berufschancen in den zurückliegenden Jahren ohne Demonstrationen oder andere politische Aktionen einfach so weggesteckt. Statt aufzubegehren, hat sie sie nüchtern als unvermeidbares Faktum hingenommen und sich stattdessen in Schule, Studium oder Ausbildung mehr angestrengt. Ebenso nüchtern akzeptiert sie die weltweite Finanzkrise. »Meine Generation erbt Schulden in Billionenhöhe, die ihr die reichsten Eltern aller Zeiten hinterlassen werden, weil die das Sparen lieber auf die Zukunft verschieben.« Man spürt förmlich das Schulterzucken, wenn man diese Sätze der ZEIT-Journalistin Kerstin Bund, Jahrgang 1980, in ihrem Y-Porträt »Glück schlägt Geld« liest.[1] »Das komplette System zu ändern, der Gedanke ist uns zu mühsam«, sagt auch die Politikstudentin Leoni.

Dabei meint es das System in vielem nicht gut mit der Generation Y: Nicht nur sind die Chancen der jungen Generation unsicher, in das Berufsleben einzusteigen und eigenes Geld für ein eigenständiges Leben zu verdienen, weil viele ohne festen Ausbildungs- oder Arbeitsplatz zurückgelassen und Arbeitsverträge oft nur befristet ausgestellt werden. Nein, auch der finanzielle Spielraum ist fortan stark eingeschränkt. In Deutschland gibt der Staat 2012 nach offiziellen Angaben mehr Geld für den Schuldendienst (30 Milliarden Euro) als für Investitionen (29 Milliarden Euro) aus. In anderen europäischen Staaten ist das Verhältnis noch ungünstiger. Wenn die Generation Y einmal die politische Macht im Land erhält, wird sie auf absehbare Zeit den Mangel verwalten müssen. Schon heute ist nicht zu übersehen, wie schlecht Schulen und Hochschulen ausgestattet sind. Auch die kommunalen Dienste und die öffentlichen Verkehrswege sind in schlechtem Zustand. Besserung ist angesichts der Schuldenberge nicht in Sicht.

Ob Politiker, Wirtschaftsbosse oder Medienmacher, Eltern oder Großeltern – alle sind sich einig: Die Generation Y ist unpolitisch. Die jungen Leute gelten als gesellschaftlich angepasst und »politikverdrossen«. Viele aus der Großelterngeneration verweisen auf ihr Engagement bei der »68er-Bewegung« und ihren nachhaltigen Protest gegen das Establishment, um ihre Interessen durchzusetzen. Jugend und Politik – das sei damals noch eine Einheit gewesen, und ihr »Marsch durch die Institutionen« habe die gesellschaftlichen Strukturen ein für alle Mal verändert. Nach den Maßstäben der 68er-Studentenbewegung sind Jugend und Politik tatsächlich heute keine Einheit mehr. Die Indikatoren dafür sind scheinbar untrüglich: Die Generation Y hat nach eigenen Aussagen weniger Interesse an Politik als ihre Vorgänger. Sie geht auch deutlich seltener wählen als diese. Sie meidet Parteien und Gewerkschaften, eigentlich alle Organisationen im politischen und öffentlichen Bereich, auch Jugendorganisationen von Verbänden und Vereinen. Sie protestiert allenfalls mal kurz in eigener Sache – zum Beispiel wenn die Hochschulen Studiengebühren erheben wollen –, aber auch nur dann, wenn das Thema sowieso in der breiten Öffentlichkeit Konsens ist. Sie ist selten bereit, sich langfristig politisch zu engagieren. Fast scheint es eine verdrehte Welt: Bei den großen Protesten der vergangenen Jahre wie etwa gegen den Bau des Hauptbahnhofes »Stuttgart 21« sind die meisten »Wutbürger« jenseits der 50. Die Eltern demonstrieren, während die Kinder für die nächste Klausur büffeln. Vielen geht es wohl so wie Thorben. Der 21-jährige Maschinenbaustudent findet es wichtig, für seine Überzeugungen auf die Straße zu gehen – und war doch noch nie auf einer Demonstration. Nur: Macht ihn das allein schon unpolitisch?

Politik à la Y

»Bei uns wird es so etwas nicht geben«, erklärt Simone selbstbewusst und schaut kopfschüttelnd auf die leeren Fahrradständer im Zentrum von Aachen. Es ist Februar, Schwefelgeruch der Heilquellen des Elisenbrunnens nebenan liegt schwer in der Luft. Das Verleihsystem der Deutschen Bahn hat Winterpause. Die Schlösser, die eigentlich die Elektrofahrräder gegen Diebstahl sichern sollen, sind mit Kabelbinder an die Ausleihstation gebunden. Dabei gebärdet sich selbst der Februar im tiefen Westen mit 13 Grad und Sonnenschein alles andere als fahrradfeindlich. Im angrenzenden Park flanieren bereits die ersten Sonnenhungrigen. Nur drei Stationen betreibt die Deutsche Bahn in Aachen mit insgesamt 15 Elektrofahrrädern, sogenannten Pedelecs. Zu wenig, um selbst im Zentrum der 240.000-Einwohner-Stadt schnell und bequem von A nach B zu kommen.

Deshalb nimmt Simone mit einer Gruppe Studierender der Aachener Hochschulen die Sache jetzt selbst in die Hand. 1000 E-Bikes an 100 Stationen, heißt ihr ambitioniertes Ziel. Ihre Initiative Velocity plant ein engmaschiges Netz in der Stadt und damit eine radikale Alternative zum Autoverkehr. Das Mammutprojekt lässt ihr derzeit neben Studium und Job als studentische Hilfskraft kaum noch Freizeit. Doch sie glaubt daran. Der Stadt drohe sonst der Verkehrskollaps, fürchtet Simone. »In Aachen ist einfach nicht genug Platz für Autos«, sagt sie. »Da kann man auch direkt in die richtige Richtung steuern und weniger Unzufriedenheit erzeugen.« Ein solches System verbessere zudem die Situation der Studierenden und vieler anderer Aachener. Gesellschaftliches Engagement mit einer klaren Vision für die Zukunft – es sind die klassischen Motive eines Politikers, aus denen sich Simone in dem Projekt engagiert. Doch dann sagt sie einen Satz, den so wohl nur ihre Generation formulieren kann: »Für mich ist das kein politisches Projekt.«

Die Ypsiloner definieren Politik deutlich enger als andere Generationen vor ihr. »Wenn man die Frage stellt: Interessierst du dich für Politik?, denken alle erst mal an die Politiker und das, was in der Tagesschau als Politik verkauft wird«, beobachtet die Berliner Politikstudentin Leoni. Mit dieser Politik der traditionellen Machart kann die Generation Y nicht viel anfangen. Zwar spricht sie sich in ihrer überwältigenden Mehrheit für die Demokratie als Staatsform und für das Grundgesetz aus. In der Shell Jugendstudie 2010 bezeichneten sich jedoch nur 40 Prozent als politisch interessiert, wenn es um die Arbeit von Parteien und Parlamenten geht. In den 1980er-Jahren waren es 55 Prozent, zu Zeiten der »68er« noch ein paar mehr.[2]

»Ich tue mich immer schwer damit, zu sagen, wir seien eine unpolitische Generation«, widerspricht die Politikstudentin Leoni dennoch. »Das glaube ich ganz und gar nicht.« Viele Ypsiloner verbuchten bewusstes Konsumverhalten oder soziales Engagement für Zuwanderer einfach nicht unter Politik. Ihre Generation sei anders politisch, schreibt auch Kerstin Bund.[3] Sie setze auf lokales, zeitlich begrenztes Engagement in einzelnen Projekten – schließlich sei in ihrem Leben ohnehin nichts auf Dauer angelegt. Auch Simone wird sich wohl wieder auf ihr Studium konzentrieren, wenn das Pedelec-Projekt in Aachen angelaufen ist.

Ideale?

Ein Hipster-Café in Berlin-Neukölln. Fast zwei Stunden diskutiert Leoni über Politik, Arbeit und Familie. Die 26-Jährige ist eloquent. Als Politikstudentin hat sie über viele Dinge gründlich nachgedacht. Doch beim Thema Ideale sucht sie zum ersten Mal nach Worten. »Ich muss sagen, mit Idealen bin ich echt nicht so gut«, sagt sie dann, denkt noch einmal nach und fügt hinzu: »Ich glaube, ich bin nicht so kategorisch.« Überzeugter Veganer zu sein und gleichzeitig seine Klamotten im Billigladen zu kaufen – das passe für sie nicht zusammen. »Ich versuche immer ganzheitlich nachzudenken und möglichst viele Faktoren mit einzubeziehen, statt kategorisch-idealistisch eine Sache total doof zu finden und zu glauben, dadurch verändere ich die Welt.« Die Generation Y weiß besser als jede Generation zuvor, wie komplex die Welt ist. Sie weiß auch, dass es viel zu viele Probleme gibt, um in allen Bereichen konsequent zu handeln. Ihr Wissen um unzählige Nebenwirkungen und Abhängigkeiten macht es ihr schwer, eindeutig Position zu beziehen.

»Das Irgendwie-dagegen-Sein und Irgendwie-auch-nicht hat sicher damit zu tun, dass die Generation auch erfahren hat, dass vieles möglich ist, aber nichts bleibt, wie es einmal war«, schreiben Alexandra Hildebrandt und Hauke Schwiezer.[4] »Alles ist ständig im Fluss. Sie ist mit dem Gefühl beständigen Wandels und Unsicherheit groß geworden.«

Die Generation Y reagiert darauf mit Pragmatismus. Sie will Lösungen sehen. Wer sich nicht so stark mit Politik beschäftigt wie Leoni, denkt pragmatisch und unideologisch. Eine große, idealistische Vision, wie die Gesellschaft aussehen soll, existiert einfach nicht. Die Bindung an politische Parteien und Lager ist gering. Die Ypsiloner entscheiden sich für eine von ihnen nach inhaltlichen und pragmatischen Gesichtspunkten. Sie schöpfen das politische Spektrum der Parteienlandschaft dabei voll aus und neigen dazu, direkt nach ihren thematischen Vorlieben zu votieren. Ob ihre Themen eher von rechts oder links angegangen werden, ist ihnen häufig ziemlich egal. »Die politische Einstellung gehört für die wenigsten Menschen meiner Generation zu den Kriterien, anhand deren wir unsere Bekannten beurteilen«, schreibt die Journalistin Meredith Haaf, Jahrgang 1983.[5] Man ist nicht festgelegt, gegenüber den politischen Machthabern durchaus gutgläubig, bleibt zu ihnen aber auf skeptischer Distanz. Und doch gibt es eine Sehnsucht, die die gesamte Generation verbindet: die Sehnsucht nach einer Welt in wirtschaftlicher Sicherheit und ökologischer Nachhaltigkeit, in der auch für sie als Ypsiloner genügend Ressourcen für ein angenehmes Leben übrig sind. Die junge Generation will kein schlechteres Leben als ihre Eltern führen. Sie möchte das erreichte Wohlstandsniveau behalten. Sie hat durchaus die Angst, dass die Politik an ihren Interessen als junger Generation vorbei handelt und Entscheidungen trifft, die den kurzfristigen Wünschen der alten und der mittleren Generationen stärker entgegenkommen als den langfristigen der jungen.[6]

Politik in der MeMeMe-Generation

Feld, soweit das Auge reicht. Am Horizont verschwindet hinter Häuserreihen die Sonne im Abendrot. Davor lassen sich Kite-Skater von ihren Drachen durch den Sonnenuntergang ziehen, bauen junge Leute in Kleinstgärten Blumen und Gemüse an oder genießen einfach den freien Blick. Auch Jenny kommt an das alte Flugfeld, wenn sie entspannen will. »Ich finde es Wahnsinn, dass da so wenig Konsum stattfindet«, sagt Jenny. »Nur einen Eiswagen gibt es hier in Tempelhof. Die Leute kommen dahin und sind einfach da.«

Geht es nach dem Willen des Berliner Senats, soll diese Oase kleiner werden. Am Rand der größten Freifläche der Hauptstadt sollen neue Häuser entstehen. Jenny engagiert sich in der Bürgerinitiative gegen die Bebauungspläne. Wochenende für Wochenende sammelte sie Unterschriften für das Volksbegehren. Das war Stress. Nebenbei schrieb sie ihre Masterarbeit und hatte zwei Jobs. »Für mich ist das einer der allerallerwichtigsten Orte in meinem Berliner Leben«, sagt Jenny. Die 26-Jährige wohnt nur wenige Meter entfernt vom Tempelhofer Feld.

Die Generation Y wird vor allem politisch, wenn sie selbst betroffen ist. Ausgangspunkt für Aktionen ist das eigene Leben, etwa die Einschränkung der persönlichen Freiheit und des unmittelbaren Wohlbefindens. Jenny findet das in Ordnung:»Man guckt einfach, wo man selber irgendwie andocken kann.« Hohen Einsatz könne man eben am besten zeigen, wenn die Themen einem selbst wichtig sind.»Die Sachen, für die ich mich engagiert habe, hatten alle etwas mit mir zu tun.« Doch das muss nicht immer so sein. Jenny weiß mittlerweile, dass sie ihr Jahr in Kanada auf einem Biobauernhof in der Nähe von Toronto verbringen wird. Auch das ist politisches Engagement – ganz ohne eigene Betroffenheit.

Aus diesem Motiv protestieren die Ypsiloner gegen umweltschädigende Produktionsstätten oder gegen Studiengebühren, organisieren Kaufboykotte oder Shitstorms, also Protestaktionen im Internet. Aus Anlässen wie dem Atomunglück von Fukushima entstehen Tausende von Internetforen. Veranstaltungen von Aktionsgruppen zu Umwelt-, Friedens- und Menschenrechtsthemen schwellen zu Massenbewegungen an. Auch Widerstand gegen Massentierhaltung in der Landwirtschaft und Lohndumping ohne Arbeitsschutz in der Textilindustrie sind Themen, die die Generation Y auf diesen Kommunikationskanälen aufgreift.

Politisches Engagement dann, wenn es etwas bringt

Die Ypsiloner sind wie in allen Lebensbereichen auch in der Politik Egotaktiker. Im Mittelpunkt der MeMeMe-Generation steht ihr eigenes Leben. Politisches Engagement zeigt sie, wenn »es ihr etwas bringt«. Doch das ist längst nicht so egoistisch gemeint, wie es sich anhört. Simone empfindet ihren Einsatz für ein Pedelec-System in Aachen genauso als bereichernd wie Leoni ihre Nachmittagsbetreuung für Roma-Kinder in Berlin-Neukölln. Der Maschinenbaustudent Thorben erklärt, er sei in der Fachschaft aktiv, denn »es macht mir Spaß, Leuten zu helfen«. Wichtig ist ihnen allen, dass sie selbst wertvolle Erfahrungen daraus mitnehmen. »Weltfriede« allein zieht nicht – das ist unverbindliche Träumerei, und die Ypsiloner sind viel zu pragmatisch, um an Träume zu glauben. Politik soll handfest sein und eben »etwas bringen«. Parteien, Parlamente und Regierungen sind für die Generation Y Institutionen, die dafür gewählt und mit Steuermitteln bezahlt werden, dass sie die notwendigen Rahmenbedingungen für politische Entscheidungen herstellen. Allzu viel erwartet sie von ihnen nicht. Fast jeder in der Generation Y spürt, wie anstrengend es in einer offenen Gesellschaft voller Optionen und Ablenkungen ist, dem eigenen Leben eine Richtung zu geben. Doch kaum jemand käme auf die Idee, von einer Partei oder einer Regierung eine solche Orientierungshilfe zu erwarten. Die Ypsiloner sehnen sich nach persönlicher Freiheit und eigenverantwortlichem Handeln. Sie sind grundsätzlich bereit, sich für Gemeinschaft und sozialen Zusammenhalt zu engagieren. Und sie wünschen sich Parteien, Parlamente und Regierungen, die sich dafür einsetzen, ihre Lebensqualität und ihre Zukunftsperspektiven zu verbessern.

Die Generation Y steht so für ein neues Politikverständnis, bei dem politisches Agieren breit definiert und mit urpersönlichen Interessen verknüpft wird. Partizipation an gesellschaftlichen Belangen wird durch die ganz persönlichen Motive jedes einzelnen Bürgers gespeist. Die Ypsiloner sind – aus Eigeninteresse und Eigennutz heraus – bereit und interessiert, politisch zu handeln, um ihre persönliche Lebenssituation zu verändern. Angetrieben vom angesprochenen Verantwortungsgefühl für sich selbst (»eigenverantwortlich leben und handeln«), handeln sie im politischen Bereich mit erklärtermaßen eigennützigen Motiven. Doch ihr Eigennutz kann genau aus diesem Grund dem gesamten Gemeinwesen zugutekommen. Die Generation Y kennt Solidarität, aber es ist eine Schwarm-Solidarität. Fische schwimmen im Schwarm mit, um selbst zu überleben – nicht, um andere Fische gegen Übergriffe zu verteidigen. Ihr Mitschwimmen, so die unterschwellige Annahme, nützt dem gesamten Schwarm gerade deshalb so stark, weil jeder nur an sich selbst denkt. Aus dieser selbstbezogenen, egotaktischen Grundhaltung entsteht kein Wir-Gefühl. Es kommt nicht zu einer kollektiven Solidarisierung, mit der frühere Generationen gemeinsam auf die Straße gegangen sind, wenn ihnen politische Weichenstellungen nicht mehr passten. Das Engagement der Generation Y speist sich nicht aus einem Gefühl der Verpflichtung gegenüber den bestehenden Gemeinschaftsbindungen, die andere vor ihr hergestellt haben, sondern aus einer Mischung aus Eigeninteresse mit dem Ziel der Selbstentfaltung und der Erwartung, auf diese Weise würde indirekt auch die Gemeinschaft profitieren. »Wir sind nicht gerne ›Wir‹«, schreibt Haaf. »Für etwas einzutreten, das über die eigene Individualität hinausgeht, fällt vielen entsprechend schwer.«[7]

Ypsiloner wollen sich unmittelbar einbringen, direkt etwas gestalten, dabei Spaß und Erfüllung erleben und am Ende einen Gewinn an Wohlbefinden und Selbstbewusstsein haben. In traditionellen Verbänden und gesellschaftlichen Institutionen, in Sportvereinen, Gewerkschaften, Kirchen und Parteien engagieren sie sich nur dann, wenn sie diese Kriterien erfüllt sehen und ihre Vorstellungen umsetzen können. Da das oft nicht der Fall ist, sehen sie davon ab.[8] In Zeiten, in denen die Grenzen zwischen Arbeit und Freizeit immer mehr verschwimmen, soziale Systeme flüssiger werden und Hierarchien schwinden, in denen immer mehr Menschen projektbezogen arbeiten, lässt sich in der Generation Y kaum noch jemand wie weiland die 68er auf einen »Marsch durch die Institutionen« ein, um sie in mühseliger Gremienarbeit von innen heraus umzulenken. Ein solcher Marsch erscheint ihnen als Vergeudung von Zeit und Energie. Sie wünschen sich vielmehr Transparenz, direkte Einflussmöglichkeiten, schnelle Reaktionen und Veränderungen.

Politik auf leisen Sohlen

Ende 2013 ist es so weit. Das erste Fairphone kommt auf den Markt. Keine Rohstoffe aus Konfliktregionen, faire Löhne für die Fabrikarbeiter, die das Smartphone zusammenbauen. Die erste Tranche ist klein. Nur 25.000 Exemplare produziert das gemeinnützige Unternehmen aus den Niederlanden. Doch sie sind schon Wochen zuvor ausverkauft. »Ich wollte es auch haben«, sagt Leoni und schaut skeptisch auf ihr iPhone. Wie so viele in der Generation Y glaubt auch sie nicht an eine realistische Alternative zum Kapitalismus. Doch sie ist überzeugt, dass das System mit seinen eigenen Waffen zu schlagen ist. Bioprodukte statt industrieller Landwirtschaft, Fair-Trade-Klamotten oder eben das Fairphone – Leoni ist in ihren Kaufentscheidungen längst nicht immer konsequent, doch sie bemüht sich. »Ich denke, dass man mit seinem Konsumverhalten schon total viel verändern kann«, sagt die Politikstudentin. »Denn dabei geht es ums Geld. Und wenn ich konsumiere und das viele tun, hat das schon Einfluss.«

Auch Konsum ist politisch, und hier erweist sich die Generation Y als alles andere als unpolitisch. Sie ist vielmehr urpolitisch und betreibt Politik auf leisen Sohlen, ganz anders als etwa die »68er«, die aus jedem der genannten Themen großen politischen Klamauk gemacht hätten, um die gesamte öffentliche Aufmerksamkeit auf sich zu ziehen. Kommunen, die sich ökologisch ernähren, wären zu politischen Projekten ausgerufen worden, als wichtige Beiträge im Kampf für eine bessere, gerechtere Welt. Die »Energiewende« der Bundesregierung wäre als revolutionärer Sieg über veraltete und menschenverachtende kapitalistische Produktionsmethoden gefeiert worden, als ein weiterer Beweis dafür, dass nur mit einer starken außerparlamentarischen Opposition (»APO«) und mit lang anhaltenden Anti-Atomkraft-Demonstrationen den etablierten politischen Kräften Beine gemacht werden können.

Die Ypsiloner haben für solchen Aktionismus wenig übrig. Sie sind bemüht, politische Aktionen in den Alltag zu integrieren. Wenn sie sich entscheiden, Bioprodukte zu kaufen oder Textildiscounter zu boykottieren, dann sehen sie das als bewusste ethische Kaufentscheidung, nicht als politische Handlung, selbst wenn sie das de facto ist: »Politik machen wir heute über die Kreditkarte, nicht über das Parlament«, schreibt Oliver Jeges in seinem Generationenporträt »Generation Maybe«. »Wir drücken damit aus, was wir gut finden und was nicht.«[9]

Die Generation Y ist auch hier pragmatisch. Ihre »apo. de«, die Beeinflussung der Meinungsbildung der Bevölkerung an den Parteien und Parlamenten vorbei, hat wenig mit der »Außerparlamentarischen Opposition« (APO) der 68er zu tun. Die Ypsiloner tauschen sich in vertrauten Netzwerken jenseits der Parlamente intensiv über Alltagsthemen und Zukunftsprobleme aus. Tausende Internetforen helfen etwa heute dabei, ethisch korrekt zu konsumieren. Dadurch entsteht zwar oft der Eindruck, man sei politisch nicht präsent. »Die Mehrheit meiner Altersgenossen wird sagen müssen:

Wir waren nicht dabei. Wir waren auf Facebook«, kritisiert Meredith Haaf.[10] Doch viele Diskussionskreise der 68er hatten ähnlich wenig Einfluss auf das Weltgeschehen wie die Tweets und Facebook-Kommentare der heutigen Jugend.

Neue Kanäle

»Unsere Generation ist so bemüht wie kaum eine zuvor, die Welt zu retten – politisch wie ökologisch«, schreibt Philipp Riederle, Jahrgang 1994, der als »Digital Native« seine Generation erklärt.[11] Dafür sucht sich die Generation neue Kanäle, um sich unabhängig von älteren Generationen, Medien-Mainstream und Mehrheitsmeinung politisch zu artikulieren und eigene Standpunkte in die Öffentlichkeit zu tragen. Sie ist distanziert gegenüber politischem Engagement in traditionellen, »analog« arbeitenden Parteien und Organisationen mit ihren verkrusteten Hierarchien und Regularien, hat aber eine große Bereitschaft zur Teilnahme an »digitalen« politischen Aktionen mit direkten Einflussmöglichkeiten.

Eine zentrale Rolle spielen hierfür das Internet – Twitter, Facebook und andere Medien und Formate der Kommunikation, die eine schnelle politische Vernetzung ermöglichen. Auf diesen Foren diskutieren die Ypsiloner ihre Befindlichkeiten und tauschen die Wahrnehmung von Entwicklungen und Problemen aus. Da viele von ihnen beteiligt sind, werden hier auch Resolutionen, Aufrufe, Demonstrationen und Unterschriftensammlungen vorbereitet und umgesetzt. »Petitionen unterschreibe ich gefühlt fünfmal am Tag«, sagt auch Leoni. Auch das ist eine Sache, die sie niemals als politisches Engagement bezeichnen würde.

Einen Vergleich mit den 68ern würde die Generation Y ohnehin absurd finden. Sie hat kein Verständnis dafür, deshalb als »unpolitisch« abgestempelt zu werden, weil sie keine Straßenschlachten anzettelt. »Der Kampf gegen den teuflischen Neoliberalismus und sonstige andere gemeine reaktionäre Strömungen des 21. Jahrhunderts war einfach nicht unserer«, schreibt die Journalistin Nina Pauer. »Dafür glich er uns einfach viel zu sehr einem verirrten, billigen Abklatsch von etwas lange Vergangenem. Einer schlechten Kopie, einer albern-schattenkämpferischen Imitation von einem Projekt, das doch schließlich niemand anderes als unsere eigenen Eltern schon ausprobiert hatten.«[12]

Alle Themen, die der Generation Y am Herzen liegen, hätten die 68er als hochpolitisch, als absolut erregend und unerträglich empfunden. Ganz anders die Ypsiloner. Für sie sind die relevanten Themen »interessant und wichtig«. Sie sind von urpersönlichem Interesse und beschäftigen einen bei der Bewältigung des Alltags. Die Generation Y arbeitet mit einem neuen Begriff von Politik, der gestaltende Aktivitäten in den Alltag integriert und nicht an eine ausdifferenzierte gesellschaftliche Organisation namens »politisches System« delegiert. Weil Politik gleich Alltag ist, geht es auch nicht um Ideologie, sondern um Machbarkeit. Im Alltag ist die Generation Y auch nicht rechts oder links, nicht für oder gegen den Kapitalismus. Sie will einfach gut leben und Probleme in ihrem Sinne möglichst ohne großen Aufwand lösen. Wenn kapitalistische, liberalistische oder sozialistische Ansätze dafür eine Lösung versprechen – gerne. Wenn nicht, dann bitte auf anderem Wege.

Für die Parteien verloren?

Für die etablierte Parteienpolitik scheint die Generation Y fast schon verloren. Partei- und Verbandssoldaten wollen nur die wenigsten Ypsiloner werden. Natürlich gibt es auch unter ihnen im traditionellen Sinn politisch Engagierte, die gerne Funktionen in Parteien und Verbänden ausüben, um so die gesellschaftlichen Verhältnisse zu gestalten. Doch es sind viel weniger als in vorigen Generationen. Waren in den 1980er-Jahren noch drei Prozent der Jugendlichen Parteimitglieder, ist es heute noch etwa ein Prozent.

Nicht nur Parteien fehlt der Nachwuchs: Auch Jugendverbände, kirchliche Gruppen, Gewerkschaften und Organisationen wic Greenpeace und Amnesty International sind davon betroffen. Das biografische Selbstmanagement mit Ausbildung, Studium und Beruf und die Koordination der sozialen Kontakte verschlingen viel Zeit. Deshalb überlegt sich die Generation Y genau, ob sie sich zusätzlich in gesellschaftlichen Institutionen und im politischen System engagiert. »Wir wollen nicht 20 Jahre lang Schriftführer im CDU-Ortsverein sein«, schreibt Bund. »Lieber leisten wir einen Freiwilligendienst in Honduras, übernehmen die Patenschaft für ein benachteiligtes Kind aus der Nachbarschaft.«[13] Ist das etwa kein politisches Engagement?

Die Generation Y versteht Politikerinnen und Politiker nicht als »Sprachrohr« für die eigenen Belange und Bedürfnisse, sondern als Funktionäre eines abgehobenen Kartells von Parteien und Regierungsapparaten. Sie hat ein feines Gespür dafür entwickelt, wie in Deutschland praktisch Politik gemacht wird. Was sie dort beobachtet, macht viele unzufrieden. »Um in einer Partei etwas zu werden, muss man ganz lange Duckmäuser sein«, meint etwa Simone. »Das möchte ich nicht.« Die Aachener Pedelecs sind längst nicht das einzige Projekt der 24-Jährigen. Die Wirtschaftsingenieurin war Mitglied der Fachschaft, hat in der Studentenregierung AStA mitgearbeitet und ist in einem Karrierenetzwerk für Frauen aktiv. All das macht sie gerne. Denn mit ihrem

Engagement habe sie viel bewegen können und gleichzeitig viel gelernt.

Und doch zögert sie, außerhalb der Hochschule politisch aktiv zu werden:»Ich hab das Gefühl, dass es oft nicht wirklich um Inhalte, sondern um Parteimeinungen geht. Und das gefällt mir nicht.« Auch ihr Kommilitone Thorben vermisst in der Politik Leute,»die eine Meinung vertreten, die kantig ist«. Man denke nicht auf lange Sicht,»sondern verbiegt sich und schaut auf die nächsten Wahlen«, kritisiert er.

Wenn die Stimme nichts bringt, gehen sie nicht zur Wahl

Ohne dieses langfristige Denken, so die Befürchtung, verliert die Politik die Zukunftschancen der Generation Y aus dem Blick. Auch deshalb fühlt sie sich von Parteien und Parlamenten nur marginal vertreten. Ihr Desinteresse an der Politik rührt mitnichten daher, dass sie meint, alles laufe auch ohne sie. Die Generation Y ist grundlegend skeptisch und auch ein wenig misstrauisch.»Wir sind nicht gegen das System. Aber auch nicht so richtig dafür«, schreibt Nina Pauer.[14] Politische Parteien igelten sich ein, so der vorherrschende Eindruck. Auf die individualistischen Ypsiloner wirken sie wie starre bürokratische Apparate, in sich geschlossene Systeme, in denen für sie kein Platz ist, sich zu entfalten.

Die Frage, ob sie mit einer Beteiligung an Politik wirklich etwas bewirken können, beantworten die meisten Ypsiloner für sich persönlich negativ. Sie glauben nicht, dass sie innerhalb des real existierenden politischen Systems die Zukunft für ihre Generation gestalten können. Das drückt sich in ihrer Wahlbeteiligung aus. Da protestiert die junge Generation mit den Füßen: Gerade einmal 50 bis 60 Prozent der 18- bis

25-Jährigen machten in den vergangenen zehn Jahren bei Wahlen ihre Kreuzchen. Bei den Älteren waren es 70 bis 80 Prozent. Wie in so vielen anderen Dingen fehlt der Generation Y auch hier ein staatsbürgerliches Pflichtgefühl, das bei den Älteren vorherrscht und sie in großer Zahl an die Urnen bringt.

Die Ypsiloner beurteilen demokratische Beteiligung einzig und allein nach der Frage, wie sinnvoll sie für sie persönlich ist und was sie damit bewirken können. Es ist ihnen nicht wichtig, ob es sich gehört, zu wählen, oder ob es einem abstrakten Gemeinwohl dient. Wenn es nicht sinnvoll für sie ist und sie das Gefühl haben, die Stimmabgabe bringe ihnen nichts, dann gehen sie nicht zur Wahl.

Wer diese Haltung als unpolitisch bezeichnet, hat die Ypsiloner und ihre Beweggründe nicht verstanden. Junge Leute sind heute zwar Kosten-Nutzen-Kalkulierer und machen das, was ihnen am meisten Gewinn bringt. Aber in jede ihrer Einstellungen und Handlungen geht ihre biografische Erfahrung ein. Ihre politische Haltung spiegelt die ganz persönlichen Lebenserfahrungen. In diesem Sinne sind sie echte Demokraten, die sich auf ihre subjektiven Instinkte verlassen, um die Machtverhältnisse zu regeln, und ein Interesse daran haben, dass die Mächtigen keinen zu großen Schaden anrichten können und sich immer kritisch kontrolliert fühlen.

Soziales Orakel:
Die politischen Werte der Ypsiloner

Die Politik kann vom kühlen Urteil der Jugend nur profitieren. Rentensystem, Arbeitswelt, Medien – unsere Gesellschaft befindet sich in einem tief greifenden Wandel. Gerade deshalb ist es fatal, dass die Generation Y das Gefühl hat, in der Politik nichts bewegen zu können. Sie erfasst nämlich intensiv und intuitiv, wohin die Reise geht. Sie ist das soziale und politische Orakel unserer Zeit.

Wie Seismografen registrieren die Ypsiloner unterbewusst große Veränderungen deutlich früher als ältere Bevölkerungsgruppen. Schließlich hängt von politischen Entscheidungen heute in vielem ihr Leben in der Zukunft ab. Deshalb machen sie sich ernsthafte Gedanken, lassen aber gleichzeitig auch ihr Bauchgefühl und ihre eigenen Interessen sprechen. Ihre Einschätzungen und Reaktionen signalisieren, wo künftige Chancen und Probleme liegen. Die Ypsiloner sind damit so etwas wie soziale Pioniere und Pfadfinder für eine neue Auffassung von Politik, die sich nach einigen Jahren dann in allen Bevölkerungsgruppen durchsetzt. Sie erfassen Politik »ganzheitlich« und erahnen schon heute die Probleme, für die Politiker in Jahren erst den Mut aufbringen werden, sie auch nur auszusprechen.

Jugendliche schauen unbefangen auf das gesellschaftliche Leben. Schnell wird ihnen klar, welche Ziele im Leben sie einfach werden erreichen können und welche nur schwer. Ihre Wertorientierung spiegelt das wider. Die schwer erreichbaren Wünsche rücken in ihren Prioritäten auf. Was auf den ersten Blick aussieht wie eine Anleitung zum Unglücklichsein, macht durchaus Sinn. Für das, was auf der Werteskala ganz oben steht, ist der Ypsiloner auch bereit, besonders viel Energie zu verwenden.

Die Generation Y hat so die Welt eingepreist. Ihre Wertorientierung spiegelt ihre Einschätzung von Ressourcen und Defiziten für die Zukunftsgestaltung wider, gepaart mit einer intuitiven Bewertung, für welche Ziele sie sich besonders anstrengen muss. Sie kombiniert die materielle Wertewelt der Großeltern mit der postmateriellen der Eltern. Für die beiden alten Generationen, die Skeptiker und die 68er, die ihre prägenden Jahre unter Bedingungen von Arbeitslosigkeit, Hunger und Krieg erlebten, erhielten Werte wie Fleiß, Disziplin, Ordnung, Sicherheit, stabile Wirtschaft, Sicherung des Wirtschaftswachstums und Stabilisierung der Demokratie extrem hohe Bedeutung. Weil die ökonomische Basis der eigenen Existenz nicht sicher und das autoritäre politische Regime noch nicht überwunden war, kreisten die meisten Werte um diese Güter.

Das ist den Ypsilonern nicht völlig fremd. Man findet diese Werte auch bei ihnen, vermischt mit denen der Generationen Golf und X, die – nachdem die materielle Grundversorgung und die wirtschaftliche und politische Sicherheit zu einer Selbstverständlichkeit geworden waren – »postmaterielle« Werte in den Vordergrund rückten. Das sind all die Güter, die man herbeisehnt, wenn der Lebensstandard gesichert ist: Selbstverwirklichung, Lebensqualität, Genuss, Kreativität, Mitgestaltung der sozialen Lebenswelt, Umweltschutz.

Witterung für die existenziell wichtigen Themen

Die Ypsiloner verorten ihr Lebensgefühl zwischen diesen beiden Extremen, sie mischen sich einen Cocktail aus materiellen und postmateriellen Werten.[15] Mit dieser Wertorientierung gehen die Ypsiloner an Politik heran. Sie steuert die zentralen Themen, die ihnen wichtig sind. Der Schutz der Umwelt, die Bewältigung des Klimawandels und die Umstellung der Energiegewinnung auf nachhaltige Quellen stehen seit den 1990er-Jahren an der Spitze der Prioritäten. Nur während der Wirtschafts- und Finanzkrise in den 2000er-Jahren rückte die Bekämpfung der Arbeitslosigkeit Umweltthemen in den Hintergrund. Die Politik brauchte bis zum Jahr 2011, um Atomausstieg und Energiewende unumstößlich einzuleiten. Entsprechend wenden sich junge Leute der aus der Anti-Atomkraft-Bewegung hervorgegangenen Partei Die Grünen in viel stärkerem Maß zu als Angehörige älterer Generationen. Mitte der 1990er-Jahre lag die Partei Bündnis 90/Die Grünen in der Präferenz bei den 12- bis 25-Jährigen sogar vor den beiden etablierten Volksparteien CDU/CSU und SPD.[16] Der freie Zugang zum Internet ist den jungen Leuten ebenfalls ein zentrales Anliegen. Deshalb erfuhr auch die neue Piratenpartei für einige Jahre eine enorme Aufmerksamkeit. Interessanterweise fanden beide Parteien und die dahinterstehenden Themen mit einigen Jahren Verzögerung auch in der Gesamtbevölkerung große Resonanz. Die junge Generation hatte wie ein Orakel neue soziale Trends erkannt.

In puncto Lebensqualität ist die Generation Y sehr anspruchsvoll. Für sie gehören materielle und soziale Sicherheit ebenso dazu wie ein großer Spielraum für subjektives Wohlbefinden und unbefangenen Lebensgenuss. Sie ist sich dessen bewusst, dass ihr Wunsch nach einem sicheren und freien Leben nur in Erfüllung gehen kann, wenn die ökologischen, ökonomischen und politischen Rahmenbedingungen stimmen. Ypsiloner haben ein intuitives Gespür für die existenzielle Bedrohung, die sich aus weltweiten Umwelt- und Finanzkrisen und internationalen Spannungen ergibt. Deshalb sind sie gerade wegen und nicht trotz ihrer egotaktischen, nutzenorientierten Mentalität an Nachhaltigkeit in den entsprechenden Politikfeldern interessiert. Sie spüren, wie stark ihr eigenes subjektives Wohlbefinden leidet, wenn Umweltschäden und Wirtschaftskrisen überhandnehmen. Wie wichtig es ist, Friedenssicherung, Eindämmung internationaler Konflikte, Bekämpfung von Armut und Ungleichheit, Menschenrechte und Arbeitsrechte zu sichern. Die Generation Y hat früh gespürt, dass wir nicht länger in einer reinen Wachstumsgesellschaft leben, in der es immer mehr zu verteilen gibt.

Da sie existenziell darauf angewiesen ist, nach Abschluss ihrer Ausbildung Arbeit zu finden und damit ihr Leben zu sichern, hat sie eine besonders gute Witterung für wirtschaftliche Chancen und Risiken. Zum Beispiel im Jahr 2006: Die Wirtschaft in Deutschland nahm gerade Fahrt auf. Alle Forschungsinstitute rechneten vor, dass in wenigen Jahren die Wende am Arbeitsmarkt eintreten werde. Die Mehrheit der befragten 12- bis 25-Jährigen aber hatte ökonomische Zukunftsangst, machte sich große Sorgen, keinen Job zu finden.[17] Es war, als ob sie die bevorstehende Finanzkrise mit dem Taumeln des Euro und dem Zusammenbruch der Arbeitsmärkte vorausgeahnt hätten. Die intuitive Sorge der Jugend erwies sich – wie sich schon ein Jahr später zeigte – als berechtigt, obwohl sie zunächst allen Beobachtern als irrational erschien.

Oder 2010: Die Shell Jugendstudie aus diesem Jahr – die Wirtschaftskrise hielt ununterbrochen an – dokumentiert überraschend eine scheinbar irrational optimistische junge Generation. Die Ängste von 2006 waren fast vollständig verschwunden.[18] Die Ypsiloner hatten das Gefühl, dass es ihnen von jetzt an besser gehen und sowohl die demografische als auch die konjunkturelle Entwicklung ihnen in die Hände spielen werde. Wieder trog sie ihr Instinkt nicht: Intuitiv ahnten sie die nur ein Jahr später deutlich erkennbare Wende am Arbeitsmarkt in Deutschland voraus. Sie spürten mit ihrem Bauchgefühl, dass sich die Welt zu ihren Gunsten ändern würde, sodass sie nicht mehr überflüssig, sondern wieder gefragt sein würden.

Politik aus der Stille heraus

Nur wenige Ypsiloner denken altruistisch. Sie sind Egotaktiker. Sie interessieren sich nicht dafür, eine bessere Welt zu schaffen, sondern bemühen sich um ihr eigenes Leben. Alle Probleme, die dem entgegenstehen, erscheinen ihnen relevant für ihre persönliche Zukunft. Deshalb müssen sie nach Y-Manier angepackt werden: pragmatisch, zielstrebig, ohne ideologische Glaubenskämpfe. Die Art und Weise, wie das etablierte politische System mit den für sie relevanten Themen umgeht, leuchtet der Generation Why nicht richtig ein. Sie hat den Eindruck, die dringlichen Zukunftsprobleme würden nicht entschieden oder gar nicht erst anpackt und ihnen würde wenig Einfluss auf die Entscheidungen der Politikerkartelle eingeräumt. So entsteht ein gefährliches Gemisch aus Hilflosigkeit und Entfremdung von dem politischen System, verbunden mit Gefühlen der Ohnmacht und der Irritation. Weit verbreitet sind Ängste, dass soziale und wirtschaftliche Fehlentwicklungen nicht erkannt und politisch nicht gesteuert werden können.

Wenn Jugendliche unpolitisch oder »still« erscheinen, dann sollte die Gesellschaft nach den Gründen fragen. Denn Politikern entgehen wichtige Hinweise auf zukünftige gesellschaftliche Herausforderungen, wenn es ihnen nicht gelingt, Jugendliche einzubinden. Und nicht nur das: Sie riskieren damit, dass das Gefühl der Distanz in eines der Ablehnung von Politik umschlägt. Jugendliche könnten sich dann völlig ins Private zurückziehen, in den Radikalismus flüchten oder in Subkulturen und Konsumwelten absinken.

Kein Grund für Straßenproteste

Warum also geht die Generation Y in Deutschland so selten auf die Straße? Im Unterschied zu anderen europäischen Ländern, die tief in der Wirtschaftskrise stecken, fällt eine eher gelassene und pragmatische Grundstimmung im Blick auf die eigene persönliche Zukunft auf. Die gesellschaftliche, insbesondere die wirtschaftliche Entwicklung Deutschlands und der anderen europäischen Staaten schätzen die 12- bis 25-Jährigen angesichts der weltweiten Spannungen und Krisen weiter als unsicher und kritisch ein. Trotzdem glauben sie an ihre persönlichen Möglichkeiten zur Bewältigung dieser Situation durch individuelle Anstrengung und konzentrierte Lebensführung.

Deshalb entsteht hieraus im Unterschied zu anderen Ländern kein politischer Protest. 2006 wäre eigentlich der Zeitpunkt gewesen, zu dem eine frustrierte Generation Y den Platz vor dem Brandenburger Tor in Berlin in eine Zeltstadt hätte verwandeln können. Sie hätte der etablierten Gesellschaft sagen können: »Jetzt reicht es uns. Seit 15 Jahren bekommen 20 Prozent von uns keinen Ausbildungs- und keinen Arbeitsplatz. Wir werden mit Plätzen im schulischen Übergangssystem stillgestellt und mit Praktika abgespeist. Wir sehen keine sozialen Zukunftschancen für uns. In der gleichen Zeit wird eine Rentengarantie für die ältere Generation ausgesprochen. Das halten wir für ungerecht. Wir fühlen uns von der Politik betrogen und machen nicht mehr länger mit!«

Doch die Ypsiloner haben ihre Zelte im Keller gelassen. Der Leidensdruck war nicht groß genug, um zu politischer Unruhe aufzukochen. Zum einen fanden die gut gebildeten Jugendlichen immer noch irgendwie einen Weg ins berufliche System und standen nur selten auf der Straße. Sie profitierten von ihren Qualifikationen. Zum anderen spürten die Erfolgreichen keine Solidarität mit den »abgehängten« 20 Prozent der Jugendlichen. Jeder rettete seine eigene Haut. Die Mehrheit der jungen Deutschen antwortete mit verstärkten Bildungsinvestitionen auf die unsichere Ausgangslage und setzte darauf, schon irgendwie durchzukommen. Wer diesen Weg nicht schaffte, der war eben selbst schuld. Schwarm-Solidarität funktioniert nun einmal nur, wenn alle überzeugt sind, davon einen Vorteil zu haben.

Im Unterschied zu anderen Ländern blieb in Deutschland die Jugendarbeitslosigkeit aber auch immer um die Zehn-Prozent-Marke. Ein breit aufgefächertes schulisches Auffangsystem (inklusive »Übergangssystem«), das duale Ausbildungssystem, die Duldung von überzogenen Studienzeiten und fantasievolle Modelle des Berufseinstiegs über Praktika (»Generation Praktikum«) hielten junge Leute von der Straße fern. Dadurch herrschte nie der Druck im politischen System, wie er in Spanien, Griechenland oder Portugal und Frankreich zu messen ist. Bei der Generation Y entstand bei aller Distanz nie wirklich das Gefühl, Politik und Öffentlichkeit hätten sie total vergessen. Den Schulen und den beruflichen Ausbildungsstätten dürfte hierbei eine wichtige Vermittlerrolle zugekommen sein. Zweifel an den Spielregeln der Leistungsgesellschaft wurden so im Keim erstickt. Der »Anti-Wir-Generation« (Haaf) erschienen Misserfolge beim Berufseinstieg als individuelles und nicht als kollektives Schicksal.

Die unterschätzten Unterwanderer

Der älteren Bevölkerung, auch den wichtigsten Akteuren in Politik, Wirtschaft und Medien, erscheint die Generation Y als unpolitisch. Viele Alt-68er lästern über den Mangel an politischem Mumm. Doch sie täuschen sich. Sie vergessen die politischen Veränderungen, an denen die Ypsiloner auf ihre stille, auf den ersten Blick nicht ins Auge fallende und nur scheinbar wirkungslose Weise kräftig mitgewirkt haben. Etwa die erwähnte Anti-Atomkraft-Bewegung, die in den 1970er-Jahren entstand und sich gegen die zivile Nutzung der Kernenergie wendete. Sie ist bis in die 2000er-Jahre hinein lebendig und aktiv geblieben und hat durch den Beschluss des Bundestags zum Ausstieg aus der Produktion von Atomenergie einen einmaligen, weltweit bisher nicht kopierten historischen Erfolg gehabt. Ohne die Beteiligung der heutigen jungen Generation, die auf die Nuklearkatastrophe von Fukushima im März 2011 intensiv reagiert hat, wäre diese »Energiewende« nicht möglich gewesen. Die jungen Leute waren zwar nicht die Initiatoren dieser Bewegung, unterstützten sie aber auf breiter Front.

Die Kritiker täuschen sich zweitens auch, weil sie übersehen, dass junge Leute heute andere Informations- und Kommunikationskanäle für Politisches nutzen als die älteren und damit ein neues Format in das politische Leben gebracht haben. »So ganz doof und verdrossen können wir also gar nicht sein. Und gänzlich unpolitisch sind wir auch nicht«, schreibt dazu die Journalistin Nina Pauer als eine der Selbstbeobachterinnen der Generation Y. Sie verweist darauf, dass junge Leute heute ungern lautes Protestgeschrei ausstoßen, wenn sie unzufrieden sind, sondern sich andere Wege suchen, um ihre politischen Vorstellungen auszudrücken. »Wir sind einfach nur still.«[19]

… und im Stillen sehr aktiv, denn die Ypsiloner tauschen sich in den sozialen Netzwerken wie Facebook und Twitter über Gott und die Welt aus. Sie konzentrieren sich auf »ihre« Öffentlichkeit, die sie selbst steuern und gestalten möchten. Dort führen sie gesellschaftspolitische Debatten unter Hash-

Tags wie #Aufschrei oder #Hitzelsperger. Nach außen treten sie damit meistens kaum in Erscheinung. Anders als die 68er sind sie nicht von einem Drang besessen, ihre Auffassungen auf die Straße zu tragen und allen Bürgerinnen und Bürgern mitzuteilen. Sie nutzen die Like-Buttons und Hash-Tags der sozialen Netzwerke und machen damit Insidern deutlich, wo sie gesellschaftspolitisch stehen.

Klassische Klischees des »Politischseins« erfüllen sie nicht. Die heutige junge Generation sieht keinen Grund zu politischer Auflehnung und Opposition gegen die Eltern und Großeltern und auch nicht gegen die politischen Machthaber. Sie fühlt sich insgesamt nicht bevormundet oder benachteiligt. Auf ihre Weise signalisiert sie aber sehr deutlich, was sie will und was ihr nicht gefällt. Es wird nicht mehr lange dauern, dann werden die Ypsiloner nicht nur in ihren Familien für flache Hierarchien, gleichberechtigtes Miteinander und intensive Partizipation sorgen, sondern auch in Schule, Berufsausbildung, Hochschule, Beruf und Öffentlichkeit. Für sie ist Partizipation selbstverständlich. Und sie werden diese Institutionen nach und nach so unterwandern, wie es in der großen Politik bereits geschehen ist. Die Ypsiloner wollen einen Unterricht, der die Themen aufnimmt, die sie interessieren, und sie wollen eine Schule, die sie selbst gestalten und beeinflussen können. Sie soll ihnen die Möglichkeit bieten, gezielt mit sozialer Verantwortung, Teilhabe an sozialen Regeln, an Umgangsformen, an Stilen, dann aber auch an der Unterrichtsorganisation und an bestimmten Unterrichtsabfolgen mitzuwirken. Entsprechend sollten in den Schulgesetzen der Länder die Anhörungs-, Beratungs- und Vorschlagsrechte erweitert werden, die sich auf die Gestaltung des Unterrichts ebenso wie auf die räumlichen Bedingungen beziehen. Schülerinnen und Schüler sollten das Recht haben, den Unterricht zu kritisieren und konstruktive Vorschläge zur

Gestaltung einzubringen. Das gilt natürlich auch für Berufsbildung und Hochschulen.

Mehr Partizipation würde die Generation Y auch durch
eine Herabsetzung des Mindestwahlalters bekommen. Erst
dann, wenn auch Jugendliche sich an der Zusammensetzung
von Parlamenten effektiv beteiligen können, haben ihre Themen eine Chance auf Durchsetzung. Nur wahlberechtigte
Bürgerinnen und Bürger machen bei den Parlamentarierin-
nen und Parlamentariern Eindruck. Durch die Vorverlage-
rung der Pubertät im Lebenslauf ist eine Beschleunigung der
Entwicklung zu verzeichnen, die nicht nur eine körperliche
Dimension hat, sondern mit einer Veränderung des Bewusst-
seins, der sozialen Kompetenzen und der intellektuellen Entwicklung verbunden ist.

Kapitel 5

Wie die Ypsiloner neue Maßstäbe in Medien und Freizeit setzen

Hineingeboren in die Tiefen des WWW

Vier Wochen ohne Smartphone. »Das war schon ein Wahnsinn«, erinnert sich Jan an das unfreiwillige Experiment.* Der 16-Jährige geht in die zehnte Klasse eines Gymnasiums in einer Kleinstadt in der Nähe von Aachen. Er hat gute Noten. Später will er einmal Arzt werden. Wenn er das Haus verlässt, packt er Smartphone und Ladekabel noch vor Schlüssel und Portemonnaie ein. Dann musste er plötzlich seinen ständigen Begleiter in Reparatur geben. »Ich hab mich gefragt, wie meine Eltern es früher geschafft haben, sich zu verabreden.« Ohne Handy und das Chatprogramm Whatsapp gehe da heute gar nichts. »Das hatten die ja alles nicht.« In Jans Augen funkelt ein wenig Fassungslosigkeit, als er diese historische Wahrheit ausspricht. In der Zeit ohne Handy habe er sich oft mit Freunden schon in der Schule verabredet – eine Kulturtechnik, deren sich wohl auch seine Eltern bedient hätten. Nur: »Dann war ich da, und die Freunde noch nicht. Ich wusste überhaupt nicht, was ich machen sollte.« Nirgendwo habe es eine Telefonzelle gegeben. »Ich war völlig aufgeschmissen.«

»We used to wait«, singt die Band Arcade Fire in ihrem gleichnamigen Song über eine längst vergangene Zeit. Eine Zeit, in der der Erfolg eines Nachmittags davon abhing, dass die Freunde auch zu Hause waren. In der Nachrichten noch

* Name geändert

quälend langsam per Post zugestellt wurden. Es ist eine Zeit, die vor allem die Jüngeren der Generation Y größtenteils nur noch aus Erzählungen der Eltern kennen. Den meisten von ihnen erscheint ein Leben ohne omnipräsentes Internet wie eine andere Ära. Die Generation mit dem Y ist in die sozialen Netzwerke hineingeboren, ihre Angehörigen sind digitale Eingeborene (Digital Natives). Facebook, Twitter, Tumbler, Instagram, Whatsapp – die Liste wächst jeden Monat an.

Als Digital Native par excellence greift Philipp Riederle, Jahrgang 1994, morgens schon im Bett zum Smartphone. Zunächst checkt er seine Nachrichten per E-Mail und in sozialen Netzwerken, dann schaut er, was in der Welt passiert ist. Erst danach steht er auf. Das Smartphone liefert den Soundtrack zur Morgenroutine. Es gehört neben Computer und Tablet für große Teile der Generation Y so selbstverständlich zu Kindheit und Leben wie früher Kinderbücher und Hörspielkassetten. 90 Prozent der 12- bis 24-Jährigen besitzen einen eigenen Computer.[1] Auf ihm begleitet sie das Internet durch den Tag: zur Bildung, Information oder Arbeit – vor allem aber zur Kommunikation. Alle relevanten Informationen zu den unterschiedlichsten Wissens-, Lebens- und Interessenbereichen werden heute zu einem großen Teil mittels Medien präsentiert. Sie ergänzen die direkte Kommunikation immer mehr.

Die Generation Y revolutioniert dabei die Landschaft der Medien. Kaum ein anderes Verhaltensmerkmal unterscheidet sich so stark nach Generationen wie deren Nutzung. Liegt das Internet bei älteren Generationen abgeschlagen auf Platz drei hinter Fernsehen und Radio, hat es bei den Ypsilonern längst den Spitzenplatz erobert. Deshalb setzen Fernsehen, Radio, Zeitungen und Wochenmagazine immer mehr auf den Vertriebsweg online. Als die 17-jährige Nele zugibt, dass sie manchmal trotzdem gerne die Zeitung durchblättere, schiebt sie sofort hinterher: »Ist vielleicht altmodisch, oder?« Computer, Tablet und Smartphone werden zu Trägerplattformen für Audio- und Videoinhalte verschiedenster Quellen. Es sind die Ypsiloner, die als Pioniere und Experimentatoren dieses »Neuland« betreten, das ihnen selbst als vertrautes Terrain erscheint.

Für sie sind die »neuen« Medien weder neu noch fremd, weshalb sie mit Vorbehalten und Warnungen auch nicht viel anfangen können. Sie haben einen symbiotischen, intuitiven und schlafwandlerisch sicheren Umgang mit digitalen Medien, von dem ältere Generationen nur träumen können. Umgekehrt prägt das Internet die Generation Y wie keine andere vor ihr. Für sie geht es längst nicht nur um praktische Fragen der Organisation des Alltags, um den schnellen Zugang zu Informationen, Einschätzungen und Terminen. Es geht um das ganze Leben. »Wenn von ›virtuellen Welten‹ die Rede ist, in denen sich Teenager bewegen, dann handelt es sich tatsächlich um die reale Welt«, schreibt Philipp Riederle.[2] Internet sei für Digital Natives wie ihn einfach Teil ihrer Welt. Mit Flucht aus der Realität habe das nur scheinbar virtuelle Online-Leben in den seltensten Fällen etwas zu tun. Im Gegenteil: Im Internet geht die Generation Y zentrale Aufgaben der Persönlichkeitsentwicklung an. Hier arbeitet sie mit »Posts« und »Likes« auf Facebook am Profil der eigenen Identität, trainiert sie, mit sozialen Konflikten umzugehen. Über Spiele testet sie ihre Risikobereitschaft.

Freizeit als Spielwiese

Freizeit und Konsum – hier ist die Generation Y Mensch, hier darf sie's sein, und zwar vollwertig. Für sie ist beides so wichtig, weil sie hier im Gegensatz zu den meisten anderen Bereichen selbstständig agieren kann. Schule, Beruf, Familiengründung – all das zieht sich heute sehr lange hin. Den Ypsilonern sind in diesen nach wie vor zentralen Bereichen des bürgerlichen Lebens über viele Jahre hinweg die Hände gebunden. Eine wirkliche Autonomie, ein Leben nach eigenen Maßstäben, können sie kaum umsetzen.

Es bleibt ihnen nur die Freizeit, in der sie sich voll entfalten können. Deshalb gewinnt dieser Lebensbereich so ungeheuer große Bedeutung. Hier können sie sich zum Ausdruck bringen – mit ihren Problemen ebenso wie mit ihren Potenzialen. In Familie und Schule müssen sie sich den Umgangsformen und sozialen Regeln anpassen, die Autoritätspersonen bestimmen und die sie nur wenig beeinflussen können. In der Freizeit mit Gleichaltrigen und Freunden sind sie unter ihresgleichen, setzen selbst die Regeln und entscheiden aktiv mit über alle Aktivitäten und Abläufe.

Im Lebensbereich Freizeit kann ihnen also keiner das Recht auf individuelle Gestaltung nehmen. Jenseits von Elternhaus, Schule, Ausbildung und Studium wird die Freizeit für sie so zum wahren Leben. Sie ermöglicht ihnen den Zugang zu einer Welt mit nur wenigen sozialen Zwängen. Hier können sie Gestalter und Macher sein. Hier sind sie nicht von anderen abhängig, niemand dirigiert sie oder schränkt sie ein. Freizeit ist die Freiheit, nach eigenen Vorlieben und Plänen zu entscheiden. Freizeit ist Raum zur Selbstgestaltung, zum Finden und zum Ausdruck der eigenen Persönlichkeit. Es ist der Bereich im Leben, in dem die Generation Y so erwachsen sein kann, wie sie will.

Freizeit wird damit zur Spielwiese der Ypsiloner. Sie ist gleichzeitig auch ein Trainingslager, um sich auf den eigenen Weg durch den Dschungel der Möglichkeiten zu begeben und sich darin zurechtzufinden; der Bereich, in dem Jugendliche relativ früh entscheiden, was sie wollen und was nicht, und auch die Konsequenzen tragen.

Keine Freizeit ohne Internet

Ohne das Internet geht dabei so gut wie gar nichts. Das World Wide Web ist der Dreh- und Angelpunkt der Freizeitwelt der Ypsiloner. Es steht eindeutig an erster Stelle der Freizeitaktivitäten. Noch vor wenigen Jahren dominierten »Musik hören« und »sich mit Leuten treffen«. Jetzt sind diese Aktivitäten zurückgefallen. »Ich weiß nicht, wie viele Kilometer ich schon bei Facebook durchgescrollt habe«, gibt die 16-jährige Nalan lachend zu.* Philip Riederle erklärt den älteren Generationen: »Für euch bedeuten digitale Medien Arbeit. Für uns bedeuten sie Leben.«[3] Und auch Jan sagt, seitdem sein Smartphone wieder aus der Reparatur zurück ist: »Wenn ich entspannen will, mache ich Computer und Handy an.« Medien, soziale Netzwerke und generell das Internet sind integraler Bestandteil der Freizeitgestaltung.

Zwar gehört auch »Fernsehen« nach wie vor zu den häufigsten Tätigkeiten, verliert aber an Bedeutung. Der eigene Fernseher im Kinderzimmer ist heute längst nicht mehr der Traum eines jeden Teenagers, sie sehen Filme auf Youtube und anderen Seiten. Warten ist auch hier nicht ihre Stärke. Auf den weiteren Plätzen folgen Unternehmungen mit der Familie, Videos und DVDs ansehen, shoppen, rumhängen und kreativ tätig sein.[4]

Die große Bedeutung des Internets, zu dem heute so gut wie alle Jugendlichen aus allen sozialen Schichten Zugang haben, erklärt sich aus den faszinierenden Möglichkeiten der

* Name geändert

Unterhaltung und Information, aber auch weil Kommunikation für die Gestaltung und Pflege von Freundschaften wichtig ist. Es ist bezeichnend, dass das Internet das direkte »Sich-mit-Leuten-Treffen« in der Rangfolge der Freizeitaktivitäten seit 2006 vom ersten Platz verdrängt hat.

Allerdings gehen nicht alle jungen Leute souverän und kreativ mit dem Internet um. Unter den zwanzig Prozent der sozial Abgehängten aus den unteren Schichten konsumiert jeder Vierte Internetangebote ganz überwiegend passiv und träge. Bei ihnen kreist der gesamte Alltag um Filme, Spiele, Musikhören und Werbung. Diese Jugendlichen, meist junge Männer, ziehen aus ihrer Freizeittätigkeit nur wenige anregende Impulse für die Persönlichkeitsentwicklung. Sie lassen sich berieseln und betäuben. Damit beeinträchtigen sie auch ihre schulische Leistungsfähigkeit.

Die große Mehrheit der Generation Y folgt aber aktiveren Mustern. Die meisten selbstbewussten Macherinnen und Macher und auch die pragmatischen Idealistinnen und Idealisten sind kreative Nutzer, die das Internet mit anderen Medien und anderen Aktivitäten verbinden. Bei ihnen stehen Bücherlesen (auf Papier oder auf dem Bildschirm), Sport, Unternehmungen mit der Familie, kreativ-künstlerische Tätigkeiten und Internetnutzung in einem ausgewogenen Verhältnis zueinander. Freizeitaktivitäten und solche, die die Leistungsfähigkeit steigern, hängen eng miteinander zusammen. Sie gestalten ihre Freizeit ziemlich aktiv, wollen möglichst viel an neuen und aufregenden Trends aufsaugen und nichts verpassen: die neuesten Fernsehserien, die besten Apps, die schickste Kleidung, die neuesten Sportarten, die hipsten Cafés. Für fast alles nutzen sie das Internet. Es ist für sie zur wichtigsten Kommunikationsplattform überhaupt geworden. Das Smartphone als Tor zur virtuellen Welt tragen sie überall und jederzeit mit sich herum.[5]

Prioritäten in der Welt des Anything goes

Mit einer großen Zahl unterschiedlicher Medien aufgewachsen – neben den elektronischen auch Bücher, Zeitungen, Zeitschriften –, hat die Generation Y sich daran gewöhnt, mit mehreren von ihnen gleichzeitig umzugehen. So ist es durchaus üblich, am Computer zu chatten, den Fernseher laufen zu lassen und sich nebenher zu unterhalten oder auf dem Tablet einen Zeitungsartikel zu lesen. Viele Eltern und Pädagogen betrachten dieses »Multitasking« argwöhnisch, weil es als Konzentrations- und Leistungskiller gilt. Die Generation Y sieht es dagegen als eine ihrer Stärken, bei einer großen Vielfalt von Tätigkeiten die Übersicht und den Blick für das Wesentliche zu behalten und sich nicht gleich zerrissen und unkonzentriert zu fühlen. Sie begreift es als Vorbereitung auf das Leben, denn schließlich müsse das heute jeder in Beruf und Alltag beherrschen.

»Wir haben unendlich viel Input, der jederzeit zur Verfügung steht: Millionen von Websites, Foren, Blogs, Sendern, Programmen, Content – und im Schnitt vierhundert bis fünfhundert Facebook-Freunde«, schreibt Philipp Riederle. »Deshalb sind wir von Kindesbeinen an mit der Notwendigkeit aufgewachsen, zu selektieren, bis es uns in Fleisch und Blut übergegangen ist.«[6]

Der Freizeitsektor macht die Generation Y so zu geschmeidigen Egotaktikern. Auch früher haben Jugendliche in der Peergroup mit Neuem experimentiert, Grenzen und Verhaltensweisen ausgetestet, um so ihr wahres Ich besser zu verstehen. Heute steigern die sozialen Medien die Möglichkeiten hierfür exponentiell. Die Freizeit wird noch stärker als früher zu einem Übungsfeld für den Umgang mit der unendlich groß erscheinenden Fülle von Optionen im Leben. Unendlich viele Möglichkeiten entstehen, sich von allen Seiten zu bespiegeln und sich ins Rampenlicht zu setzen. Die Freiheit bringt allerdings einen Entscheidungsdruck mit sich, da die Wahl einer Alternative immer auch ein Votum gegen eine andere ist – mit dem Risiko, eine falsche Entscheidung getroffen zu haben. In der Freizeit geht es dabei vor allem um Hobbys, Musikgeschmack, den Freundeskreis oder die erste Beziehung. Später kann die Generation Y die Kunst, Entscheidungen zu treffen, auf alle anderen Lebensbereiche übertragen, besonders auf Ausbildung und Beruf.

Das Internet wird so zum Trainingslager für Entscheidungen, für Prioritätensetzungen in Zeiten des Anything goes, die den persönlichen Vorlieben und Interessen entgegenkommen und dem Ich schmeicheln. Auch die Kommunikation mit Freunden hängt in Zeiten des Internets deutlich weniger von Zufällen wie Erreichbarkeit oder räumlicher Nähe ab.

Sozial in Netzwerken

Über 90 Prozent der jungen Leute sind Mitglied bei Facebook. Andere Netzwerke haben eine geringere Reichweite. Alle zusammen dürften aber praktisch jeden aus der Generation Y erreichen. Für sie sind die sozialen Netzwerke nicht mehr als eine Fortsetzung der realen Netzwerke mit virtuellen Mitteln.

Das soziale Netzwerk ist zunächst mal eine Art Telefonbuch, über das man Nachrichten hin- und herschickt oder chattet. Doch das, was dort passiert, geht weit über direkte Kommunikation hinaus. Denn Facebook, Instagram, Twitter und die anderen gestatten es, sich zu inszenieren. Junge Leute können hier mit verschiedenen Identitäten spielen, sich so darstellen, wie sie gerne gesehen werden möchten, aber auch, wie sie nicht erscheinen wollen. Entsprechend können sie sich Bestätigung für Mode, Kinogeschmack oder einen kritischen oder sympathisierenden Kommentar holen. Die Zeit im Netz wird so Bestandteil der eigenen Persönlichkeitsentwicklung und hilft, sich den Alltagsanforderungen zu stellen. In Zeiten einer individualisierten Gesellschaft mit der Chance, sich als eine einmalige und unverwechselbare Persönlichkeit zu profilieren, gehört dazu heute die Fähigkeit, dem ungeheuren Druck gerecht zu werden, der sich hieraus ergibt. Man soll im Idealfall so originell und unübertroffen sein, wie es eigentlich gar nicht geht. Da ist es gut, zu lernen, wie man trotzdem auf dem Teppich des Machbaren bleiben kann.

Die sozialen Netzwerke sind für die Generation Y interessante Plattformen zur Arbeit an der Selbstdarstellung. Profilbilder, gepostete Kommentare oder Videos und natürlich Likes – all dies gibt die Möglichkeit, sich selbst zu präsentieren, aktiv ein Bild von sich in verschiedenen Lebensbereichen (Bildung, Arbeit, Freizeit, Engagements, Hobbys usw.) zu entwerfen. Die Informationen über die eigene Person können dramaturgisch in einer solchen Weise aufbereitet werden, dass sie ein ideales Selbstbild zeichnen. Man entscheidet selbst, welche Informationen über die eigene Person man veröffentlicht und welche nicht.

Auf Identitätssuche

Indem sich ein Jugendlicher nach seinen Vorstellungen präsentiert, konstruiert er seine personale Identität, stellt sich mit eigenen Mitteln als eine unverwechselbare Persönlichkeit dar. Gleichzeitig arbeitet er an seiner sozialen Identität – daran, wie er von anderen und von der gesamten Gemeinschaft wahrgenommen werden will. Er unternimmt damit den Versuch, sowohl den gesellschaftlichen Normen und Erwartungen zu entsprechen, als auch deutlich von anderen unterscheidbar zu sein. Kommentare und Likes anderer geben ihm ständig direktes Feedback.

Die Ypsiloner nutzen diese historisch neue Möglichkeit sehr intensiv. Facebook & Co. helfen ihnen, die Selbstwahrnehmung und Selbstdarstellung mit der Fremdwahrnehmung durch andere in Einklang zu bringen. So, wie sie sich selbst »öffentlich« darstellen, müssen sie sich zumindest in Ansätzen auch tatsächlich verhalten. Gespiegelt in der eigenen Darstellung, zwingen sie sich dazu, sich in der realen Welt kongruent zu ihrer virtuellen sozialen Identität zu verhalten, um authentisch zu bleiben.

Identitätsbildung heißt auch, sich von den Eltern zu unterscheiden. Die Ypsiloner legen es strategisch auf eine gute Beziehung zu den Eltern an, aber sie sind auch ständig auf der Suche nach Lebensbereichen ohne die Eltern- und Erwachsenenkontrolle. Auch dabei hilft das Internet mit seinen Kommunikationsforen. Facebook & Co. befriedigen das jugendliche Bedürfnis danach, einen neuen Akzent als neue Generation zu setzen, die anders als die Eltern leben möchte. Da die Ypsiloner an einer tragfähigen Beziehung zu den Eltern interessiert sind, vermeiden sie dabei aggressive Töne. Allenfalls kleine Spitzen sind verbreitet.

Eltern, die sich über Facebook & Co. an die Kontrolle der persönlichen Seiten ihrer eigenen Kinder machen, sehen sie allerdings ganz und gar nicht gerne. Über das Netzwerk wollen sie ja gerade der pädagogischen Dauerkontrolle von Elternhaus und Schule entgehen. Deswegen reagieren Jugendliche allergisch, wenn ihre eigenen Eltern und Lehrer selbst Facebook beitreten. Wie bei vielen Trends im Medien- und Freizeitbereich sind junge Leute Trendsetter. Mit einigen Jahren Verzögerung ahmen Eltern und andere Erwachsene die nützlichen Verhaltensmuster einfach nach. Auch deshalb gibt es erste Anzeichen, dass Jüngere dem Netzwerk den Rücken kehren – unter anderem, um der unerwünschten Dauer-Supervision zu entgehen. Ein Netzwerk mit den Eltern zu teilen, das geht bei aller Wertschätzung von Mutter und Vater doch zu weit. Das hat wenig Reiz. Und die Lehrer sieht man genug in der Schule.

Freundschaften in Zeiten elektronischer Netzwerke

100 bis 300 Freunde hat die Generation Y heute im Schnitt auf Facebook, so vorsichtige Schätzungen. Jan und seine Klassenkameradin Nalan können darüber nur lachen. Jan hat 1000 und Nalan 600 Namen auf den Freundschaftslisten. Darunter seien viele, die sie irgendwo mal gesehen hätten. Ebenso Freunde von Freunden. »Wenn ich solche Leute treffe, schau ich auf Facebook und weiß direkt viel mehr über die Person«, erklärt Jan. Die Generation Y ist in einer Art und Weise vernetzt, von der frühere Generationen nur träumen konnten. »Das Netzwerk von jedem Einzelnen, der Facebook hat, ist ja viel größer, als das meiner Eltern war«, sagt Jan. »Woher sollten meine Eltern Leute kennen, die auf einer anderen Schule waren und die in einer anderen Stadt gewohnt haben?«

Die Ypsiloner hätten viel zu viele Freunde, als dass sie ihnen wirklich etwas bedeuten könnten, sagen Kritiker und fürchten, der Begriff Freundschaft werde dadurch entwertet. Doch allen Unkenrufen zum Trotz sind die Freundschaften der jungen Leute intakt. Denn wie andere vor ihnen, wissen auch die Ypsiloner ganz genau, wer wie zu ihnen steht. Die meisten unterscheiden zwischen »Facebook-Freunden« und denen, mit denen sie sich direkt und unvermittelt treffen. »Der Begriff ›Freunde‹ ist halt einfach falsch«, sagt auch Jan. »Eigentlich müsste da stehen: Leute, die du irgendwoher kennst.« Denn die Facebook-Kontakte sind meist nur der weiteste Kreis von Bekanntschaften, und der ist tatsächlich größer als bei den Eltern.

»Natürlich gibt es einen Unterschied zwischen meinen Facebook-Freunden und meinen realen Freunden«, sagt auch Nalan. Zu Letzteren gehört bei gut der Hälfte der Jugendlichen eine »Clique« mit engem Zusammenhalt. Das Internet ist heute der wichtigste Kommunikationskanal, um gemeinsame Aktivitäten abzustimmen, sich zu verabreden oder auch einfach nur in stressigen Zeiten in Kontakt zu bleiben.

In einer Welt voller Ungewissheiten sind Freundschaften einer der zentralen Stabilitätsanker der Generation Y. Wie früher besteht heute der engste Freundeskreis meist aus vier oder fünf Gleichaltrigen des gleichen Geschlechts, die in der Regel miteinander zur Schule gehen, eine Ausbildung machen oder studieren. Darunter kann der beste Freund oder die beste Freundin sein, zu dem oder zu der die Beziehung besonders eng ist. Um diesen engeren Freundeskreis herum gibt es eine locker vernetzte Gruppe von Jugendlichen, die ebenfalls als »Freunde« empfunden werden. Das können zwischen 10 und 20 Gleichaltrige sein, oft sogar auch mehr. Virtuelle und reale Netzwerke lassen sich dabei nicht mehr trennen, sie gehen ineinander über. »Da Angehörige der Generation Y öfter den Job wechseln und das auch in der Zukunft so planen, haben sie mehr Grund, ihr Netzwerk unabhängig von ihrem Arbeitsplatz aufzubauen«, schreibt der Marketingwissenschaftler und Unternehmensberater Anders Parment.[7]

Vielfältige und flexible Freundeskreise

Selbst bei 500 Facebook-Freunden hat die Generation Y immer nur ein paar Menschen mit dem Smartphone in der Hosentasche, die sie wirklich mag. Insgesamt unterscheiden sich ihre Freundschaftskontakte nicht von denen in früheren Generationen. Ein größerer Freundeskreis gibt der Generation Y, wie auch anderen vor ihr, eine positive Grundstimmung und eine größere Zufriedenheit mit dem eigenen Leben. Elektronische Medien und Netzwerke haben an diesen sozialen Mechanismen als solchen nichts verändert, sondern nur neue Wege und Kanäle hierfür eröffnet. Die elektronischen sozialen Netzwerke bieten einfach sehr viel mehr Varianten und Möglichkeiten der Aufnahme, Gestaltung und Pflege von Kontakten. Sie erweitern das Netz von Freunden um ein Vielfaches, weil sie praktisch unbegrenzt mit Menschen in aller Welt kommunizieren können. Hierdurch haben die Ypsiloner viel mehr Kontakte als frühere Generationen. Dadurch schließen sie sicher mehr oberflächliche Freundschaften, aber aus ihnen entwickeln sich wie eh und je auch gelegentlich sehr feste und enge.

»Unsere Beziehungen zu unseren Freunden dauern länger und sind wesentlich intensiver und gefestigter als die der Generation vor uns«, schreibt Philipp Riederle.[8] Kommunikation hängt heute eben nicht mehr davon ab, ob man Zeit hat, einander direkt an einem bestimmten Ort zu treffen. Bei der 16-jährigen Nalan fehlt die Zeit seit einigen Wochen einfach. Sie ist vor einem halben Jahr von der Realschule aufs Gymnasium gewechselt. Das bedeutet Stress: viele Hausaufgaben, langer Unterricht. »Da ist Whatsapp schon eine Erleichterung«, sagt Nalan. »Wenn man sich nicht treffen kann mit den alten Schulfreunden von der Realschule, kann man immer noch schreiben.« Wenn es Whatsapp nicht gäbe, wäre der Kontakt längst eingeschlafen, meint sie. »Ich würde jetzt nicht anrufen oder klingeln: Hallo? Bist du zu Hause?« Damit prägen die sozialen Netzwerke auch den Umgang miteinander. »Ich hatte es schon, dass ich irgendwo war, jemand vor mir steht und statt ihn anzusprechen, habe ich auf Facebook geguckt«, erzählt Jan. »Das ist schon klassisch. Ich weiß dann, mit wem hängt er rum.« Nalan stimmt ihm zu. Wenn ihr ein Junge in der Schule gefalle, würde sie ihn erst auf Facebook auschecken. »Und dann kommt einfach dieser Moment: Schreibst du ihm? Oder schreibst du ihm nicht?«, sagt sie. Erst danach stelle sich überhaupt die Frage nach einem Treffen. Und Jan fügt hinzu: »In diesen alten Filmen gehen die immer in der Bar aufeinander zu und sprechen sich einfach an. So etwas würde ich nie im Leben, nie im Leben machen.«

Selbstbestimmte Formen des Umgangs

Die Befürchtung, die Generation Y stelle Kontakte fahrig und ohne echte soziale und emotionale Bindung her, lässt sich nicht belegen. Nur weil sie einen so einfachen Zugang zu so vielen anderen hat, neigt sie nicht zu Unverbindlichkeit ohne emotionalen Tiefgang. Auch soziale Isolation ist nicht häufiger geworden. Außenseiter hat es schon immer gegeben. Und schon immer riskierten diejenigen, als Abweichler abgestempelt zu werden, die irgendwie anders waren und nicht im Mainstream mitschwimmen wollten oder konnten.

Über Facebook & Co. bestehen heute möglicherweise sogar viel bessere Chancen als früher, als Persönlichkeit mit einem sehr spezifischen Profil, mit skurrilen Eigenschaften oder ungewöhnlichen Begabungen nicht zum Außenseiter verdammt zu sein. Man kann als Mitglied einer Community

Kontakt zu Gleichgesinnten aufbauen und sich aus der Isolierung befreien. Man kann versuchen, eine Selbsthilfegruppe von Leidensgenossen zu etablieren, die sich gegenseitig Mut und Unterstützung zusprechen, und zwar weit über die Möglichkeiten hinaus, die in der »analogen« Zeit von sozialen Kontakten geboten waren.

Alles in allem hebt die Generation Y durch die sozial unbegrenzte, ja weltweite Interaktion über elektronische Medien traditionelle soziale Beschränkungen auf. Facebook und andere Portale eröffnen ihr Kommunikationsmöglichkeiten, mit denen sie räumliche Entfernungen, soziale Herkunft, biologisches Alter und verschiedene Sprachen überwinden kann. Die fast grenzenlose Ausdehnung persönlicher Netzwerke beschleunigt einen Prozess, der ohnehin für moderne Gesellschaften charakteristisch ist: Sie löst zwischenmenschliche Beziehungen aus traditionellen Kontexten und Institutionen heraus. Viele Sitten, Rituale und Sanktionen, die die sozialen Beziehungen noch vor einer Generation mit festen Vorgaben und Regeln strukturierten, verlieren an Bedeutung.[9] An ihre Stelle treten neue Verbindlichkeiten, die aber innerhalb des Netzwerks definiert und flexibel verändert werden können. Facebook & Co. tragen auf diese Weise dazu bei, neue und selbstbestimmte Formen des sozialen Umgangs zu unterstützen. Das ist die positive Seite. Doch es gibt auch eine negative.

Mobbing in Zeiten der sozialen Netzwerke

Als Facebook in die brandenburgische Provinz kam, verfolgte Rick das Hänseln plötzlich bis nach Hause.* Da war er

* Name geändert

gerade einmal zwölf. »Es hat dich überall begleitet«, erinnert er sich heute. »Wenn du zu Hause gerade einmal nicht daran gedacht hast, kam eine Nachricht von Facebook: ›Der und der hat das und das gepostet‹, und gleich bist du wieder in der Spirale drin.« Ein falscher Name à la »ABC XYZ«, eine anonyme E-Mail-Adresse und ein nichtssagendes Profilbild – mehr brauche es nicht, um auf Facebook Klassenkameraden ohne Sorge vor Konsequenzen nachstellen zu können, erklärt Rick.

Jugendliche können hart austeilen. Beziehungen zu Freunden sind freiwillig und beruhen auf Gleichberechtigung. Sie erfordern somit Kooperation und Verhandlungen. Dies bedeutet auch, dass sie leicht beendet werden können. Freundesgruppen kennen Hierarchien, Machtkämpfe und die damit verbundenen Erniedrigungen und Diffamierungen. Da lernt man seine Lektionen an Enttäuschungsfestigkeit, Durchsetzungsfähigkeit und Widerstandspotenzial in zwischenmenschlichen Kontakten. Die elektronischen Medien, vor allem die sozialen Netzwerke, geben dieser Dynamik einen zusätzlichen Schub. Ein Netzwerk steigert die Möglichkeiten der Dominanz ebenso wie die der Demütigung seiner »Mitglieder«.

Schüler, die auf dem Schulhof gehänselt wurden, gab es immer schon. Vor 20 Jahren wusste auch ohne Facebook jeder, wer im Zentrum stand und wer am Rand. Durch die Social Networks ist die Öffentlichkeit größer, unbegrenzt groß sogar, doch an der Ausgangslage hat sich nichts geändert. Rick war an seiner Schule einer der Ersten, die Ausgrenzung auch virtuell erleben mussten.

In Zeiten von Facebook & Co. heißen diese Stigmatisierungen Mobbing oder Cybermobbing. »Es war absolut grausam«, erinnert sich Rick heute. »Da haben Leute was an meine Pinnwand gepostet, und dann haben gefühlte 10.000

Leute darunter kommentiert und diskutiert.« Das Netzwerk zu verlassen war für ihn keine Alternative: »Dann warst du wieder voll uncool und hast den anderen noch mehr Gründe gegeben, dich zu mobben.« Die Erfahrung einer Demütigung treibt mit oder ohne elektronische Kommunikationsnetzwerke viele Jugendliche in die soziale Isolation und kann weitreichende Folgen für die weitere Persönlichkeitsentwicklung haben, von Depressionen bis hin zu Suizidgefährdung, Schulversagen oder Hinwendung zu einer kriminellen Bande. Oft legt sich das Mobbing aber nach der Pubertät. So auch bei Rick. Dass er in der Schule gemobbt wurde, ist heute schwer vorstellbar. Heute geht im Jugendklub seiner brandenburgischen Kreisstadt ohne den 18-Jährigen nichts mehr. Rick leitet Jugendgruppen, die Pokerrunde fängt ohne ihn gar nicht erst an.

Risiken rein virtuell

Jugendliche müssen lernen, mit den Risiken des Lebens umzugehen, um nicht an ihnen zu scheitern. Die Generation Y löst diese wichtige Herausforderung immer stärker im Internet. Das kann auch schiefgehen. Bei einem Facebook-Teilnehmer mit Pilsator als zweitem Vornamen kommen die Geburtstagsglückwünsche seiner Freunde in Form von Bildern, auf denen er bei der letzten Party sturzbesoffen am Boden zu sehen war. »Der ist bekannt dafür«, sagt seine 17-Jährige Klassenkameradin Nele, die selbst in dieser Hinsicht völlig unverdächtig ist.

Illegaler Drogenkonsum, zu viel Alkohol, zu schnelles Fahren mit Mofa oder Auto und unkontrolliertes Sexualverhalten – so oder anders muss jeder einmal elementare Risiken erleben, um die eigenen Grenzen unter körperlichen und psychischen Extrembedingungen zu erfahren. So testen Jugendliche aus, mit welchen Herausforderungen sie umgehen können und mit welchen nicht. Risiken einzugehen ist objektiv gefährlich, hat aber subjektiv einige Vorteile, weil man sich damit vor sich selbst und anderen behaupten und bewähren kann. Das festigt die Persönlichkeit. Jugendliche lernen, selbstgesteuert zu handeln. Videospiele ermöglichen es heute, Risikoverhalten virtuell auszuüben, ohne sich real in Gefahr zu begeben. Mit Need for Speed können die Ypsiloner in Rennwagen durch Städte und über Land fegen, ohne die Gefahr, tatsächlich vor einem Baum oder Laternenmast zu enden. Mit Battlefield können sie Krieg mit modernsten Waffen führen, ohne sich in Lebensgefahr zu begeben, und mit FIFA 14 internationale Fußballwettbewerbe bestreiten, ohne jedes wirkliche Verletzungsrisiko. Vor dem Computer riskieren sie höchstens Haltungsschäden.

Die Welt der Videospiele

Durch Computerspiele entsteht eine neue Qualität der Realitätsaneignung und -verarbeitung, die tiefe Spuren in der Persönlichkeitsentwicklung junger Leute hinterlässt. Ob das gut oder schlecht ist, lässt sich bisher kaum sagen. Was sich sagen lässt, ist, dass junge Leute hiervon fasziniert sind. Sie tauchen in eine digitale Welt ab, die völlig neue Erfahrungen und Orientierungen ermöglicht.

Anschaulich wird das, wenn man die Erlebnisse und Erfahrungen bei Computerspielen mit denen beim Lesen eines Buches vergleicht. Das Buch bietet meist einen Helden, einen Protagonisten, der wichtige Beobachtungen und Empfindungen aus dem aktuellen Leben repräsentiert. Mit ihm, sagen wir Salingers Holden Caulfield, dem »Fänger im Roggen«, kann ich mich gedanklich identifizieren. Durch die Lektüre erfährt man jedoch nur Aspekte und Bausteine seiner Persönlichkeit. Ich weiß nicht genau, wie er aussieht und welche Gesichtszüge und -ausdrücke er hat. Der Held bleibt eine schemenhaft angedeutete Figur, die viel Raum für Fantasie lässt, während ich die im Text verstreuten Informationen im Kopf zusammenstelle. Ich kann der Versuchung erliegen, den Helden als ein direktes Vorbild für das eigene Handeln zu wählen, obwohl er in einer völlig anderen Situation ist und nichts mit mir selbst gemein hat.

Anders beim Computerspiel, bei dem ich mich virtuell in den Helden verwandeln kann, der auf dem Bildschirm für mich quasi real handelt und gestaltet. Ich bin jetzt Holden Caulfield, sehe durch seine Augen die virtuelle Welt, in der er sich bewegt. Es gibt hier nichts im Kopf zusammenzusetzen. Die fiktive Ich-Figur ist mein Avatar, wird mir mit allen körperlichen und charakterlichen Details perfekt und präzise als virtuelles Ich auf dem Bildschirm angeboten. Der Held ist real in allen Äußerlichkeiten und Handlungsmerkmalen, in jedem Winkel seiner Aktivität, seine Erscheinung lässt für mich keinen Spielraum für Assoziationen und Gefühle. Die Umwelt, in der mein Held handelt, ist virtuell, aber sie wird durch die Suggestion des Spiels zur Realität meines Helden und damit von mir selbst.

Im Computerspiel verschwinden die Grenzen von Realität und Fiktion, die beim Lesen des Buches noch bestanden. Der jugendliche Spieler erfährt eine völlig neue Welt, sieht sie mit seinen eigenen Augen. Er ist sich zwischendurch zwar dessen bewusst, dass er in einer fiktiven Welt handelt, die ihm reale Erlebnisse beschert, aber vergisst das in der Faszination des Spiels auch wieder.

Schnell ist man als Älterer, als Digital Immigrant, der mit

Büchern groß geworden ist, geneigt, die »analoge« Erfahrung des Lesens als besonders wertvoll und bereichernd einzustufen und die »digitale« des Computerspielens als oberflächliche und effekthascherische Verwirrung der Sinne und Abtötung der Fantasie zu kritisieren. Die Ypsiloner können mit einer solchen Wertung nichts anfangen. Sie haben ja beides, das Buch und das Computerspiel. Und sie wissen, was sie am Letzteren haben: Sie lernen ganz direkt und sozusagen im Feld der Realität, wie das Leben ist und welche Probleme ihnen entgegentreten können. Sie erfahren Gewalt und andere Gefahren, machen verschiedenste Gefühle durch, sinken in emotionale Abgründe und steigen auf die Gipfel von Triumphen, und das alles in der realen, aber doch fiktiven Welt. Anders als beim Lesen eines Buches strömen auf sie viel mehr Erfahrungen ein, die ihre Fantasie und Handlungsfähigkeit in andere Richtungen lenken. Subjekt und Objekt verschmelzen miteinander. Die Regeln von Moral, Takt und Anstand können sie für einige Zeit außer Kraft setzen und so ihre eigenen Maßstäbe eichen.

Clevere Mediennutzung

Das alles erweitert den Erfahrungs- und Erlebnishorizont der Ypsiloner, und diese Erfahrung unterscheidet sie von den älteren Generationen. Einige Pädagogen, Psychologen und Hirnforscher warnen unentwegt davor, elektronische Medien zerstörten bei intensiver Nutzung die soziale, intellektuelle und emotionale Entwicklung der Persönlichkeit Jugendlicher. Diese Warnungen erweisen sich als völlig übertrieben. Die überwiegende Mehrheit der Ypsiloner geht in der Medienwelt nicht unter, auch nicht in einem vermeintlich süchtig machenden Computerspiel. Die meisten sind clever genug, die eingebauten Suchtmechanismen nach einiger Zeit zu erkennen. Ja, sie sind es gewohnt, nach jedem Spielzug auf einem bestimmten Schwierigkeitsniveau eine virtuelle Belohnung zu erhalten. Mag sein, dass sie deshalb auch in der realen Welt von Schule und Ausbildung auf solche schnellen Rückmeldungen warten, weil sie es vom Spiel gewohnt sind. Viele Lehrer und Ausbilder berichten davon. Aber was ist dagegen zu sagen – das Ganze entspricht durchaus pädagogischen Prinzipien des Lernens.

Nein, als gesunder Ypsiloner ist man ein cleverer und eigensinniger Nutzer der Medien und lässt sich von ihnen nicht missbrauchen. Sie sind in der Lage, die Verwischung der Grenzen zwischen Unterhaltung und Bildung, Information und Werbung, Ablenkung und Konzentration zu ertragen, meist sogar zu genießen. Sie lieben es, in das undurchschaubare Konglomerat aus Ökonomie und Kultur einzutauchen und je nach Interesse und Bedürfnissen eigene Duftnoten zu setzen. Die Generation Y versucht, über elektronische Medien nicht nur Informationen über die reale Welt zu erhalten, sondern selbst Inhalte zu produzieren, die die reale Welt verändern. »Wenn in der Stadt irgendwas passiert und ich denke, das muss irgendwer sehen, dann mache ich ein Foto, und innerhalb von ein paar Minuten sehen das Hunderte von Leuten«, sagt Jan. Die Ypsiloner nutzen die Medien gezielt, um selbst Realität zu formen. Zu produktiver Realitätsverarbeitung kommt produktive Realitätsgestaltung.

Das alles ist nur möglich, weil die große Mehrheit der Generation Y kompetent und souverän mit den digitalen Medien umgehen kann. Nur dann bieten sie einen Vorteil für die Persönlichkeitsentwicklung. Das verlangt nach vielen Kompetenzen, und die meisten jungen Leute haben sie. Sie können mit der wachsenden Komplexität der medialen Präsentationen und Produktionen Schritt halten und geraten so schnell nicht unter die Räder der gigantischen Internetindustrie.

Im Sog der sozialen Erwünschtheit

Auch Rick, der in der Schule gemobbt wurde, ist ein Digital Native der ersten Stunde: ständig online, ständig im Dialog mit seinen Freunden. In regelmäßigen Abständen klingelt das Smartphone in der Hosentasche seiner Jeans. Mal meldet sich Facebook, mal kommt eine E-Mail, mal eine Nachricht auf Whatsapp. Nur nutzt der 18-Jährige Facebook heute vor allem zur Kommunikation. Posts finden sich auf seiner Homepage kaum. Wie wichtig Privatsphäre ist, hat er auf die harte Tour lernen müssen.

Insgesamt ist die Generation Y alles andere als naiv im Umgang mit dem Internet, aber Probleme lassen sich nie ganz vermeiden. Wenn sie sich auf sozialen Netzwerken einloggen, um Kontakt mit Freunden zu halten oder sich zu zerstreuen, dann surft die Sorge um die Privatsphäre immer mit. »Die meisten Erwachsenen haben das Gefühl, dass uns nicht bewusst ist, was wir da posten«, meint die 16-jährige Nalan. »Aber uns ist schon klar: Wenn ich etwas ins Netz stelle, ist es schwer, das wieder herauszuholen.« »Jetzt ist er damit cool, aber später sieht das ja auch jeder Arbeitgeber«, sagt auch die 17-jährige Nele über ihren Mitschüler, der vor allem besoffen auf Facebook in Erscheinung tritt.

Einer Studie der Landesmedienanstalt NRW[10] zufolge sorgen sich die ganz jungen Internetnutzer, die 12- bis 14-Jährigen, deutlich mehr um die Risiken von Facebook als ihre älteren Generationsgenossen. Die sind im Vergleich unbekümmerter. Auch Nele hat trotz allen Problembewusstseins ein Foto von sich und ihrem Freund als Titelbild. Die Autoren der Studie erklären das mit einer einfachen Kosten-Nutzen-Rechnung der Generation Y: Plattformen wie Facebook bieten die Möglichkeit zur Selbstdarstellung und zur Pflege von Kontakten. Das scheint den Digital Natives wichtiger zu sein als das abstrakte Wissen um die Schwierigkeiten des Datenschutzes. Hinzu komme ein Gefühl der sozialen Erwünschtheit. Wenn in der Peergroup Meinungsführer viel oder wenig preisgeben, ziehen die anderen oft nach.

Zwar gehören nur etwa 15 Prozent der 12- bis 24- Jährigen zu den »Vieloffenbarern«, die sich um ihre Privatsphäre wenig Gedanken machen. Beim Rest halten sich »Wenigoffenbarer« und »Privatsphäre-Manager« je nach Altersgruppe ungefähr die Waage. Die »Wenigoffenbarer« erscheinen dabei eher als Mitläufer. Sie sind bei Facebook, um den Anschluss an Freunde in Schule, Studium oder Ausbildung nicht zu verpassen. Die »Privatsphäre-Manager« dagegen sind Vielposter und »Experten in der Nutzung«. »Selbstoffenbarung und Schutz der Privatsphäre werden gegeneinander abgewogen, und beides wird zweckdienlich kombiniert«, schreiben die Autoren der Studie.[11]

Privates im sozialen Netzwerk

Viele Eltern und Pädagogen machen sich Sorgen, dass die jungen Leute im virtuellen sozialen Netzwerk den Kontakt zur wirklichen sozialen Welt verlieren. Sie meinen, soziale Kontaktschwächen bei ihren Schützlingen zu beobachten: Die Jugendlichen verlernten, ein Zweiergespräch im direkten Kontakt zu führen, wüssten nicht, wie sie sich ausdrücken und wohin sie schauen sollen, weil sie gewohnt sind, mit einem anonymen Bildschirm zu kommunizieren. Alle ihre Sinne außer dem Seh- und Hörsinn verkümmerten, weil sie ständig nur vor dem Bildschirm säßen und auf kurzfristige Unterhaltung und Anregung gepolt seien. Auch würden sie jedem Körperkontakt entwöhnt, verlören das Gefühl für situationsangemessene Bewegungen und Berührungen.

Sie machen sich auch Sorgen, wie freizügig junge Leute über private und höchst intime Themen kommunizieren. Im sozialen Netzwerk zeigen die Ypsiloner tatsächlich gerne ihren aktuellen »Status« an. Ist man »Single« oder hat man einen Freund oder eine Freundin, alles wird transparent gemacht. Man kann auch über jeden im Umfeld erfahren, wie es bei ihm oder bei ihr steht, alles Private wird öffentlich. Hier wird auch ganz offen über Lieben und Vorlieben korrespondiert, hier werden Kontakte angebahnt und beendet. Die Beschäftigung mit dem eigenen Körper und seiner Veränderung (»Wann wachsen meine Brüste endlich?« – »Wie attraktiv bin ich?«) wird hier ebenso ausgefochten wie die Suche nach der eigenen Geschlechtsrollenidentität (»Welcher Typ Mann oder Frau will ich sein?« – »Bin ich schwul oder lesbisch?«). Viele geben da sehr viel von sich preis.

Es ist gut, wenn Eltern und Pädagogen wachsam sind und sich auf dem Laufenden halten, was ihre Kinder da tun. Alarmstimmung ist aber fehl am Platz. Die Erweiterung von Spielräumen und Spielarten von Freundschaft, Intimität, Liebe, Erotik und Sexualität ist überwiegend positiv einzuschätzen. Junge Leute erweitern ihre Vorstellungen von romantischer Liebe und Sexualität. Intime Beziehungen sind für sie nicht mehr in erster Linie moralische Geschichten. Vielmehr assoziieren sie damit Spaß, Befriedigung von Wünschen, Attraktivität, Eroberung und Entspannung. Hierdurch ist es zu einer Liberalisierung von Freundschafts- und Liebeskontakten und zu einer Akzeptanz verschiedenartiger sexueller Identitäten gekommen.[12]

Es stimmt: Die Ypsiloner gehen gerne Risiken ein. Sie wollen Spaß haben. Sie senden sich zum Beispiel über die sozialen Netzwerke sexuell anregende Bilder und Aussagen zu. Wenn ein solches Foto an einen Empfänger gerät, der sich einen Spaß machen oder den Absender schädigen will, dann verbreitet er es weiter. Facebook ermöglicht eine tausend- und millionenfache Verbreitung, damit sind der Veröffentlichung des ursprünglich nur für den Freund oder den kleinen Freundeskreis gedachten Fotos keine Grenzen mehr gesetzt. Die Privatsphäre eines Mitglieds der Community kann so systematisch verletzt werden. Aber die meisten lernen schnell aus Anfangsfehlern. Wirklich problematische Pannen mit traumatischen Belastungen passieren nur einer sehr kleinen Minderheit.

Smartphone statt Smart

Wie das Netzwerk das Sozialleben, so verändert »Sharing« die Konsumwelt der Generation Y. »Meine Generation hat ein anderes Verhältnis zum Privatbesitz als unsere Eltern und Großeltern«, schreibt die ZEIT-Journalistin Kerstin Bund in ihrem Buch »Glück schlägt Geld. Generation Y: Was wir wirklich wollen.«[13] »Eigentum ist Ballast und macht Mühe«, sekundieren Hildebrandt und Schwiezer in ihrem Essay »Geteilte Zukunft«. Die Devise der Ypsiloner sei stattdessen: »Zugang statt Besitz.«[14] Natürlich hat die Generation Y das Tauschen und Teilen nicht erfunden. Doch seitdem jeder ein Smartphone besitzt, ist die »Sharing Economy« nicht mehr nur eine gute Idee. Zwei Klicks auf dem Smartphone zeigen, wo das nächste freie Auto steht, Tauschforen im Internet, wer in der Nachbarschaft eine Bohrmaschine verleiht.

Dass es sich um einen ernsthaften und bedachten Trend handelt, zeigt ein zweites Faktum: Zum Entsetzen der Autobauer kaufen immer weniger junge Leute privat ein eigenes Auto. Auch die Zahl derer, die einen Führerschein machen, sinkt. War es noch bis vor zehn Jahren ein Symbol des Erwachsenwerdens, gleich nach Abschluss der Ausbildung oder parallel zur Abiturprüfung den »Lappen« zu machen, ist das heute keineswegs mehr selbstverständlich.

Auch die Generation Y braucht ihre Statussymbole, auch bei ihr sind das Konsumgüter. Aber anders als ihre Eltern setzt sie mehr und mehr auf elektronische Geräte einschließlich der Kompetenz ihrer souveränen und effektiven Nutzung. Statt des Autos der Computer, statt des Smart das Smartphone. Status erwirbt sich der Ypsiloner durch gute Medienausstattung und Nutzerkompetenz, durch Bescheidwissen und Übersicht. Und dadurch, zu jeder gewünschten Zeit am gewünschten Ort zu sein. Wenn dazu die sozialen Netzwerke nicht reichen, dann gibt es immer noch Autovermietungen und Carsharing – zwei Angebote, die in den letzten Jahren bei jungen Leuten stark an Boden gewonnen haben.

Konsum und Freizeit kosten heute Geld. Auch das ist ein Grund dafür, sich vom teuren Privatauto abzuwenden und auf die Sharing Economy zuzugehen. Die wichtigste Geldquelle für die Ypsiloner sind eindeutig das Elternhaus und die Verwandtschaft, daneben hat man Jobs, neben Schule, Ausbildung oder Studium. Sie wollen das Geld, um sich bestimmte Produkte, Dienste und Hobbys leisten zu können. Sie verfügen aber über ganz erkleckliche Geldmittel, mit denen sie geschickt wirtschaften. Notfalls, so wissen die jungen Leute aus Erfahrung, springen die Eltern immer noch ein. Untersuchungen kommen zu dem Ergebnis, dass Schüler im Durchschnitt über monatliche Geldbeträge in Höhe von 100 Euro, Studenten von 250 Euro und Auszubildende von 350 Euro frei verfügen können.[15] Jugendliche sind auf diese Weise ein sehr wichtiger Wirtschaftsfaktor.

Die Ypsiloner setzen neue Maßstäbe

Jugendlicher zu sein, das war wohl zu allen Zeiten echte Arbeit. Arbeit an der eigenen Persönlichkeit, die nicht so einfach in den Griff zu kriegen ist, Auseinandersetzung mit der Gesellschaft, die viel von einem will und einem wenig schenkt. Auch die Dauerkritik der Nicht-mehr-Jugendlichen gehört dazu, das Stammtischgerede über »die« verwahrloste Jugend, von dem schon öfter die Rede war. Das ist für die Generation Y nicht anders als für die Generationen vor ihr.

Immer schon gab es auch die Berufskritiker, die Pädagogen, Psychologen und Mediziner, die den Untergang der jungen Generation durch die schädlichen Wirkungen neuer Technik ausgemacht haben. Die digitalen Informations- und Kommunikationsmedien werden als Verderbnis wahrgenommen. Wer von Kindesbeinen an Fernsehen und Computer nutze, der zerstöre seine Persönlichkeit, lautet die Kritik. Die Nutzung führe zu Gesundheitsproblemen, bewirke Unruhe, Konzentrationsstörungen, Schlaflosigkeit, Leistungsabfall, Lese-und-Rechtschreib-Schwäche, Verwahrlosung sozialer Umgangsformen und autistische Persönlichkeitsmerkmale. Die stundenlange Tipperei und das Starren auf einen kleinen Bildschirm bewirkten irreversible Umstrukturierungen des Gehirns und machten immer mehr junge Leute lebensuntauglich.[16] Am Ende stünde eine Unfähigkeit zur Wahrnehmung der Realität. Vielen drohe eine »Computersucht«, eine Internetabhängigkeit, die alle üblichen Lebensgewohnheiten und -rhythmen (regelmäßiger Schlaf, ausreichend Bewegung, Betätigung aller Sinne) außer Kraft setze und zum Abbruch sozialer Kontakte führe.

Hier warnen Kritiker, die ganze junge Generation könne zwischen der virtuellen Welt des Internets und der realen Welt nicht mehr unterscheiden und drohe, in Isolation und

Depression zu verfallen. Die Befindlichkeit der riesigen Mehrheit der jungen Nutzer des Internets widerspricht diesen Thesen. »Elektronischer Kontakt ist wie Kuscheln«, versucht Philipp Riederle spöttisch zu kontern.[17] Beim digitalen Kommunizieren werde ein Hormon freigesetzt, das ein ähnliches Gefühl gebe, wie wenn man sich sinnlich, zärtlich und geborgen fühlt: das Kuschelhormon Oxytocin.

Wie schon gesagt: Wir schätzen, dass auf fünf Prozent der jungen Leute die Alarmbeschreibungen zutreffen. Für die große Mehrheit der Generation Y sind sie eine Fehleinschätzung und werden von den jungen Leuten selbst geradezu als Beleidigung empfunden. Typisch für die Ypsiloner ist ihr unbefangener, neugieriger, testender und sondierender Umgang mit allem, was ihnen an Medien und Konsum in der Freizeit angeboten wird. Und ihr Bemühen, sich diese Angebote zu erschließen und für die eigene Persönlichkeitsentwicklung zunutze zu machen, ohne sich zu unterwerfen. Sie demonstrieren damit, wie spannend, nützlich und wertvoll es ist, die Freizeit als wichtigen Lebensbereich einschließlich der heute durch moderne Technik gebotenen Möglichkeiten der Verbindung von virtuellen und realen Welten wahrzunehmen. Zwar kann Jan von seinen Eltern lernen, wie er überlebt, wenn sein Smartphone in Reparatur ist. Doch es ist seine Generation, die in Sachen Kommunikation die entscheidenden neuen Maßstäbe setzt. Alle anderen Altersgruppen orientieren sich an ihr. Ob sie es zugeben oder nicht.

Kapitel 6

Wie die Ypsiloner das alles schaffen

Leben mit ungewissem Ausgang

Flexible Arbeitszeiten, Vereinbarkeit von Familie und Beruf, Work-Life-Balance – nicht von ungefähr sind dies die großen Anliegen der Generation Y. Belastungen und Unsicherheit haben extrem zugenommen. Das merken die Ypsiloner jeden Tag. Schon in der Schule stehen sie deutlich stärker unter Druck – nicht zuletzt durch das Abitur nach zwölf Jahren. Auch das Arbeitsleben ist härter geworden. Deshalb haben sie schon früh ein gutes Gespür dafür entwickelt, wo ihre Grenzen liegen. Die Generation Y stellt diese Forderungen also nicht, weil sie »anspruchsvoll«, »verwöhnt« oder »arbeitsscheu« wäre, wie es manchmal heißt. Es ist vielmehr der Versuch, ohne Burnout auch langfristig engagiert und motiviert arbeiten zu können. Denn Dienst nach Vorschrift ist nie ihre Sache gewesen. »Wir wissen, dass wir in der Arbeitswelt noch sehr lange durchhalten müssen«, schreibt die Journalistin Kerstin Bund mit Blick auf die unsichere Rente.[1]

Wie anders war da doch noch die Situation der Eltern. Den Umschlag von Florian Illies' Buch »Generation Golf« ziert ein Goldfischglas. Auf seinem Grund steht der Mittelklassewagen in Rot mit eingeschalteten Scheinwerfern – Symbol für ein ruhiges Leben in der Wohlstandsgesellschaft der sozialen Marktwirtschaft. Die Generation Golf profitierte von der politischen Aufbauleistung und den ökonomischen Erfolgen der Nachkriegsgeneration. Sie hatte beim Berufseinstieg das Gefühl, sich entspannt aus einer sicheren Gegenwart auf eine ebenso sichere Zukunft einzurichten.

Die Generation Y wächst dagegen in Zeiten der Globalisierung auf. Sie muss die geschützten Gewässer ihres nationalstaatlichen Aquariums verlassen und tut dies in Scharen. Die Zahl derer mit Auslandserfahrung war noch nie so groß wie heute. Englisch als Zweitsprache ist die Regel. Wirtschafts- und Finanzkrisen, Arbeitsmarktumbrüche und Arbeitslosigkeit ebenso wie Umweltkrisen und Energiewenden fegen in Orkanstärke über sie hinweg. Während ihrer gesamten Jugendzeit muss sie Angst haben, abzustürzen. Die Terroranschläge vom 11. September 2001 in New York und die nachfolgende Sicherheitshysterie gehören ebenso wie die blutigen Kriege im Irak und in Afghanistan sowie Klima- und Umweltkatastrophen bis hin zum GAU im Atomkraftwerk Fukushima zu ihren Erfahrungen im neuen Jahrtausend. Sie lebt in Ungewissheit über die Zukunft. Karriere, Partnerschaft und Familie sind immer schwerer zu planen.

So ein Leben mit ungewissem Ausgang kostet Kraft. Dennoch sind auf den ersten Blick bei den Ypsilonern keine Stress-Symptome zu erkennen. Sie nehmen ohne Klage hin, dass ihnen über fast zwei Jahrzehnte hinweg katastrophale Ausbildungs- und Arbeitsbedingungen präsentiert wurden und fast ein Fünftel von ihnen keinen Platz im Berufssystem bekam. Sie erdulden ohne großen Protest eine Finanz- und Wirtschaftskrise ungeahnten Ausmaßes, obwohl diese sie vor existenzielle Probleme stellt. Sie wollen unbedingt zu denen gehören, die dem Globalisierungsorkan trotzen. Sie schlucken ihre Enttäuschung hinunter und wählen nicht den Weg zu Protestparteien, Extremismus oder Randalen. Sie stellen sich den Alltagsanforderungen durch Multitasking, verbinden Aktivitäten miteinander, die ältere Menschen bestenfalls hintereinander auf die Reihe bekommen. Sie definieren hohe Ansprüche an sich selbst und möchten zu den Besten ihres Jahrgangs gehören. Sie verzeihen es sich nicht, wenn ihnen gravierende Fehler und Misserfolge unterlaufen. Und sie scheinen das alles tatsächlich zu schaffen.

Egotaktik zur Problemlösung

Sie halten ihr Leben durch eine Mischung von Egotaktik und Selbstdisziplin möglichst stressfrei. Nüchtern wägen die Ypsiloner aus einer selbstbezogenen Grundhaltung heraus mögliche Vor- und Nachteile von Entscheidungen für sich ab. Haben sie das Gefühl, es sei noch zu früh, sich festzulegen, halten sie sich möglichst lange alle Optionen offen. So eine Phase der Unentschiedenheit kann sich sehr lang hinziehen und die Geduld der Umwelt arg strapazieren.

Das Entscheidende daran ist: Druck von außen setzt die Generation Y ihr eigenes Koordinatensystem entgegen. Sie entscheidet allein vom eigenen Ego her. Dabei stellt sie ihre persönlichen Bedürfnisse in den Mittelpunkt. So kann sie mit den eigenen Kräften haushalten. Sie findet immer irgendwie Wege, sich nicht zu verausgaben, nur das Allernötigste zu tun, sich von allzu belastenden Anforderungen und zu großen Herausforderungen fernzuhalten. Schon Jugendliche wissen heute, dass sie ab und zu eine Auszeit brauchen. Manche verbarrikadieren sich hinter der Tür ihrer Kinderzimmer, am besten mit schalldichten Kopfhörern. Andere machen Sport, lesen, surfen im Internet oder gehen stundenlang auf Partys.

Das ist aber nicht alles. Zur Anti-Stress-Strategie gehört auch, sich körperlich und psychisch schnell wieder in den Griff zu bekommen und es zu schaffen, gerade rechtzeitig fit und leistungsfähig zu sein, wenn es die Klassenarbeit, die Klausur oder die Betriebsprüfung verlangt. Neben der selbstbezogenen, egotaktischen Komponente gibt es die der Selbstdisziplinierung und Selbstoptimierung, um im entscheidenden Moment dann doch an Deck zu sein, auch wenn man lange abgetaucht war. Schließlich ist eine dritte Komponente zu erkennen, mit der sich Ypsiloner stressfrei zu halten versuchen: das strategische Bündnis mit den Eltern. Die möchten sie so lange wie irgend möglich als Unterstützer in allen Lebenslagen an ihrer Seite wissen.

Der psychische Verteidigungswall

Improvisation und Flexibilität bis an die Grenze des Opportunismus, aber auch die Abgebrühtheit und Ruhe, Entscheidungen so lange wie möglich offenzuhalten, helfen den Ypsilonern in schwierigen und konfliktreichen Situationen. Sie entwickeln damit eine Form von Lebenstüchtigkeit, die ihnen in der heutigen individualisierten Gesellschaft das soziale Überleben sichert. Thomas Gensicke spricht in der Shell Jugendstudie von einer »Psychoökonomie«, mit der die Generation Y dafür sorgt, dass soziale und politische Missstände nicht zu sehr auf ihre persönliche Befindlichkeit durchschlagen.[2] Ypsiloner erfahren früh, wie wichtig es ist, ständig wach und aufmerksam zu sein und die eigenen Interessen im Blick zu behalten. Sie sind bereit, sich sozial zu engagieren, aber hüten sich davor, sich dabei zu verausgaben. Sie lernen, im permanenten Wettbewerb ihre Leistungsfähigkeit im Standby-Modus zu halten, ohne zu viel Energie dabei zu verbrauchen, und bei Bedarf dann schnell auf volle Leistung umzuschalten.

Die Ypsiloner tun alles, um sich so durch das Labyrinth Tausender von Herausforderungen zu bewegen, die sich zwischen der Pubertät und dem 30. Lebensjahr auftun. Sie lassen sich nicht unterbuttern. Mit Stress können die meisten von ihnen beeindruckend gut umgehen, auch wenn sie gerne jammern. Probleme in Schule, Ausbildung oder Studium, Ärger in der Peergroup oder Trennung von Freund oder Freundin – die meisten solcher Schwierigkeiten steckt die Generation Y irgendwie weg. Man sieht meist gar nicht, wohin. Denn sich von außen so schnell nichts anmerken zu lassen gehört mit zur Strategie.

Die Shell Jugendstudie zeigt, wie die Generation Y mit Schwierigkeiten und größeren Problemen umgeht. »Ich vertraue mich einem Freund an, um das Problem gemeinsam zu lösen«, sagen fast 80 Prozent, »Ich diskutiere das Problem mit meinen Eltern oder anderen Erwachsenen« 61 Prozent, »Ich mache etwas, das mir richtig Spaß macht, dann sieht alles schon viel besser aus« 55 Prozent. Auch Ablenkung durch Fernsehen und Computer, Partys, Klubs und Feiern, sich nichts anmerken lassen und so tun, als sei alles in Ordnung, gehören mit zu den Strategien. Am Ende der Liste stehen dann die problematischeren Mechanismen, die ernsthafte Irritationen anzeigen: 19 Prozent machen ihrem Ärger durch Schreien, Heulen und Türenknallen Luft, sechs Prozent werden aggressiv und würden am liebsten anderen wehtun, 13 Prozent ziehen sich resigniert zurück, und 10 Prozent greifen zu Tabak, Alkohol, Cannabis oder anderen Drogen.[3]

Die Hochleistungsträger der Generation Y – die selbstbewussten Macherinnen und Macher und die pragmatischen Idealistinnen und Idealisten aus den oberen sozialen Schichten mit gut situierten Elternhäusern – sind Meister darin, sich auf diese Weise durch Probleme in ihrem Leben hindurch- und an ihnen vorbeizubewegen. Nur bei einigen wenigen von ihnen – es mögen vielleicht zwei bis drei Prozent sein – bröckelt die coole Fassade, wenn die Probleme sich häufen, der Entwicklungsdruck zu stark wird und das Selbstwertgefühl einbricht. Dann reicht die hinhaltende, abwartende und ablenkende Variante der Bewältigung nicht mehr aus, und der ganze Frust bricht aus ihnen heraus und wird der Umwelt ins Gesicht geschleudert. Oder sie betäuben sich mit Drogen oder packen sich ihre Tage mit Aktivitäten so zu, dass ihnen keine Zeit mehr zum Nachdenken bleibt.

Doch in der Avantgarde der Generation Y hält bei den allermeisten der psychische Verteidigungswall. Schlechter sind da die 40 Prozent der Ypsiloner dran, die nicht zu den beiden leistungsstarken Performer-Gruppen der Macher und der Idealisten gehören. Bei den nicht so erfolgreichen, zögerlichen und abwartenden Jugendlichen steigen die problematischen Verhaltensweisen insgesamt schon auf geschätzt über fünf Prozent an. Bei den leistungsschwachen »Abgehängten« aus meist sozial benachteiligten Elternhäusern, dem Fünftel der Generation Y in prekärer Lage, sind es sogar noch mehr. Über 15 Prozent zeigen hier problematische Verhaltensweisen. Entgegen den pauschalisierenden Darstellungen in den Medien ist aber wichtig, festzuhalten: Auch bei der übergroßen Mehrheit der sozial schwächeren Ypsiloner funktionieren die Strategien der Stressabwehr.

Wenn die Stressabwehr versagt

Aggression und die Flucht aus der Verantwortung sind zwei Reaktionen, wenn die Stressabwehr versagt. Angriffe nach außen, körperliche, verbale und/oder psychische Schwächung, Demütigung oder Verletzung anderer Menschen als Antwort etwa auf wiederholtes Versagen in der Schule kennt auch die Generation Y. Sie sind auch für sie Ersatzhandlung für ein Gefühl der Dominanz, das durch das Scheitern eigentlich verloren ist – vor allem, wenn es für alle öffentlich sichtbar wird. Deshalb verschaffen sich vor allem junge Leute mit niedrigem sozialem Status in der Schule und unter Gleichaltrigen so Entlastung und Ausgleich.[4] Das Risiko des Scheiterns ist heute größer als noch vor zwanzig oder dreißig Jahren, weil sich die Maßstäbe für Erfolg stark verschoben haben und – wie in Kapitel 2 dargestellt – zum normalen Leistungsstand heute praktisch schon das Abitur gehört.

Unter hohem Wettbewerbsdruck sind aber auch die Hochleistungskreise der Generation Y geneigt, dem Mitstreiter Knüppel zwischen die Beine zu werfen und sich damit Vorteile zu verschaffen. Dabei bedienen sie sich elegant und mitunter anonym auch des Internets, bis hin zu Beleidigungen, Bedrohungen, Schikanierungen und anderen Varianten des Cybermobbings. Das Internet sichert ein hohes Maß an Anonymität und reduziert die Hemmschwellen weiter, als dies im öffentlichen und voll einsehbaren Raum der Fall ist.

Alkohol, Drogen und exzessives Computerspielen ermöglichen die Flucht aus der Verantwortung. Statt an den Problemen zu arbeiten, setzen Jugendliche auf »Betäubung«. Die subjektive Logik des Konsums ist es, durch eine Droge besser drauf zu sein. Durch das Rauchen von Zigaretten etwa will eine 13-jährige Schülerin den Eindruck erwecken, sie sei schon eine selbstständige und attraktive Frau. Durch den Cannabiskonsum will ein 15-jähriger Junge suggerieren, unberührt von den mühseligen Alltagsanforderungen in der Schule ein Freigeist zu sein. Sozial isolierte 14-Jährige beiderlei Geschlechts wollen durch »Komasaufen« ihre Gemeinschaftsfähigkeit unter Beweis stellen. In allen Fällen handelt es sich in Wirklichkeit um eine Selbsttäuschung zu glauben, auf diesem Weg ließen sich die Kontakt- oder Leistungsdefizite überwinden, die zum Versagen geführt haben.

Beide Wege, den nach außen gerichteten »externalisierenden« und den aufs Ausweichen gerichteten »evasiven«, beschreiten junge Leute heute weniger oft als früher. Die Mehrheit der Ypsiloner ist auf dem Gesundheitstrip und will körperlich und psychisch leistungsfähig sein. Sie üben heute weniger körperliche, psychische und verbale Gewalt aus als vor 20 Jahren (nur noch etwa 10 statt früher 15 Prozent).[5] Auch mit Zigaretten, Alkohol, Cannabis und anderen Drogen gehen sie disziplinierter und vorsichtiger um. So hoch wie heute war zum Beispiel der Anteil der Abstinenzler bei Zigaretten, Alkohol und Cannabis seit 15 Jahren nicht mehr: Nur etwa 15 Prozent der Jugendlichen rauchen noch regelmäßig, knapp 20 Prozent trinken regelmäßig Alkohol und sechs Prozent konsumieren Cannabis.[6] Gleichzeitig trinkt und konsumiert eine kleiner gewordene Gruppe – etwa zwei bis drei Prozent eines jeden Jahrgangs junger Leute – immer mehr von diesen Substanzen. Auch Aggression und Gewalt kommen in etwa dieser Größenordnung in sehr hoher Intensität und Brutalität vor.

Komasaufen als Ventil

Es ist also eine sehr kleine Minderheit der Ypsiloner, bei der sich die Druckventile unkontrolliert öffnen. Am Beispiel »Komasaufen«, dem exzessiven Rauschtrinken bis zum Umfallen, bei dem es immer häufiger zu schweren Vergiftungen mit Noteinlieferungen ins Krankenhaus kommt, lässt sich das anschaulich illustrieren.

Komasaufen ist ein typisches Symptom für den hohen Druck, unter dem Jugendliche vor allem an Gymnasien stehen. Wer mit dem Leistungs- und Statusdruck des Alltags nicht zurechtkommt, setzt Alkohol zur Turbo-Entspannung ein, um so innerhalb einer halben Stunde von Hoch-Stress auf Tief-Entspannung umzuschalten. Meist haben diese Jugendlichen, um die 13 bis 15 Jahre alt, im Elternhaus nicht gelernt, mit Alkohol umzugehen. Es fehlt ihnen ein Initiationsritus: beispielsweise am 13. Geburtstag unter Aufsicht der Eltern Sekt trinken und testen, wie dieser erste Kontakt mit der Droge Alkohol auf sie wirkt. Bei ihnen haben die Gleichaltrigen das Kommando übernommen. Sie spielen dabei anders als die Eltern keine fürsorgliche Rolle. Jugendliche stehen im Wettbewerb, führen auch gerne mal jemanden vor. Da wird dem Mitschüler oder der Mitschülerin ordentlich eingeschenkt in der Absicht, dass er oder sie schnell umkippt.

Innerhalb des jeweils letzten Monats haben sich 20 Prozent aller 12- bis 17-jährigen Jungen und 11 Prozent der gleichaltrigen Mädchen am Rauschtrinken beteiligt.[7] Man sieht hieran, auch die jungen Frauen sind betroffen. Ebenso wie die jungen Männer wollen sie von Schwächen ablenken: zu geringe Leistung in der Schule, zu uninteressant und unattraktiv als Geschlechtspartner, zu inkompetent bei der Mediennutzung, zu unfertig mit der körperlichen Umstellung. Alkohol wirkt wie ein Schmiermittel.

Die Flucht vor den eigenen Problemen kann auch zu einem zeitlich extensiven und sozial ungebundenen Medienkonsum führen. Bei einigen Jugendlichen ist die stundenlange Nutzung von Computerspielen über einen langen Zeitraum hinweg und ohne direkte soziale Kontakte zu beobachten. Nach unserer Schätzung sind es auch hier zwei bis drei Prozent der jungen Leute, bei denen suchtartige Muster der Mediennutzung zu konstatieren sind. Bedeutender als die Zahl der Stunden, die ein Jugendlicher vor dem Computer oder dem Fernseher verbringt, sind die individuelle Motivation hierfür und die soziale Einbettung des Verhaltens. Ein Jugendlicher, der zusammen mit seinen Freunden nachmittags Konsolenspiele spielt, ist in einer anderen Lage als einer, der alleine oder um schulische Misserfolge zu vergessen, Medien nutzt. Gefährlich für die Persönlichkeitsentwicklung wird es erst dann, wenn sich Jugendliche in Medienwelten flüchten, statt wichtige Entwicklungsaufgaben anzugehen. Sich ab und zu abzulenken ist dagegen durchaus gesund.

Stressverarbeitung funktioniert

Bei der großen Mehrheit funktioniert die Stressverarbeitung erstaunlich gut. Gemessen an dem hohen Druck, unter dem die Generation Y steht, sind die psychischen Störungen und Krankheiten lange nicht so stark verbreitet, wie es die öffentliche Diskussion in den Massenmedien nahelegt. Das bestätigen auch die Zahlen über psychische Störungen. Psychosomatische Probleme und depressive Stimmungen, insbesondere Angst- und Verhaltensstörungen, werden in unterschiedlicher Intensität insgesamt bei etwa zehn bis 15 Prozent der jungen Leute diagnostiziert. Als behandlungsbedürftig gelten etwa fünf Prozent. Ernährungs- und Essstörungen sind ähnlich stark verbreitet, oft in Überschneidung mit psychischen Belastungen. Daneben fallen Teilleistungsstörungen und Aufmerksamkeitsdefizite auf, wobei ebenfalls von fünf Prozent Behandlungsbedürftigen auszugehen ist. Ob diese Werte wirklich, wie oft vermutet wird, in den letzten Jahren immer weiter angestiegen sind, ist zweifelhaft. Denn heute sind die Diagnosen genauer, die Bereitschaft zur Behandlung ist höher, die Sensibilität der Beobachtung ist größer. Deshalb fallen junge Leute, bei denen die Problembewältigung nicht richtig funktioniert, viel eher auf als früher.[8]

Geschlechterunterschiede verschwimmen

Traditionell bewältigen beide Geschlechter Stress unterschiedlich. Mädchen neigen bei Überforderung eher zu nach innen, Jungen eher zu nach außen gerichteten Reaktionsformen. Diese Muster aber nähern sich bei den Ypsilonern an. In allen Lebensbereichen lockern sie die stereotypen männlichen und weiblichen Verhaltenserwartungen und vergrößern den Freiraum für die selbstständige Ausgestaltung der Geschlechterrolle. Das gilt auch beim Stressmanagement. In Überforderungssituationen greifen heute viel mehr junge Frauen zu Aggressivität, Gewalt und Kriminalität als vor einer Generation, und umgekehrt lässt sich bei jungen Männern beobachten, dass psychosomatische Störungen bis hin zu Depressionen und selbstaggressivem Verhalten häufiger werden. Bei den suchtgefährdenden Formen war der Unterschied schon immer klein.

Die Generation Y nivelliert die Unterschiede zwischen den Geschlechtern aber auch im Positiven. Die zugrunde liegende These ist, dass eine kreative Kombination von traditionell männlichen (Agency) und traditionell weiblichen Verhaltensmustern (Community) erheblich gesundheitsfördernder ist als die Fixierung auf nur einen der beiden Pole. In dieser These steckt die Vermutung, dass die gesundheitliche Situation gerade auch der jungen Frauen heute deswegen besser ist als die der jungen Männer, weil sie aktiver die Gestaltung ihrer Geschlechtsrolle angehen und zur Community-Komponente schon seit vielen Jahren eine Agency-Komponente hinzugefügt haben.

Die Ypsiloner folgen dieser Hypothese. Frauen haben schon lange gelernt, mit ihrem Körper pfleglich und sorgsam umzugehen. Durch die monatliche Regelblutung werden sie immer wieder an ihren Körper erinnert und dadurch mehr oder weniger gezwungen, im Einklang mit ihren physiologischen Möglichkeiten zu leben. Sie sind es gewohnt, sich auf ihren Körper einzustellen und Rücksicht zu nehmen. Die Männer folgen ihnen allmählich und nehmen Abschied von der alten Sichtweise des Körpers als einer Art Leistungsmaschine, die nur dann gewartet werden muss, wenn sie völlig aus dem Takt geraten ist. Sie betrachten ihn nicht länger als einen inneren Gegner, den sie bekämpfen und besiegen müssen, um übergeordnete soziale und berufliche Ziele zu erreichen. Auch sie haben erkannt, dass die traditionelle soziale Rollenvorstellung von Mann und Männlichkeit in unserer Kultur einen strukturellen Risikofaktor für die Gesundheit darstellt.

Selbstdisziplin und Selbstoptimierung

Studium, Praktikum und dazu noch politisches Engagement – 2009 zog Jennys Körper plötzlich die Notbremse. Erstmals. »Ich habe damals sogar einen Allergietest machen lassen, weil ich überhaupt nicht wusste, was das war«, erinnert sich die 26-Jährige heute. Mehrere Arztbesuche später war klar: Jenny hatte keine Allergie. Ihrem Körper fehlt einfach die Kraft, mit dem hohen Tempo ihres Lebens Schritt zu halten. Die Symptome waren psychosomatisch. Jenny reagierte umgehend. Sie unterbrach ihr Praktikum und nahm sich einige Wochen Auszeit zur Regeneration. »Seitdem ist es wirklich so, dass ich ganz massiv drauf achte, dass ich immer gucke: ›Was ist jetzt gut für mich?‹«, sagt sie. Wenn die Symptome kämen, merke sie: »Ich muss jetzt wieder etwas anders machen.«

Die Mehrheit der Generation Y kommt deshalb so gut mit den Belastungen des Alltags zurecht, weil sie ständig bemüht ist, ihre körperlichen und psychischen Kräfte zu schonen und gleichzeitig die eigene Fitness zu trainieren. Einige der Techniken hat sie von ihren Eltern übernommen. Schon in der Generation Golf ist die »Verwandlung des Wortes ›Dauerlauf‹ in das Wort ›Joggen‹« laut Florian Illies symptomatisch für einen Trend, der Sport zum modischen Lifestyle-Accessoire machte. Fitnessstudios boomen. Der zuvor träge und fette Turnschuhe tragende Grünen-Politiker Joschka Fischer ist Sinnbild für dieses persönliche Streben nach Fitness. An ein Ministeramt gekommen, »joggte er sich gleich die alte 68er-Seele mit aus dem Leib, um solchermaßen komplettsaniert zum Lieblingspolitiker der Generation Golf zu werden«, schreibt Illies.[9] Jeder achtet schon fast narzisstisch auf sein Äußeres. Die Zeitschrift *fit for fun* sei »zum Zentralorgan der Generation Golf« geworden. Das traditionelle deutsche Vereinsleben bricht bei so viel »Allgemeinindividualismus« der Sportlichkeit in sich zusammen.

Doch Sport im Zeichen des Y ist viel mehr als eine Form, um den Körper fit für die Belastungen des Alltags zu halten. Die Generation Y setzt ihn gezielt ein, um Kraft zu schöpfen für den stressigen Alltag. Selbstdisziplin und Selbstoptimierung beziehen sich außerdem auf die Psyche. Auch bei Cihan aus der Nähe von Stuttgart, der gerade neben seiner Ausbildung zum Industriemechaniker auf dem Abendgymnasium sein Abitur nachmacht: »Mir gefällt es gerade, so viel zu tun zu haben«, sagt der 22-Jährige. Doch ohne sein Wing-Chun-Training geht gar nichts. Mehrmals die Woche übt Cihan neue Griffe und Kombinationen – nie ist der Meister zufrieden. Für Cihan sind das drei Stunden höchster Konzentration. »Ich komm immer runter, wenn ich im Training bin«, sagt er. »Du denkst nur noch an die Techniken und hast keine Chance, an irgendetwas anderes zu denken. Du merkst, du hast jetzt kurz mal für zwei, drei Stunden abgeschaltet, und jetzt geht's weiter.« Auch Thorben merkt sofort, wenn ihm die Zeit fehlt, regelmäßig zum Sport zu gehen: »Ich brauche das, um einen klaren Kopf zu bekommen und auch, um distanzierter über Probleme nachdenken zu können«, sagt er. So richtig sei ihm das erst im Studium in Aachen klar geworden.

Das Quantified Self

Die Generation Y nimmt Fitness ernst und will sich dabei nicht von außen kontrollieren lassen. Fitnessstudios sind fast schon wieder out, jedenfalls dann, wenn sie mit sportdidaktischen Anweisungen daherkommen. Die Ypsiloner etablieren wie in anderen Lebensbereichen auch lieber eigene, individuelle, im Selbstversuch immer wieder neu justierte Gesundheitsnormen, als dass sie die von irgendwem irgendwann gesetzten Gesundheitsstandards übernehmen. So schulen sie ihre Selbstbeobachtung. Elektronische Hilfen sind ihnen dabei sehr willkommen: das Smartphone zum Beispiel, das sie als Lauftrainer, Gewichtscontroller, Schlafrhythmuszähler und Herzschlagmesser einsetzen.

Durch elektronische Medien kann die Generation Y sich ständig selbst bespiegeln und ihre Verhaltensweisen, Gefühle und Körperfunktionen erfassen, messen und bewerten. Die Gesundheits-App zur Steigerung der körperlichen Fitness und Verbesserung der Ernährung ist nur ein harmloser Einstieg. Den Drang zum »Quantified Self« kann sie auf praktisch alle Lebensbereiche und alle Aktivitäten des Alltags bis in den Schlaf hinein ausweiten. Im Rausch der Wettbewerbsorientierung besteht die Möglichkeit, die Ergebnisse der Selbstmessung ständig an andere weiterzugeben. So kann man sich in seiner körperlichen, sexuellen oder emotionalen

Fitness nicht nur ständig selbst überprüfen, sondern diese Ergebnisse auch seiner Bezugsgruppe vermelden. Weil es technisch läuft, machen hier auch die jungen Männer voll mit. Sie sind im Unterschied zu den jungen Frauen noch immer weniger sensibel dem eigenen Körper gegenüber, aber mithilfe von technischen Instrumenten finden selbst sie Gefallen daran, ihre Kräfte zu optimieren und ihre Fitness zu trainieren und auf diesem Wege die eigene Stimmung und das eigene Wohlbefinden zu verbessern.

Auch der Konsum von Arzneimitteln gehört hierher. Mit ihnen kommen Jugendliche heute schon früh in Kontakt, weil bei Aufmerksamkeitsstörungen oder Teilleistungsschwächen häufig auf eine pharmakologische Behandlung zurückgegriffen wird. Schon fast fünf Prozent aller Kinder und Jugendlichen erhalten zum Beispiel bei einem »Aufmerksamkeitsdefizit-Hyperaktivitäts-Syndrom« (ADHS) psychoaktiv wirksame Medikamente, die den Stoffwechsel im Gehirn beeinflussen. In diesem Zusammenhang ist in den vergangenen Jahren die Neigung von Eltern stark angestiegen, auf Schulleistungsschwierigkeiten ihrer Kinder und deren Begleiterscheinungen (Unruhe, Nervosität, Schlafstörungen) mit der Verabreichung von Medikamenten in »Eigenregie« zu reagieren. Diese Verhaltensmuster der Eltern werden von vielen Jugendlichen in Anspannungs- und Belastungssituationen kopiert. In vielen Fällen konsumieren sie die entsprechenden Arzneimittel in zu hoher Dosierung, sodass sie sich der Gefahr psychischer und physischer Abhängigkeit aussetzen.

Bündnis mit den Eltern

Für Hannah ist es der Moment, in dem ihre Welt aus den Fugen gerät: Beim teuren Dinner in einem New Yorker Restaurant eröffnen die Eltern der Hauptfigur der US-amerikanischen Erfolgsserie »Girls« ihrer Tochter, dass sie ihr den Geldhahn abdrehen – mit sofortiger Wirkung. Über Nacht steht die 25-jährige Dauerpraktikantin vor dem Nichts. Dabei waren ihre Eltern für sie wie für große Teile der Generation Y die wichtigsten strategischen Verbündeten.

»Wir alle sind mit einer Flatrate zur Welt gekommen«, schreibt die Journalistin Nina Pauer. »Essens-, Kleidungs-, Wohnungs-, Transport- und Ausbildungskosten sowie sämtliche andere Ausgaben, die so anfallen, werden je nach Wunsch zu Teilen oder komplett übernommen.«[10] Während sie selbst in unsicheren Zeiten um Bildung, Jobs und Partnerschaften kämpft, hat die Generation Y Stabilität gewissermaßen an die Eltern outgesourct. Sie schießen Geld zu, wann immer es knapp wird, oder unterstützen in Schule, Studium und Ausbildung. Über Jahre hinweg bleibt das Kinderzimmer ein sicherer Hafen – für viele einfach, um für ein paar Tage vom Stress des Y-Lebens auszuspannen. Doch auch das permanente Wohnen zu Hause ist sehr verbreitet. Bei den 22- bis 25-Jährigen nutzen noch 38 Prozent das All-inclusive-Angebot von »Hotel Mama«. Vor allem junge Männer zögern den Auszug gerne bis zum 30. Geburtstag hinaus. Viele von ihnen könnten sich eine eigene Wohnung leisten. Doch damit müssten sie auf den hohen Lebensstandard verzichten, der im Elternhaus herrscht.

Der Bund mit den Eltern ist eine der effizientesten Entlastungsstrategien der Ypsiloner gegen ihren Lebensstress. Solange es geht, suchen sie in den ruhigen Gefilden des Elternhauses Schutz vor den Stürmen des Lebens. Es bleibt Basisstation für alle ihre Expeditionen. Die Eltern sind ihre wichtigsten Berater und ihre sozialen Vorbilder für die Lebensplanung. Ihr Verhältnis zu ihnen ist konstruktiv und zweckorientiert. Nur dank ihnen können sie ihre Jugend trotz aller

Ungewissheit als eine Pufferzone, ein soziales Moratorium zwischen Kindheit und Erwachsenenleben gestalten. Die Generation Y ist im historischen Vergleich eine von Nesthockern, die wenig Drang verspüren, zur Volljährigkeit den Möbeltransporter vorfahren zu lassen. Beruf und Familiengründung liegen eh in weiter, weiter Ferne. Da bietet es sich an, einfach im Hotel Mama zu bleiben. Reibungspunkte zwischen den Generationen gibt es kaum, wie wir im vorigen Kapitel gesehen haben. Jedenfalls nicht bei den gut gebildeten Ypsilonern. Und das ist die große Mehrheit.

Mutter und Vater sind, wie die Shell Jugendstudie zeigt, neben den Freunden die engsten Lebensberater. Das ändert sich mit dem Älterwerden wenig. Die Ypsiloner spüren, dass sie in allen existenziell wichtigen Fragen der Bildung, Berufswahl und wirtschaftlichen Absicherung versierte Verbündete brauchen, um mit Engpässen, Notlagen und Problemen zurecht zu kommen. Sie pflegen den Kontakt zu den Eltern, und zwar in gezielter egotaktischer Manier. »Die Vermutung,

mit dem Alter nehme der Rückgriff auf die Eltern in Problemsituationen ab, im Sinne einer Abnabelung und zunehmenden Eigenständigkeit, wird enttäuscht«, schreibt Thomas Gensicke in der Shell Jugendstudie 2010. »Bei größeren Problemen werden die Eltern mit zunehmendem Alter sogar mehr konsultiert. Bei den älteren Jugendlichen kann man ohnehin davon ausgehen, dass die Belastung mit größeren Problemen, zum Beispiel durch Ausbildung und Beruf, höher ist als bei den jüngeren. Die Eltern bleiben unvermindert Partner in wichtigen Lebensdingen.«[11] Das gilt für alle jungen Leute, trifft aber besonders häufig auf die aus gut situierten Elternhäusern zu.

Gefangen in der Kinderrolle

Wieder ist es so wie bei den anderen Strategien der Stressbewältigung: Die große Mehrheit setzt den Kontakt zu den Eltern so geschickt für die Stärkung der Stressabwehr ein, dass die Vorteile gegenüber den Nachteilen überwiegen. Aber bei einer kleinen Minderheit der Ypsiloner sind die »Risiken und Nebenwirkungen« dieser Strategie zu erkennen. Wird nämlich der Kontakt zu den Eltern zu eng, bleibt man gar in den gesamten Zwanzigerjahren seines Lebens im Elternhaus wohnen, dann kann diese Strategie kontraproduktiv wirken. Im Elternhaus lebt man zwar in geschützten sozialen Gefilden, entwickelt aber nur sehr langsam eine selbstständige Persönlichkeit, und die Maßstäbe für ein altersgerechtes Leben geraten aus dem Blick. Einer Minderheit von schätzungsweise fünf Prozent widerfährt das.

Viele Nesthocker werden nicht selbstständig, weil sie verlernen, für sich selbst zu sorgen. Sie können oft keinen Haushalt führen, nicht souverän mit Behörden umgehen, brauchen die Hilfe der Eltern bei jeder Krankheit und verpassen oft auch den richtigen Zeitpunkt für ihre Partnerwahl. Die Eltern, hypertolerant, wie sie sind, dulden dieses unselbstständige Verhalten, akzeptieren alle Marotten und Bequemlichkeiten, klammern manchmal auch noch – und wirken auf diese Weise dabei mit, dass ihre Kinder ewig Kinder bleiben und keine Autonomie entfalten können. Sie bieten ihrem Nachwuchs weder den Raum noch den Grund, irgendwo und irgendwann einmal eine Gegenposition zu beziehen und Dinge des täglichen Lebens anders zu machen. Kleidung, Frisur, Sprache und Gewohnheiten der jungen Leute werden sehr gern von den Eltern kopiert, die sich damit jung und dynamisch fühlen können. Weil die jungen Leute ihrerseits Angst vor dem Erwachsenwerden haben, ergibt sich hieraus eine Allianz der Stagnation. Die Jugendlichen scheuen sich, Verantwortung für sich zu übernehmen, und die Eltern schrecken davor zurück, ihre Paarbeziehung neu zu ordnen.

Das Leben der Ypsiloner im Elternhaus spielt sich auf einem recht komfortablen Niveau ab, das sie auf sich allein gestellt so nicht realisieren könnten. Trotz der Wirtschafts- und Finanzkrisen der 2000er-Jahre waren Familien in Deutschland noch nie so wohlhabend wie heute. Die jugendlichen Nesthocker profitieren davon. Es ist möglich, dass sie später diesen hohen Wohlfahrtsstatus selbst nicht werden halten können, aber sie finden ihn in ihrem Elternhaus. Wer so komfortabel ins Leben startet, der ist nicht nur wirtschaftlich verwöhnt und empfindet jede materielle Einschränkung als unangenehm und unbequem.

Es kommt noch ein Risiko dazu: Wer so lange in der elterlichen Obhut verbleibt, steckt auch im Status »Kind« fest. Die Ypsiloner, oft Einzelkinder, meist Wunschkinder, sind damit groß geworden, von ihren Eltern nicht nur heiß geliebt, sondern auch für Talente, Genies und Hochbegabte gehalten zu werden. Nach einiger Zeit glauben sie das selbst und verlieren ihre Maßstäbe. Viele junge Leute laufen deshalb wie Lucy aus der Huffington Post mit einem unrealistisch überhöhten Selbstbild herum. Ihre Eltern haben es sich damals sehr lange überlegt, ob sie tatsächlich ein Kind haben möchten. Nachdem diese Entscheidung dann gefallen war, wurden die Kleinen der Mittelpunkt ihres Lebens. Mütter gaben ihre Arbeit auf und zogen sich für mehrere Jahre auf die Rolle der Hausfrau und Mutter zurück. Sie wollten nur noch für das Kind da sein. So wurden und werden die Ypsiloner von ihren Eltern vergöttert. Mutter und Vater sind richtig vernarrt in sie, projizierten ihre eigenen Lebenswünsche und Zukunftspläne nicht selten auf ihren Nachwuchs, preisen ihn als die klügsten und schönsten Kinder der Welt.

Die Angehörigen der Generation Y, die sich der Strategie bedienen, dem Alltagsstress durch das Einbunkern im Elternhaus zu entgehen, sind also nicht besonders gut beraten. Weil sie in der Rolle des bewunderten Kindes verharren, halten sie sich oft selbst für besser, als sie objektiv sind. Viele streben nach guten Schul- und Ausbildungsabschlüssen. Dabei kann diese Fehleinschätzung zu einem harten Aufprall führen. Junge Männer sind besonders betroffen. Wenn sie ein schlechtes Zeugnis erhalten, bei einer Prüfung durchfallen oder einen Abschluss verfehlen, stehen sie oft ratlos und fassungslos vor diesem Misserfolg. Sie können ihn nicht verstehen, er kommt für sie aus heiterem Himmel. Sie kommen überhaupt nicht auf die Idee, dass er etwas mit ihnen selbst, mit ihren eigenen Leistungen zu tun haben könnte, und schieben die Verantwortung auf andere Menschen oder schlechte Umstände ab. Die Lehrer sind schuld, das schlechte Wetter war es oder vielleicht doch der Zufall.

Sich selbst sehen sie über jeden Zweifel erhaben, und sie lernen auf diese Weise nicht, aus eigenen Misserfolgen und Rückschlägen Konsequenzen zu ziehen und ihr Verhalten zu korrigieren. Sie tragen das von den Eltern verordnete positive Selbstwertgefühl als eine statisch verinnerlichte Haltung vor sich her. Viele machen hierdurch nicht die Erfahrung, wie sie sich durch eigenes Arbeiten und Leisten und die immer wieder neue Bewältigung von immer wieder neuen Herausforderungen ein solches Gefühl selbst aufbauen können, wie sie durch schrittweises Lernen erfahren, Spuren zu hinterlassen und etwas zu bewirken. Sie versäumen, das pauschal verinnerlichte Selbstwertgefühl in ein auf eigener Leistung beruhendes Selbstwirksamkeitsgefühl zu verwandeln.

Eine Minderheit mit autistischen Zügen

Bis in das Berufsleben hinein können sich diese Blockaden auswirken. Viele Personalabteilungen in Unternehmen können ein Lied davon singen. Die Berufstätigkeit gilt den verwöhnten Ypsilonern als eine absolute persönliche Erfüllung. Entsprechend narzisstisch geladen sind ihre Assoziationen mit einer beruflichen Position. Sie soll Anerkennung und Prestige verleihen, großen Einfluss und möglichst auch Macht beinhalten, gleichzeitig in einem angenehmen und harmonischen Umfeld stattfinden, möglichst viele Zukunftsperspektiven mit guten Aufstiegschancen mit sich bringen und rundum Spaß und Freude machen. Die finanzielle Seite soll stimmen, aber sie steht nicht im Vordergrund. Man möchte sich halt selbst verwirklichen, sich aber gleichzeitig dabei nicht völlig verzehren, sondern auch noch Kraft und Zeit für die angenehmen Dinge des Lebens behalten. Das ist ein Zerrbild dessen, was wir als die vorherrschende Arbeitsmentalität der Ypsiloner in Kapitel 2 geschildert haben. Wer so an den Beruf herangeht, übersieht leichtfertig, wie viel Vorbereitung, Planung, systematisches Einarbeiten in Details, Durchhaltevermögen, Ausgleich von Fehlern und Rückschlägen und auch Geduld und Toleranz gegenüber Kolleginnen und Kollegen notwendig sind.

Die Angehörigen der Generation Y, die sich der Entlastungsstrategie »Hotel Mama« so ungeschickt und so undistanziert bedienen, dass sie von ihr chloroformiert werden, bilden eine Minderheit. Aber sie sind in Schulen, Unternehmen und Freundeskreisen gefürchtet, weil sie so maßlos und grenzüberschreitend selbstverliebt sind. Sie haben die Egotaktik zu einer Egozentrik umgebaut, bei der jede Rücksichtnahme auf die soziale Umwelt zu kurz kommt. Sie sind auch gerne mal diejenigen, die auf ihrer Facebook-Seite ein aufgeblasenes ideales Ich von sich entwerfen. Alle Kräfte konzentrieren sie darauf, das eigene Ich zu polieren und in Szene zu setzen. Da bleiben der soziale Kontakt zu den anderen und eine ehrliche und empathische Note in der Kommunikation leicht auf der Strecke. Es bleiben eben gar keine Zeit und keine psychische Energie dafür, sich sensibel und intensiv in andere Menschen hineinzudenken. Das macht einsam und isoliert. Diese Einsamkeit überspielen sie oft durch rauschhaften Konsum oder mit einem Bad in der Menge auf stundenlangen Partys.

So kommt es zu den autistischen Zügen im Verhalten der Generation Y, die in der öffentlichen Diskussion oft kritisch erwähnt werden. Nur wird meist vergessen, dass hier von einer kleinen Minderheit der Generation Y die Rede ist. Die Mehrheit setzt das Bündnis mit den Eltern virtuos und geschickt in Szene. Eine effiziente Strategie, um die ganz großen Brocken des Alltagslebens zu umschiffen. Der Schutz im Elternhaus gestattet es, sich zurückzuziehen und aus der sicheren sozialen Deckung heraus zu agieren. So schont man seine Kräfte, weil viele organisatorische Anforderungen von Haushalt und Finanzen einfach entfallen.

Kapitel 7

Generation Y:
Die heimlichen
Revolutionäre

Veränderungen in kleinen Schritten

»›Geht nicht‹ – gibt's nicht!« Bei aller Harmonie und Konfliktscheu verändert die Generation Y die Gesellschaft deutlich grundlegender, als es auf den ersten Blick scheint. Sie marschiert nicht auf der Straße gegen den Lebensentwurf ihrer Eltern, Lehrer und Professoren wie die 68er. Auch der offene Kampf gegen Industrielobbys wie die Anti-Atomkraft-Bewegung der Babyboomer ist nicht ihre Sache. Die Generation Y setzt ihre Veränderungen anders durch. Sie unterläuft auf eine unauffällige Art scheinbar ewige Traditionen, mogelt sich sanft um vermeintliche Sachzwänge herum und hebelt still und leise Gesetzmäßigkeiten aus, die der Gesellschaft bisher unveränderbar erschienen.

In einer Zeit von Globalisierung, Bankenrettung und Digitalisierung, in der politische Entscheidungen immer wieder als alternativlos dargestellt werden, hat sie als Egotaktiker längst verstanden, dass es stets andere Optionen gibt. Fordert die Wirtschaft mit Verweis auf den harten internationalen Wettbewerb mehr Einsatz im Beruf, bestehen die Ypsiloner im Gegenzug auf flexibleren Arbeitszeiten und Heimarbeit. Statt lückenloser Lebensläufe für eine Karriere mit vermeintlich sicheren Arbeitsplätzen nimmt die Generation Y Elternzeit oder kehrt an Schulen oder Universitäten zurück, um sich weiterzubilden. Die Politik führt mehr Eigenvorsorge für das Alter ein, aber die Ypsiloner beharren auf staatlichen Garantien für ihre Einlagen.

Die Generation Y revolutionär? Auf kaum eine Generation passt der Begriff auf den ersten Blick weniger als auf die mit dem Y. Dem würde sie selbst sofort zustimmen. Von Revolutionären wie Che Guevara hat die junge Generation allenfalls den Bart als Modeaccessoire übernommen. Der Anspruch, das gesamte System von Grund auf zu erneuern, käme ihr ohnehin vermessen vor. Dennoch erinnert ihr Wirken manchmal an Untergrundkämpfer, die hinter der Fassade der etablierten Bürgerhäuser an einer neuen Welt arbeiten, die auf ihre Bedürfnisse zugeschnitten ist. Die Generation Y steht zu Demokratie und Kapitalismus, wenn auch nicht immer aus tiefer Überzeugung. Doch sie will ihnen – und damit der Gesellschaft – ihren Stempel aufdrücken, indem sie in kleinen Schritten, gewissermaßen evolutionär, Einstellungen, Kultur und Klima in allen Lebensbereichen verändert.

Die evolutionäre Revolution ist »heimlich«, weil die Generation Y weder öffentlich ein Programm verkündet noch diejenigen mit Einfluss in der Gesellschaft anderweitig von ihren Plänen in Kenntnis setzt. Die Ypsiloner nehmen Veränderungen so vor, wie es unter den obwaltenden Bedingungen nun einmal möglich ist. Ein offener Kampf entspricht nicht ihrem Naturell. Intuitiv spüren sie, dass sie ihn niemals gewinnen könnten. Ihre Position im Machtgefüge der Generationen ist alles andere als günstig. Demografisch und ökonomisch stehen sie auf ziemlich schwachem Posten.

»Für Menschen unter 40 kann sich das Leben anfühlen wie ein immerwährendes Auswärtsspiel«, schreibt die Journalistin Anita Blasberg, selbst Mitte 30.[1] Die Jahrgänge 1985 bis 2000 sind zahlenmäßig schwach besetzt. Sie bilden eine sehr kleine Bevölkerungsgruppe. Im Vergleich zu den Babyboomer-Jahrgängen ihrer Eltern und den ebenfalls großen Jahrgängen der Großeltern haben die Ypsiloner damit nur

wenige Stimmen in die Waagschale zu werfen. Ihre 15 Alters-
jahrgänge sind jeweils etwa 800.000 Personen stark, zusammen existieren also zwölf Millionen Ypsiloner in Deutschland. Das sind gerade einmal 15 Prozent der Gesamtbevölkerung, eine leicht zu übersehende Minderheit. Deshalb sei es
so schwer, alte Lebensmuster durch neue zu ersetzen, schreibt
Blasberg. »Es ist seltsam: Obwohl die Welt sich in rasendem
Tempo ändert, steht das Land still. Die Menschen blicken lieber nach hinten als nach vorn.«

Demografisch auf verlorenem Posten

Die »Menschen«, das ist die riesige Mehrheit der Bevölkerung, die über 30 Jahre alt ist. Die Babyboomer, deren 15
Jahrgänge mit insgesamt gut 18 Millionen Menschen seit je-
her die stärksten in Deutschland waren, sind nach wie vor die
Generation, die die öffentliche Diskussion bestimmt. Vereinbarkeit von Familie und Beruf, die Veränderung der Geschlechtsrollen und Homosexualität: In den Talkshows der
Nation diskutieren sie Themen kontrovers, die für die Generation Y schon längst jedes Konfliktpotenzial verloren haben. Die 45- bis 60-Jährigen sind demografisch so stark, dass
sie sich selbst zum gesellschaftlichen Maßstab erklären.
Heute, sagt Frank Schirrmacher, Mitherausgeber der Frankfurter Allgemeinen Zeitung, sei der Einfluss der Jungen so
marginal wie noch nie. »Über Jahre hinaus werden sie nicht
in die einflussreichen Positionen kommen. Einzelne, die es
schaffen, werden unter großem Anpassungsdruck stehen.«[2]
    Im Februar 2014 wurde Matteo Renzi (39) neuer italieni-
scher Regierungschef. »Renzi ist jung – so viel wissen wir«,
schrieb die ZEIT damals.[3] Der Leserschaft der Wochenzei-
tung (Durchschnittsalter 51 Jahre) mag dies einleuchten. Der

Generation Y muss es absurd erscheinen. Zwar ist Renzi tatsächlich der jüngste italienische Premier der Nachkriegszeit. Doch jemanden mit 39 als jung und damit irgendwie auch unerfahren zu charakterisieren, ist für eine Generation nur schwer nachvollziehbar, die im Beruf früh Verantwortung übernehmen will.

Auch als die neuseeländische Autorin Eleanor Catton 2013 mit 28 Jahren für ihren zweiten Roman »The Luminaries« den renommierten Man Booker Prize erhielt, zeigte sich die Jury davon beeindruckt, dass jemand so jung einen solchen Roman schreiben konnte. »Reife ist in jedem Satz, in den Rhythmen und in der Balance«, lobte der Vorsitzende der Jury, Robert Macfarlane. »Es ist ein Roman von überraschender Vollendung.« So klingt das Lob eines Lehrers für seine pubertierenden Schüler. Dabei sollte Cattons »Reife« eigentlich nicht überraschen. Ihr Schulabschluss lag zu diesem Zeitpunkt schon über zehn Jahre zurück. In der Zwischenzeit hatte sie »Kreatives Schreiben« studiert und mit Master abgeschlossen sowie eine Kurzgeschichtensammlung und einen Roman veröffentlicht. Wenn überhaupt, war sie spät dran: Georg Büchner schrieb seinen »Woyzeck« im zarten Alter von 23 Jahren. Das Stück gehört auch zwei Jahrhunderte später noch zum Standardrepertoire.

Es sind auch solche Erfahrungen, die der Generation Y zeigen, dass es für sie in einem offenen Kampf für ihre Ziele nichts zu gewinnen gibt.

Zukunft ungewiss

Ob es die Generation Y einmal besser haben wird als die Generationen vor ihr, das ist angesichts dieser Ausgangslage alles andere als gewiss. Einer Umfrage der Boston Consulting

Group zufolge glauben daran nur 13 Prozent.[4] Die Shell Jugendstudie 2006 fragte detailliert nach der Einschätzung des demografischen Wandels. Im Durchschnitt halten es demnach 70 Prozent der 12- bis 25-Jährigen für ein großes oder sehr großes Problem, dass es in Deutschland immer mehr ältere und immer weniger jüngere Menschen geben wird. Je näher die jungen Leute an das Berufsleben heranrücken und je mehr sie von einem eigenen Einkommen leben, desto stärker nehmen sie dies als Problem wahr. Junge Erwerbstätige halten den großen Anteil der älteren Bevölkerung schon zu 77 Prozent für ein großes oder sehr großes Problem.[5]

Die Ypsiloner wissen genau: Es ist nicht ausgeschlossen, dass sie im historischen Vergleich beim Transfer von Wohlstand und Vermögen den Kürzeren ziehen werden. Sie sind in der weltweiten Wirtschafts- und Finanzkrise groß geworden. Die Verschuldung des Gemeinwesens ist wegen der Milliarden und Abermilliarden Euro schweren Bankenrettung aus Steuermitteln so hoch wie noch nie. Hinzu kommen ökologische Probleme von der Erderwärmung bis zur Energiekrise. Keiner kann ausschließen, dass sich hieraus noch zu Lebzeiten der Ypsiloner wirklich existenzielle Krisen entwickeln.

Selten hat sich eine Generation einem so aussichtslos erscheinenden Kampf um ihre Zukunft gegenübergesehen. Die beiden alten Generationen, die Nachkriegsgeneration und die 68er, werden immer älter und bekommen immer länger ihre guten Renten ausgezahlt. Die beiden mittleren Generationen sitzen in der Gesellschaft wie die Made im Speck. Zwar scheiden die Babyboomer demnächst aus dem Berufsleben aus, aber sie stellen einen so großen Teil der Bevölkerung, dass sie weiter Gehör in der Politik finden werden, um ihre Interessen durchzusetzen. Das Thema »Rente mit 63«, das sich die neue Bundesregierung 2013 auf ihre Fahnen geschrieben hat, lässt daran nicht den geringsten Zweifel. Die Generation X konnte, wenn sie sich auch nur ein bisschen engagierte, in Beruf und Politik schnell Karriere machen und ist jetzt dabei, die einflussreichen Posten von den Babyboomern zu übernehmen.

Kampf um den Platz in der Gesellschaft

Für die Generation Y ist unter diesen Umständen erst einmal nicht viel zu holen. Die Politik muss sie nicht so richtig ernst nehmen, dazu sind sie zu wenige. Die Berufswelt braucht sie zwar immer dringender, aber nicht in einflussreichen Positionen. Ihre langfristigen Berufschancen sind unsicher, ihre Alterssicherung ist gefährdet. Doch sie wäre nicht eine Generation der Egotaktiker, hätte sie nicht klammheimlich ihre eigenen Guerillamethoden entwickelt, um in diesem Kampf zu bestehen. Eine eigenwillige Mischung aus Pragmatismus, Trotz, Selbstbezug, Kosten-Nutzen-Denken und verhaltenem Optimismus ist ihre Waffe gegen die strukturelle Ungewissheit. Durch sie steigert sie sich in das Gefühl hinein, dass sie trotz aller Widrigkeiten schon irgendwann und irgendwie ihren Platz in der Gesellschaft finden wird.

Wie Kapitel 2 gezeigt hat, ist die Entwicklung ihrer Fähigkeiten und Kompetenzen wohl die wichtigste Munition der Ypsiloner in diesem Kampf. Keine Generation vor ihr hat mehr in Bildung investiert. Es ist, als ob die Ypsiloner sagen wollten: »An uns kommt ihr nicht vorbei.« Sind sie dann im Beruf, setzen sie diese Strategie fort. Inhaltlich immer bei der Sache, teamfähig und ergebnisorientiert, präsentieren sie sich auf den ersten Blick als Traum eines jeden Arbeitgebers – nur, um im zweiten Schritt harte Bedingungen zu stellen: keine Macht- und Hierarchiestrukturen, Arbeitszeiten, die Raum für Freunde und Familie lassen, neue Formen der Kooperation und innovative Arbeitsmodelle.

Ihre Einstellung zur Familie, das war Thema in Kapitel 3, ist sehr positiv, durch späten Berufseinstieg, unsichere Arbeitsverträge und Belastung im Job aber schwer in die Tat umzusetzen. 70 Prozent wünschen sich eine eigene Familie, also Kinder, aber nur voraussichtlich 50 oder 60 Prozent werden sich diesen Wunsch auch erfüllen. Wer das Gefühl hat, eigene Kinder würden der persönlichen, partnerschaftlichen und wirtschaftlichen Lebensqualität nicht guttun, der gründet eben keine Familie und geht davon aus, auch so glücklich sein zu können.[6] So einfach ist das. Und wer eine Familie gründet, und das ist immer noch die Mehrheit eines jeden Jahrgangs, der krempelt heimlich, still und leise die steifen traditionellen Geschlechtermuster ebenso um wie die gesamte Alltagsorganisation. Das wichtigste Projekt der Ypsiloner in diesem Bereich ist die Vereinbarkeit von Familie und Beruf, die sie so kompromisslos vorantreiben, dass Unternehmen, aber auch Kindertagesstätten und Schulen nichts anderes übrigbleibt, als sich über kurz oder lang an ihren Vorstellungen zu orientieren.

Politik und Medien als Türöffner

In ihrer Pragmatik liebt die Generation Y den Perspektivwechsel. Sie ist Meister in der Verbindung von Auffassungen und Vorhaben, die vorigen Generationen unvereinbar und widersprüchlich erscheinen. Das erweist sich auch in der Politik und bei der Gestaltung des öffentlichen Lebens, wie in Kapitel 4 demonstriert wurde. Die Generation Y fühlt sich in keiner Weise verpflichtet, öffentliche Aufgaben zu übernehmen und das Gemeinwesen mitzugestalten. Aber faktisch tut sie es dennoch, indem sie in ihren sozialen Netzwerken ihre inhaltlichen Vorstellungen von Veränderungen in Freizeit und Alltagsleben austauscht und umsetzt. Sie bildet eine neuartige APO, eine »außerparlamentarische Opposition«, tief verankert in den elektronischen Medien. Die hatten einst die 68er ausgerufen. Sie stellten das System der repräsentativen Demokratie grundsätzlich infrage, um einen Legitimationsdruck zu erzeugen und letztendlich ihre Themen in die widerspenstigen Parteien und Parlamente zu infiltrieren. Die Ypsiloner machen das weniger spektakulär, bauen eine Parallelwelt zu den verkrusteten Strukturen der Parteien und Parlamente und warten darauf, sie von dort zu unterwandern.

Auch die Medien sind für sie ein Türöffner, um in die Gesellschaft hineinzukommen. Kapitel 5 hat gezeigt, welche Macht die Ypsiloner dem Internet und den Neuen Medien zuschreiben, um ihr Leben zu gestalten. Hier steht die Kommandozentrale der heimlichen Revolution. Im sogenannten Freizeitbereich, mit tatkräftiger Unterstützung durch Freunde und Gleichaltrige, erwerben die jungen Leute heute die Fähigkeit, die Medien zu ihrem Vorteil einzusetzen und mit ihnen virtuos umzugehen. Dies stärkt ihren Einfluss. Denn die modernen Medien haben bereits die gesamte soziale Welt von der Bildung über den Beruf bis hin zum Privatleben und zur Politik mit ihren Arbeits- und Denkmustern komplett durchdrungen. Das Internet und seine sozialen Netzwerke werden so zum zentralen Trainingslager der heimlichen Revolutionäre.

Der Weg ist ihr Ziel

Wie viel Kraft und Energie der scheinbar so aussichtslose Kampf um einen Platz an der Sonne in der Gesellschaft kostet, weiß die Generation Y nur zu genau. Kapitel 6 hat offengelegt, dass die Ypsiloner psychisch und körperlich stark angespannt sind. Aber auch diese Herausforderung meistern sie auf ihre stille und unbefangene Art. Sie spüren feinsinnig, wann sie sich selbst überfordern, und bauen geschickte Strategien gegen einen Burnout in ihr Verhalten ein. Sie arbeiten permanent an ihrer Fitness. Sie suchen sich die Angehörigen der mittleren Generation, ihre eigenen Eltern, als strategische Verbündete. Mithilfe solcher Mechanismen macht sich die Generation Y bei aller Fragilität und Sensibilität erstaunlich widerstandsfähig.

Man gewinnt als Angehöriger einer anderen Generation den Eindruck, diese jungen Leute könne so schnell nichts völlig aus der Bahn werfen. Auch deshalb, weil sie so gar nicht auf ein bestimmtes Ziel fixiert zu sein scheinen. Vielmehr ist der Weg ihr Ziel, und wohin dieser führen soll, legt die Generation Y immer wieder neu fest. Auf diese Weise haben sie sich den verschiedensten Sackgassen ihrer Lebensgestaltung in den vergangenen Jahren bereits erfolgreich entzogen und sind fast schlafwandlerisch doch weiter vorangekommen. Auch deshalb gehen die Ypsiloner mit einer stoischen Ruhe auf die objektiv ungewisse Zukunft zu. Sie sind sich innerlich – aus von außen schwer nachvollziehbaren Gründen – sicher, dass sich schon alles zu ihrem Vorteil wenden wird. Genau das macht sie zu heimlichen Revolutionären.

Kein Grund für einen Generationenkonflikt

Eine der Strategien der Problembewältigung, die in Kapitel 6 skizziert wurden, ist das Bündnis der Ypsiloner mit ihren eigenen Eltern. Die beiden alten Generationen, die aus der Nachkriegszeit und vor allem die 68er, lehnten sich vehement gegen ihre Väter und Mütter auf, weil sie den Eindruck hatten, diese klammerten sich an ihre Macht und ihre Privilegien und stünden dem Fortschritt im Wege. Die jungen Leute trauten damals ihren Eltern und Großeltern nicht über den Weg und versuchten, deren Einfluss zurückzudrängen. Die beiden mittleren Generationen, die Babyboomer und die Generation X, waren schon milder gestimmt. Sie wurden in den 1960er- und 1970er-Jahren bereits von demokratisch geläuterten Eltern erzogen. Wirkliche Sorgen um ihre Zukunft mussten sie sich auch nicht machen. Allenfalls durch das wachsende Bewusstsein für Klima- und Umweltschutz baute sich auch bei ihnen ein Konflikt zur Elterngeneration auf, der sie vorwarfen, ökologische Ressourcen zu verschwenden. Die Solidarität der Generationen mit ihrer Gegenseitigkeit von Leistungen, so der Vorwurf der damals jungen an die damals alte Generation, werde untergraben, wenn die Elterngeneration das Leben der Kinder und künftiger Generationen durch nicht mehr korrigierbare Entscheidungen beeinflusse.

Die Generation Y hat sich in dieser Hinsicht ganz anders positioniert. Sie sieht keinen Grund für einen Generationenkonflikt. Ganz im Gegenteil. Sie orientiert sich in allen wichtigen Fragen der Lebensplanung an ihren Eltern. Diese betrachtet sie nicht als Konkurrenten im Wettbewerb um knappe Ressourcen, sondern als Verbündete bei der Durchsetzung ihrer Interessen.[7] Die Beziehungen der 15- bis 30-Jährigen zu ihren Eltern sind so harmonisch wie wohl noch nie. Auch sie wollen zwar viele Dinge anders machen als andere Generationen. Sie möchten wirtschaftliche, soziale und kulturelle Veränderungen, weil sie viele neue Herausforderungen auf die Gesellschaft zukommen sehen. Aber ihr Innovationsmotor arbeitet ohne Konflikt-Treibstoff, ohne Angriff und ohne Distanzierung von der Generation der Eltern.

Pragmatisch, wie sie sind, erscheint ihnen das unproduktiv und wenig zielführend.

Auf die klassische Frage im Bewerbungsgespräch: »Wo sehen Sie sich in fünf Jahren?«, haben die Ypsiloner wohl noch nie eine Antwort gewusst. Ihr ganzes Leben lang waren sie zu Innovation und Improvisation gezwungen. Mit Ungewissheiten und Unsicherheiten zu leben, nicht zu wissen, wie es morgen weitergeht, gehört zu ihren täglichen Erfahrungen. Die Anpassung an neue, unsichere und ungewisse Bedingungen ist ihnen notgedrungen zur zweiten Natur geworden. Die eigenen Eltern haben sich dabei als gute Stütze erwiesen. Auch Mütter und Väter spüren, wie klug und nützlich die Haltung der Ypsiloner ist. Auch in ihrem Leben kommt es immer häufiger zu Brüchen und Neuanfängen. Die Einstellungen, Lebensstile und Konsummuster der jungen Generation erweisen sich dabei als recht nützlich, überlebenstauglich und teilweise sogar überlebensnotwendig. Deswegen haben sie ihrerseits nichts dagegen, strategische Verbündete ihrer Kinder zu sein und für ihr eigenes Leben das eine oder andere Stilelement der jungen Generation in ihr eigenes Repertoire zu übernehmen. Von Nachteil jedenfalls ist das Bündnis mit ihren eigenen Kindern nicht.

Eigenverantwortung oder Solidarität der Generationen?

Ob allerdings die Generation Y mit ihrer Politik des Appeasement, des Herunterspielens von Konflikten und der Verbündung mit den eigenen Eltern wirklich gut fährt, darüber lässt sich streiten, und es gibt seit Jahren heftige Debatten diesseits und jenseits des Atlantiks.[8] Im Mittelpunkt der Diskussion steht dabei die Altersvorsorge, vor allem die Rentenversicherung, die in den Vereinigten Staaten zu einem erheblich größeren Teil aus Steuern finanziert wird als in Deutschland. Die bestehenden Sicherungssysteme geraten zunehmend in Finanzierungsprobleme, weil es immer mehr alte Menschen gibt, die immer länger leben. Die Steuerlast für die jüngeren Generationen wächst dadurch stetig. Auch deshalb, weil viele alte Menschen nicht ausreichend vorsorgen konnten oder faktisch vorgesorgt haben. Es ist ein Streit darüber entbrannt, ob dadurch die junge Generation in ihren Zukunftschancen an die Wand gedrängt wird oder nicht.

Das eine Lager, die Vertreter der Eigenverantwortung einer jeden Generation (Generational Equity), vertritt das Postulat, jede Generation solle gefälligst für sich selbst sorgen und nicht auf Kosten einer anderen Vorteile einheimsen. Weil immer mehr Steuergelder in Rente und Krankenversicherung der alten Generation flössen, fehlten inzwischen nämlich die notwendigen Mittel für Bildung und Ausbildung der Kinder und Jugendlichen. Zudem wachse der politische Einfluss der alten Generation, weil diese der jungen zahlenmäßig weit überlegen sei. Eine staatlich gesteuerte und gewissermaßen zwangsweise durchgeführte Umverteilung zugunsten einer Generation widerspreche der amerikanischen Idee von Autonomie, persönlichem Besitz, Freiheit und Selbstverantwortung.

Gegen diese Vorstellung trägt das andere Lager, die Vertreter der Solidarität zwischen den Generationen (Generational Interdependence), die These vor, Gewinne an Lebensqualität der alten gingen nicht notwendigerweise auf Kosten der nachfolgenden jungen Generation. Im Gegenteil profitierten die Jungen davon, wenn die Alten gut versorgt seien, weil sie dann den Rücken für eigene Unternehmungen frei hätten. Die wechselseitige Unterstützung der Generationen gilt als Kernprinzip eines modernen Sozialstaates. Die aktiv im Berufsleben Stehenden sorgen für die ältere Generation, die aus dem Berufsleben ausgeschieden ist, und sie fördern die junge Generation. Wenn die ältere Generation aus historischen Gründen heraus vorübergehend einmal besonders stark von staatlichen Leistungen profitiere, dann sei das nur ein historischer Pendelschlag, der später wieder eingeholt werde.

Demografisch unter Druck

Tatsächlich ist das Verhältnis zwischen den Generationen nicht einfach zu bewerten. Verliefe das Zusammenleben der Generationen ideal, lebten wir wie auf einem Bauernhof. Seit eh und je bewirtschaftet die mittlere Generation den Hof, die alte lebt auf dem Altenteil, die junge wird später alles erben. Wenn die jeweils mittlere Generation den Hof von der alten Generation übernimmt, wird Vermögen transferiert. Später wird die mittlere Generation den Hof an ihre Kinder weitervererben. Peter Bofinger, Mitglied des Sachverständigenrates der Bundesregierung für Wirtschaftsfragen, wählte das Bild des Bauernhofs, um das Verhältnis der Generationen der Großeltern, Eltern und Kinder darzustellen.[9] So lässt sich der Transfer von Leistungen und Vermögen zwischen ihnen idealtypisch veranschaulichen.

Den konstanten Transfer des Vermögens empfinden alle drei Generationen als gerecht, weil er die Verantwortung für das wirtschaftliche Handeln jeweils in die Hände der aktivsten und belastungsfähigsten Generation legt. Zur Generationengerechtigkeit gehört aber neben der Vermögens- auch eine Leistungskomponente: Die jeweils aktive mittlere ernährt sowohl die alte Generation, die nicht mehr, als auch die junge, die noch nicht ihren eigenen Lebensunterhalt bestreiten kann. Die Eltern erwirtschaften aus dem ererbten Vermögen des Bauernhofes also die Mittel, um sowohl eine Rente für die Alten als auch die Kosten für Bildung und Ausbildung der Jungen zu gewährleisten. Auf diese Weise verfügen alle drei Generationen über ausreichende Ressourcen. Diese ideale Generationenabfolge hat es kaum jemals in der Geschichte so gegeben. Heute ist sie nachhaltig gestört. Die alten Generationen der Nachkriegszeit und der 68er und auch die erste der mittleren Generationen, die »Babyboomer« sind (wie der Name schon sagt!) zahlenmäßig sehr stark, die Generation Y ist dagegen sehr klein. Wirtschaftlicher Wohlstand und die Verfügbarkeit von wirkungsvollen Mitteln der Geburtenkontrolle (»Pille«) führten seit den 1970er-Jahren in allen Industrieländern zu einem enormen Absinken der Geburtenziffern. Im Jahr 1945 kamen in Gesamtdeutschland (Bundesrepublik und DDR zusammen) noch 1,2 Millionen Kinder zur Welt, 1964 mit fast 1,4 Millionen sogar so viele wie noch nie zuvor und nie mehr danach. Doch für die Generation der Babyboomer brachten Kinder plötzlich keine wirtschaftlichen Vorteile mehr. Im Gegenteil: Eher erschwerten sie das Leben. Zudem wurde es schwieriger, Familie und Beruf zu vereinbaren – auch weil sich die Geschlechterrollen stark wandelten. Wirtschaftlich müssen seitdem sowohl der Mann als auch die Frau arbeiten, um die Familie sicher zu ernähren. Alles zusammen trug zum »Geburtenknick« bei.

1980 kamen nur noch gut 800.000 Kinder in den beiden Deutschlands zur Welt, heute sind es im vereinten Deutschland knapp 700.000. Anders ausgedrückt: Die Zahl der Kinder pro Frau ist von 2,3 im Jahr 1945 auf 2,4 im Jahr 1965 angestiegen und bis heute auf 1,4 abgesunken.[10] Weil gleichzeitig die Menschen in Deutschland immer älter wurden, sank der Anteil der jungen Generation an der Gesamtbevölkerung ständig. Seit 2000 ist mehr als ein Fünftel der Deutschen über 65 Jahre alt und nur weniger als ein Fünftel unter 20 Jahre.

Bauernhof in Schieflage

Die langfristigen Folgen dieser Entwicklung für die Solidarität zwischen den Generationen sind groß. Wenn der Bauer der mittleren Generation nur ein Kind hat, erhält dies das gesamte Vermögen und muss es nicht mit Geschwistern teilen. So weit profitiert die Generation Y also von der veränderten Demografie. Sie kann als kleine Generation mit mehr Vermögen rechnen als die Erben vor ihr. Allerdings gibt es – um im Bild zu bleiben – in Deutschland nur wenige Bauernhöfe. Die Vermögen sind außerordentlich ungleich verteilt. Deswegen kommen die Vermögenstransfers nur etwa zwanzig Prozent der Generation Y überhaupt zugute. Und die werden ihr Erbe oft erst im hohen Lebensalter antreten können.

Bei den Unterhaltszahlungen sieht es noch schlechter für die Generation Y aus. Wenn nur ein Erbe vorhanden ist, der den Bauernhof führt, muss er nicht nur alle Alten in Form von Rentenbeiträgen durchfüttern, sondern auch noch die Bildung der Jungen finanzieren. Heute steigt die Lebensdauer in einer Zeitspanne von 15 Jahren um rund zwei Jahre an. Damit spitzt sich das Problem zu. Die relativ kleine Generation Y wird deswegen die ältere Generation sehr viel länger unterstützen müssen, als es jemals zuvor der Fall war. Außerdem bleiben auch ihre Kinder wegen der verlängerten Ausbildungszeiten so lange wie noch nie von den Eltern abhängig.

Das heißt: Sobald die Ypsiloner in das aktive Berufsleben eingestiegen sind, geraten sie unter Druck, weil die Alten von oben und die Jungen von unten ihre Unterhaltsleistungen einfordern. Solange die mittlere Generation den größten Anteil der Bevölkerung ausmacht, lassen sich diese Unterhaltsleistungen gut bewältigen. Das ist aber nicht mehr der Fall, wenn die Ypsiloner so weit sind. Dann gerät der Bauernhof in finanzielle Schieflage.

Zur Eigenvorsorge gezwungen

Es wird sehr eng für die Generation Y. Denn sie wird nicht nur den gesamten Bauernhof ernähren müssen. Da ihr auf dem Altenteil die Kinder fehlen werden, die ihren Lebensabend finanzieren, ist sie auch für ihre eigene Rente selbst verantwortlich. Die notwendige Eigenvorsorge erhöht ihre Belastung zusätzlich. In der Jugend stehen Konsum, Anschaffungen, Reisen und Ausbildung oder Studium im Vordergrund. Danach rücken die Entwicklungsaufgaben im Bereich Wirtschaften und Vorsorgen mit ins Blickfeld, etwa die eigene Wohnung und ein geeignetes Fahrzeug sowie ein Spar- und Anlagenkonto.

Das war schon immer so. Für die Generation Y aber kommt eine Herausforderung hinzu, die sich in dieser Form bisher noch keiner der Generationen vor ihr stellte: Die Gesellschaft verlangt von ihr einen weit in die Zukunft ausgerichteten Finanz- und Wirtschaftsplan. Sie muss sich vorausschauend nicht nur auf Karriere und Familiengründung konzentrieren, sondern auch schon an die Rente denken. Sie soll selbst mit fürs Alter vorsorgen.

Der Grund hierfür ist die massive Umstellung der Rentenversicherung seit dem Jahr 2000. Seit den 1950er-Jahren arbeitet die gesetzliche Rentenversicherung (GRV) mit einem »Umlageverfahren«, einer kollektivierten und anonymisierten Variante der Bauernhof-Regelung: Die jeweils aktive, mittlere berufstätige Generation stellt die notwendigen Mittel für die materielle Absicherung der jeweils älteren Generation bereit und profitiert zum Ausgleich später im Leben dann selbst von diesem Mechanismus. Jeder Erwerbstätige (außer Beamten) ist gesetzlich verpflichtet, in die Rentenversicherung einzuzahlen.

Das Umlageverfahren hat vier Jahrzehnte lang gut funktioniert, aber Ende der 1990er-Jahre stieß es an seine Grenzen. Die Nachkriegsgeneration der 1925 bis 1940 Geborenen ging in Rente. Sie waren viele, denn die Lebenszeit hatte sich verlängert. Deshalb blieben sie auch für viele Jahre Rentner. Als Ende der 1990er-Jahre auch die Angehörigen der 68er-Generation an der Schwelle zum Rentenalter standen, zog die Politik die Notbremse. Eine massive Korrektur der Alterssicherung folgte. Das Altersvermögensergänzungsgesetz und das Altersvermögensgesetz schrieben zu Beginn des neuen Jahrtausends den Generationenvertrag neu.

Zum Nachteil der Generation Y: Die gesetzliche Rentenversicherung sichert seitdem nicht mehr den vorherigen Lebensstandard, sondern nur noch die Grundbedürfnisse ab, und das nur knapp. Schon in zwanzig Jahren, wenn die Ypsiloner in der Mitte ihres Erwerbslebens stehen, wird die GRV nur noch ein staatlicher Zuschuss zur Altersversorgung sein und nur einen Teil der tatsächlichen Lebenshaltungskosten im Alter decken. Die Ypsiloner werden nur noch rund 40 Prozent der letzten Nettobeträge ihres Einkommens als Rentenauszahlung erhalten, und das auch nur dann, wenn sie kontinuierlich voll erwerbstätig waren. Von einem derartig niedrigen Sockelbetrag könnten Rentnerinnen und Rentner schon heute kaum leben – Mitte des Jahrhunderts, wenn die ersten Ypsiloner in den Ruhestand gehen, dürfte das wegen der gestiegenen Lebenshaltungskosten erst recht nicht möglich sein.

Von Altersarmut bedroht

Also muss die Generation Y selbst vorsorgen, wenn sie im Alter nicht in Armut leben will. Die Eigenvorsorge soll nach der Vorstellung des Gesetzgebers aus der betrieblichen Altersvorsorge (bAV) und der privaten, persönlichen Vorsorge (zum Beispiel einer steuerlich subventionierten »Riesterrente«) bestehen. Diese beiden Zusatzversorgungen sind aber nicht gesetzlich verpflichtend geregelt, sondern freiwillig. Man muss aus eigener Initiative seinen Arbeitgeber ansprechen oder sich aktiv um eine private Versicherung bemühen, die steuerlich vergünstigt ist.

Die Ypsiloner nehmen das alles stoisch realistisch auf. Sie stellen sich der persönlichen Verantwortung für biografische Entscheidungen.[11] Sie wissen, der Lebenslauf ist nicht mehr wie bei ihren Großeltern und Eltern durch gesellschaftliche Vorgaben strukturiert und normiert, sondern liegt ganz überwiegend in ihrer eigenen Regie. Sie richten sich intuitiv auf eine offene und unberechenbare Biografie ein und versuchen, ihr das Beste abzugewinnen.[12] Obwohl sie sich in der turbulenten Umbruchphase des Lebens nach der Pubertät und vor dem Eintritt in Beruf und Familie befinden, obwohl sich das Jugendalter so lang hinzieht und obwohl sie sich überhaupt nicht sicher sein können, jemals im klassischen Sinne »erwachsen« zu werden, sind sie bereit, eine rationale, im Lebenslauf weit vorausgreifende Vorentscheidung über die finanzielle Absicherung zu treffen.

Das steht nicht im Widerspruch zu ihrer selbstbezogenen und auf die Optimierung ihrer Chancen ausgerichteten Haltung. Im Gegenteil: Gerade weil sie »Egotaktiker« sind, denken sie pragmatisch an ihr eigenes späteres Wohl und wissen: Dazu gehören heute ein vorausschauendes Denken und die Bereitschaft, sich um sich selbst zu kümmern. Aber die Umsetzung dieses Plans fällt ihnen sehr schwer. Einen Zeitraum von 50 Jahren kann kein junger Mann und keine junge Frau überblicken. Sie sparen für größere Anschaffungen und sammeln einen finanziellen Puffer für Notfälle an. Auch die Einrichtung eines eigenen Zimmers oder die Anschaffung einer

Waschmaschine sind dringend notwendig. Wie es aber im eigenen Leben aussieht, wenn sie 65 oder älter sind, davon haben sie keine anschauliche Perspektive. Schon das Alter über 40 ist eine Phase, die noch weit weg ist, wenn man gerade dabei ist, sich beruflich zu orientieren.[13]

Die heute zur Verfügung stehenden Angebote zur privaten Alterssicherung erscheinen den Ypsilonern zu kompliziert und komplex. Sich auf eigene Faust eine betriebliche Altersrente erstreiten oder den Vertrag für eine Riesterrente oder Versicherung abzuschließen, das geht den pragmatischen jungen Leuten gegen den Strich. Sie sehen ja täglich, wie riskant jede Form einer langfristigen Geldanlage ist. Auf dieses Spiel wollen sie sich nicht einlassen. Sie wünschen sich eine verbindliche staatliche Regulierung und Absicherung der Beiträge zur privaten Altersvorsorge. Sie wollen auf Produkte zurückgreifen, die vom Staat kontrolliert werden. Sie erwarten gesetzliche Garantien für die privat vorgenommenen Einlagen. Wenn der Staat wirklich wolle, so die Mehrheitsmeinung, könne es auch in Zukunft eine gute Rente geben.[14]

Solidarität der Generationen

Die Generation Y setzt auf die Solidarität der Generationen und weiß, wie stark sie wegen ihrer relativ schwachen demografischen Position davon abhängig ist. Sie nimmt nüchtern die Privilegien zur Kenntnis, die die alten und die mittleren Generationen heute besitzen. Ihre Hoffnung ist: Deren Vorteile werden nicht automatisch zu ihren Nachteilen. Natürlich fänden es die Ypsiloner nur fair, wenn eine jede Generation eine ausgeglichene Bilanz erzielen könnte und am Ende ihres Lebenslaufes keine Schulden hinterließe, die von der nächsten Generation beglichen werden müssen. Natürlich sehen sie mit Unruhe, wie schlecht ihre Chancen auf eine gute Alterssicherung stehen und wie hoch die Staatsverschuldung ist. Auch die negative Umweltbilanz bedrückt sie. Aber die Ypsiloner sind nun einmal Pragmatiker. Sie erkennen an, dass die Lebensbedingungen verschiedener Generationen ganz verschieden sind, jede Generation in Wirtschaft, Politik, Kultur und Demografie in einer völlig anderen Zeit lebt. Zwar ist jeder einmal Kind und Jugendlicher, später Erwachsener und schließlich Rentner. Aber jeder durchlebt diese Sequenz unter historisch jeweils ganz anderen Bedingungen. Dadurch unterscheiden sich die Chancen und Herausforderungen für jede neue junge Generation erheblich von der vorangehenden. Die alten Generationen erlebten in der Nachkriegszeit Entbehrung und Armut und mussten sich mit den Folgen des totalitären nationalsozialistischen Regimes und seiner Kriegstreiberei auseinandersetzen. Die mittleren Generationen erlebten eine sich festigende parlamentarische Demokratie und konnten die Früchte der guten ökonomischen Ausgangssituation eines etablierten Wohlfahrtsstaates mit sicheren Arbeitsbedingungen genießen.

Im Vergleich dazu erlebt die Generation Y wirtschaftliche und soziale Unsicherheiten und eine elementare Ungewissheit der zukünftigen Lebensplanung. Sie weiß aber: Ihre Lage ist nicht existenziell bedrohlich, denn sie wird in einer saturierten Wohlstandsgesellschaft groß, die viele Ressourcen zur Verfügung hat. Sie setzt darauf, dass sie nicht untergebuttert wird und im Notfall auf die Unterstützung ihrer Eltern zählen kann.[15]

Die Utopie der Ypsiloner

Wenn die Ypsiloner Yves und Yvette von der Zukunft träumen, träumen sie von einer Welt, in der alles möglich ist: in der ihre Karrieren dadurch bestimmt werden, wie gut sie ihre Arbeit machen, anstatt wie viel Zeit sie Woche für Woche im Büro verbringen. In der sie ihre Arbeitszeit flexibel an die Kita-Zeiten ihres Kindes anpassen können. In der die Politik ihre Interessen ernst nimmt. In der Autos geteilt werden und jeder ein Ticket für den öffentlichen Nahverkehr hat. Und in der die Welt ihr Klima so schützt, dass auch noch zukünftige Generationen gut auf dem Planeten leben können. Auch die so pragmatische Generation Y hat eine Utopie. Es ist die Utopie einer Gesellschaft, in der statt Sachzwängen die Bedürfnisse der Menschen im Mittelpunkt stehen. Es ist die Utopie einer Gesellschaft nach ihrer heimlichen Revolution.

Ypsiloner stehen für die unspektakuläre, sanfte Revolution, die in kleinen evolutionären Schritten daherkommt. Sie wollen keine offenen Konflikte und lauten Auseinandersetzungen. Sie wünschen sich zwar, dass künftig alle politischen Strategien der Verteilung von Ressourcen unter dem Gesichtspunkt der Generationensensibilität erfolgen. Aber sie klagen das nicht ungeduldig ein, und sie stellen auch keine aggressiven Forderungen. Sie appellieren eher indirekt an die alten und die mittleren Generationen, bei allen ihren Entscheidungen zum Verbrauch von materiellen und immateriellen Ressourcen nicht nur an die eigenen Bedürfnisse zu denken, sondern auch immer die Interessen von ihnen als nachfolgender Generation zu beachten. Und sie drängen auf eine viel stärkere Beteiligung als bisher an allen zentralen Entscheidungen zum Verbrauch von Ressourcen.

Geht es nach der Generation Y, dann pendelt sich eine pragmatische Solidarität wie auf dem oben erwähnten Bauernhof von Peter Bofinger ein: Im Hinblick auf die vorhandenen Ressourcen ist jede einzelne Generation immer zu einem Zeitpunkt in der Gewinnerrolle und anschließend in der Rolle des Nutznießers. Jede Generation empfängt von der vor ihr lebenden die Ressourcen, die diese erwirtschaftet hat. Ihr Ziel muss es sein, mit diesen Ressourcen sorgfältig umzugehen und sie möglichst zu mehren. Anschließend gibt sie diese dann an die nachfolgende Generation weiter. Jeder Verbrauch von Ressourcen soll auf Nachhaltigkeit ausgerichtet sein und keine lebenswichtigen Bedarfe der Nachfolger blockieren.

Neuer Generationenvertrag: Viele Alte, wenige Junge

Die Ypsiloner wissen, dass sie möglicherweise ein schweres Erbe antreten. Aber sie kämen nicht auf die Idee, ihre Eltern- und Großelterngeneration deshalb zu beschuldigen. Sie halten es für denkbar und wahrscheinlich, dass ihr Lebensstandard in Zukunft sinkt. Doch würde sie das – geschult im Umgang mit Ungewissheiten – nicht umhauen und aus dem Konzept bringen. Und sie würden sich immer denken: Die einzelnen Angehörigen der alten und der mittleren Generation haben die Probleme nicht persönlich verursacht und sind deswegen auch als Personen nicht verantwortlich zu machen. Die Generation Y vertraut auf die politische Tradition der demokratischen Industrieländer des Westens und hat mit dieser Kultur auch das Lebensmodell des Bauernhofs verinnerlicht: Die Alten sichern den Jungen über Erziehung und Bildung den Weg in ein radikal selbstbestimmtes Leben; die Jungen sichern im Gegenzug den Alten Respekt, Würde und Sicherheit bis zu ihrem Ende.

Aber die Ypsiloner wissen auch: Sie stehen vor neuartigen Herausforderungen. Der bisherige Generationenvertrag funktioniert ausschließlich auf der Basis »Viele Junge und wenige Alte«. Diese Form des Generationenvertrages hat wegen der demografischen Entwicklung seine Geschäftsgrundlage verloren. Für die veränderte Basis »Viele Alte und wenige Junge« muss ein neuer Generationenvertrag erst noch erfunden werden. Die Ypsiloner sind bereit, Kompromisse und Abstriche an allzu hohe Erwartungen für ihre eigene Zukunftssicherung in Kauf zu nehmen. Im Sinne einer Generationengerechtigkeit erwarten sie eine solche Haltung auch von der mittleren und der alten Generation: Sie sollen so lange arbeiten, wie es ihnen körperlich möglich ist, alle möglichen finanziellen Quellen für die eigenen Renten und Pensionen erschließen und nicht nur auf die staatliche Rente und Steuergelder setzen, an effizienten Strukturen der psychischen und gesundheitlichen Versorgung mitwirken und so viel gegenseitige Hilfe und Selbsthilfe innerhalb ihrer Altersgruppen organisieren wie irgend möglich.

Bildung: Finden statt Suchen

Wie wird die Welt aussehen, wenn die Ypsiloner mit ihrer heimlichen, stillen und leisen Revolution einmal Erfolg gehabt haben werden? Sie werden die Zukunft von Bildung und Ausbildung ebenso verändern wie die von Arbeit und Beruf, Familie und Erziehung, Politik und Partizipation, Freizeit und Medien – alle Lebensbereiche, die wir in diesem Buch bereits besprochen haben. Schauen wir uns zuerst noch einmal den Bildungsbereich an.

Die Welt nach der heimlichen Revolution wird eine Welt sein, in der man nie auslernt. Die Generation Y glaubt nicht an den ewigen Job bis zur Rente. Sie glaubt an ewiges Lernen für immer neue Jobs. Starrer Frontalunterricht widerspricht ihrem gesamten Lebensentwurf. Egotaktiker brauchen Optionen. Das Bildungssystem soll ihnen, die als Digital Natives gewohnt sind, Wissen jederzeit online abzurufen, die gleichen Freiheiten bieten wie andere Lebensbereiche.

Individualistisch, wie die Generation Y erzogen ist, wird sie in Schule, Ausbildung und Hochschule durchsetzen, dass die Lehrkräfte persönlich auf sie eingehen. Individuelle Diagnosen des Lern- und Leistungsstandes und ebenso individuelle Angebote für die Förderung des Weiterkommens und die Lösung von Herausforderungen werden, wenn es nach den Wünschen der Generation Y geht, in den nächsten Jahren das Bildungssystem prägen. Das bedeutet für den Alltag des schulischen Unterrichts, dass Lehrer, Ausbilder und Dozenten viel größere Spielräume für Freiarbeit und Eigenarbeit einräumen müssen als bisher. Ihre Rolle wird sich vom Pauker zum Trainer wandeln, der bestimmte Aufgaben vorgibt, die die Generation Y in ihrem eigenen Rhythmus, mit selbstgewählten Methoden und Medien bearbeiten und lösen kann.

Studenten bräuchten nur noch eine Aufgabe, prognostiziert Laura Valtere. »Die notwendigen Informationen finden sie selbst.«[16] Lehrer, Ausbilder und Dozenten werden immer mehr zu Beratern und Supervisoren. Die Ergebnisse erstellen die Studenten in Teamarbeit, der Dozent hat eine Rolle als Coach. Elektronische Medien sind für die Ypsiloner dabei ein wichtiges Hilfsmittel. Nicht umsonst schreibt Philipp Riederle: »Wir suchen nicht, wir finden.«

Internetvorlesungen, sogenannte MOOCs (Massive Open Online Courses), passen – besonders dann, wenn sie auf den individuell erreichten Leistungsstand eingehen – ebenso ins Bildungskonzept der Ypsiloner wie Apps zum Sprachenlernen auf dem Smartphone. Sie geben das Modell vor, nach dem die Generation Y ihr Leben lang lernen will: Ergebnisorientiert, spielerisch und mit regelmäßigen Rückmeldungen zum erreichten Stand, gezielten neuen Hinweisen und Ermutigungen und schließlich klaren Erfolgserlebnissen. Diese Form des Lernens und Arbeitens wird sich auch in Schule, beruflicher Ausbildung und Hochschule weiter durchsetzen. Wegen ihrer hohen Affinität zu modernen Medien werden junge Leute alle Angebote gerne annehmen, die sie über das Internet erreichen und die sie in ihrer Gestalt selbst mit beeinflussen können. Schulen, Ausbildungszentren und Hochschulen werden sich insgesamt in Richtung von Agenturen weiterentwickeln, die gemeinsam von Lehrkräften, von außerhalb kommenden Fachleuten und den lernenden Jugendlichen selbst betrieben werden. Die Ypsiloner werden Wert darauf legen, produktiv sein zu können und aus der Passivität von Lernempfängern herauszutreten. Schon in der Schule wollen sie bestimmte Produkte und Dienstleistungen erstellen, die für ihre eigene Bildung nützlich sind, aber auch für die Nachbarschaft und das Gemeinwesen. Eine Möglichkeit hierfür sind von ihnen selbst mitbetriebene Schülerfirmen, die mit Betrieben und Einrichtungen außerhalb der Schule zusammenarbeiten.

Das Gespenst der Unterqualifikation

Die Ypsiloner haben ein besseres Bildungssystem verdient. In den letzten zwanzig Jahren sind die Investitionen in die öffentliche Infrastruktur immer weiter zurückgegangen, zuletzt ging die Bankenrettung vor. Auch das Bildungssystem ist hiervon betroffen. Viele Schulen und Hochschulen sind in einem beklagenswerten baulichen Zustand, auch die Ausstattung mit Mitteln und Personal ist im internationalen Maßstab nur befriedigend bis gut. Über die pädagogischen Probleme in Schulen und Ausbildungseinrichtungen wurde in Kapitel 2 bereits gesprochen. Durch diese Einschränkungen ist die junge Generation gehandicapt, denn sie kann ihre Fähigkeiten nicht in dem Ausmaß entfalten, wie es ihr unter besseren Bedingungen möglich wäre. Das führt zu einem Verlust an Innovation und Produktivität für die gesamte Gesellschaft – und auf lange Sicht zu negativen Folgen für die alte Generation. Denn sie ist im Rahmen des Generationenvertrages eines Tages von den produktiven Leistungen der heute Jüngeren abhängig.

Bildung ist die eindeutig wichtigste Ressource für die junge Generation, um zum Vollmitglied der Gesellschaft zu werden. Eine der wichtigsten Aufgaben des Bildungssystems liegt darin, allen jungen Menschen eine Basisqualifikation zu vermitteln. Jugendliche ohne gute Schul- und Berufsausbildung und ohne formale Abschlüsse sind in modernen Volkswirtschaften kaum noch beruflich einsetzbar. Sie sind, wie die Amerikaner sagen, NEETs, Not in Employment, Education and Training. Sie verursachen riesige Summen von Wohlfahrtsaufwendungen und darüber hinaus große Produktionsausfälle. Die Unterqualifizierten sind – wie in Kapitel 2 dargestellt – in Gefahr, als eine soziale Unterklasse von unmotivierten Jugendlichen von der Gesellschaft abgespalten zu werden. Wenn bis zu einem Fünftel eines Jahrgangs als junge Erwachsene keine Perspektive im Beruf findet, dann ist dieses Fünftel sozial traumatisiert.

Wer nach der Schule keinen Ausbildungsplatz und nach der Ausbildung keinen Job findet, der verliert nicht nur seine Motivation und seine Qualifikation. Langfristig sinkt auch die eigene Wettbewerbsfähigkeit. Er wird große Schwierigkeiten haben, zu einem späteren Zeitpunkt wieder in den Arbeitsmarkt einzutreten. Unterqualifikation ist das soziale

Gespenst der modernen Wohlfahrtsstaaten. Sie führt geradewegs in die Jugendarbeitslosigkeit, die sehr häufig der Einstieg in eine negative Karriere des gesamten Lebenslaufs ist. Einen so großen Teil der jungen Generation ohne die Basisqualifikation für die gesellschaftliche und wirtschaftliche Teilhabe zu lassen, das ist heute unverantwortlich. So produziert sich eine Gesellschaft ein Heer von Enttäuschten und Ausgestoßenen.

Berufsausbildung plus Hochschulbildung

Neben den Unterqualifizierten bereiten auch die Überqualifizierten Probleme. Wie die Erfahrungen in einigen ost- und südeuropäischen Ländern zeigen, bauen theoretisch geschulte Hochschulabsolventen teilweise völlig unrealistische Erwartungen an ihre beruflichen Beschäftigungs- und Verdienstmöglichkeiten auf. Es fehlt an Fachkräften im technischen, industriellen und informationstechnischen Bereich, aber weder die traditionelle berufliche Ausbildung noch ein Hochschulstudium vermitteln angemessene Qualifikationen. Die Passung zwischen den Ausbildungen des Bildungssystems und den Anforderungen des Berufssystems ist deshalb eine der großen Herausforderungen der kommenden Jahre.

Mit ihrer pragmatischen und konstruktiven Grundhaltung sind die Angehörigen der Generation Y bereit, einen Mittelweg zu gehen und berufspraktische mit theoretischen Ausbildungselementen zu verbinden. Sie schätzen die Freiheit und Unabhängigkeit des akademischen Studiums, wollen aber dennoch eine Ausbildung erhalten, die sie berufsfähig macht.

Ausbildungsmodelle, bei denen theoretischer Unterricht und praktische Produktion und Dienstleistung miteinander verbunden werden, kommen den Vorstellungen der jungen Leute sehr entgegen. Deswegen dürfte die Nachfrage nach solchen Angeboten in den nächsten Jahren stark anziehen. Bildungseinrichtungen wie die »dualen Hochschulen« werden ebenso an Boden gewinnen wie solche, die es ermöglichen, sich auch als Berufstätiger gezielt weiterzubilden und dabei die Trainingsprozesse durch interaktive Medien in hohem Maße selbst zu steuern. Die junge Generation wünscht außerdem eine Verbindung von Beruf, Privatleben einschließlich Familie, Bildung und Weiterbildung. Sie versucht, alle drei Bereiche immer weiter miteinander zu verzahnen.

Gestaltungsfreiheit in Arbeit und Beruf

Arbeit als Broterwerb – das Konzept ist für weite Teile der Generation Y von gestern. Sie sucht in ihrem Job Erfüllung, Selbstverwirklichung und auch so etwas wie den Sinn ihres Lebens. In keinem anderen Bereich sind die Ypsiloner so radikale Utopisten wie bei Arbeit und Beruf. Gerade hier ermöglichen ihnen ihr egotaktisches Spiel mit verschiedenen Optionen und ihr Hang zum Individualismus, die eigenen Vorstellungen durchzusetzen. Und die sind für viele Unternehmen revolutionär: Abschied von Hierarchien, Umorganisation der Arbeitsabläufe zu einzelnen Projekten, Teamwork, flexible Arbeitszeiten, Mitarbeiterbeteiligung und die konstante Suche nach Antworten auf die Frage: »Why?«

In der Arbeitswelt nach der heimlichen Revolution verschwimmen die Grenzen zwischen Arbeit und Freizeit. Die Generation Y liebt projektbezogenes Arbeiten. Die innere Logik von Projekten motiviert sie deutlich mehr als starre Büroarbeitszeiten. Gleichzeitig pochen die Ypsiloner darauf, dass Arbeitgeber auch auf ihre Bedürfnisse eingehen. Sie befürworten den Kapitalismus, jedoch einen solchen, in dem der Mensch im Mittelpunkt steht. Sie möchten Arbeiten und Leben miteinander in ihrer gesamten Biografie verbinden. Sie sind so frei, diese scheinbar so gegensätzlichen Dinge miteinander zu verbinden.

Sie sind auch so frei, den für ihre Großeltern und Eltern noch gültigen Drei-Phasen-Rhythmus der Lebensgestaltung für nicht mehr passend zu erklären: 25 bis 30 Jahre Ausbildung zur Vorbereitung auf einen Beruf, der dann 25 bis 30 Jahre ausgeübt wird, um die verbleibenden 25 bis 30 Jahre des Lebens im Ruhestand zu verbringen, das leuchtet ihnen nicht ein. Zur sinnvollen Lebensgestaltung streben sie ein Miteinander von Leben, Lernen, Arbeiten und Familie in jeder Lebensphase an und nicht ein Nacheinander. Auf die Fähigkeiten der Ypsiloner, einen solchen flexibel strukturierten Lebenslauf nach ihren eigenen Bedürfnissen auszugestalten und dabei gleichzeitig das Gemeinwohl im Auge zu behalten, darf nach den vorliegenden Untersuchungen durchaus vertraut werden.

Wenn ihnen dazu einigermaßen gute Voraussetzungen geboten werden, werden die Ypsiloner auch größeres Interesse an einer Selbstständigkeit haben als die Generationen vor ihnen. Hier ist noch Luft nach oben. Im Vergleich zu den USA gibt es in Deutschland wenige konkrete Hilfe beim Schritt in die Selbstständigkeit. Dort sind viel mehr Berufsanfänger Unternehmer als in Deutschland. Nicht nur in der Internetbranche sind gezielte Hilfen für Start-ups denkbar, das Gleiche gilt für Konsum, Freizeit und Umwelt, ja für alle Sektoren, die gerade für die Generation Y von besonderem persönlichem Interesse sind.

Der Bauernhof ist hoch verschuldet

Auch in einer Welt nach der heimlichen Revolution wird der symbolische Bauernhof, den die Generation Y einmal erbt, hoch verschuldet sein. Wie andere Länder auch belastet Deutschland die nachfolgenden Generationen mit Staatsschulden in einer bisher nie da gewesenen Höhe. Schon heute liegen sie bei über zwei Billionen Euro – Tendenz steigend. Rechnet man das auf Kinder und Jugendliche herunter, dann trägt jeder von ihnen im Alter unter 18 Jahren bereits jetzt eine Schuldenlast von fast 200.000 Euro.[17] Aus heutiger Sicht ist es völlig unrealistisch, anzunehmen, dass die Generation Y diese Schuldenlast in ihrer Lebensspanne abbauen kann. Mehr als ein Drittel des Bundeshaushaltes gibt Deutschland schon heute für Zinsen auf Staatskredite und für Zuschüsse zu den Renten der alten Generation aus – Geld, das für Zukunftsinvestitionen welcher Art auch immer fehlt. Der Spielraum, mit öffentlichen Mitteln die Zukunft zu gestalten, wird auf diese Weise immer enger.

Einen Teil dieser wahnsinnigen Schuldenlast hat die Bundesregierung in der Finanzkrise nach dem Zusammenbruch der Bank Lehman Brothers angesammelt. Die Staatsverschuldung schnellte in die Höhe. Schulden per se sind schon ein Problem, aber Schulden zur Rettung von Banken haben – etwa im Unterschied zu Schulden für Investitionen in die öffentliche Infrastruktur oder das Bildungssystem – keine Zukunftsperspektive. Sie bringen insbesondere der jungen Generation keinerlei Vorteil. Wären sie zur Finanzierung von Kindergärten und Grundschulen aufgenommen worden, könnten sie die Entwicklungschancen der jungen Generation erheblich stärken. Bei der Rettung von Banken kommen sie den ohnehin schon reichen älteren Besitzbürgern zugute.

Die gegenwärtigen hohen staatlichen Defizite sind deshalb gefährlich. Sie schränken die Gestaltungsmöglichkeiten der jungen Generation erheblich ein. Hinzu kommt, dass die Zinsen aufgrund der Eurokrise äußerst niedrig sind. Wenn junge Leute heute Geld für Häuserbau oder Rente investieren wollen, stoßen sie auf einen Finanzmarkt, der ihnen weder eine attraktive Verzinsung noch Anlagesicherheit verspricht. Sie stecken in einer Investitions- und Finanzierungsfalle.

Auch haushaltspolitisch befindet sich die Generation Y klar in der schwächeren Position. Pensionsansprüche oder Rentenformel sind klar gesetzlich geregelt und damit nicht verfügbar, um Löcher im Etat zu stopfen. Bei Bildung, Jugendarbeit und Kindertagesstätten können Bundes- und Landesregierungen dagegen auch kurzfristig den Rotstift ansetzen. Hinzu kommt, dass in Deutschland die Leistungen für die ältere Generation bis auf sehr wenige Ausnahmen in die Verantwortung des Bundes fallen. Die Leistungen für die Kinder und Jugendlichen hingegen sind überwiegend Ländersache, teilweise sind auch Kommunen und Kreise verantwortlich, etwa bei Schulen und Kindergärten. In dieser Hinsicht ist der Rechtsanspruch auf einen Kita-Platz, der 2013 eingeführt wurde, ein zukunftsweisendes Modell. Durch eine solche gesetzliche Konstruktion wird die junge Generation dagegen abgesichert, von willkürlichen Haushaltsentscheidungen und den ihnen jeweils zugrunde liegenden politischen Machtverhältnissen und Stimmungslagen abhängig zu sein. Rechtsansprüche machen eine öffentliche Verantwortung für das Wohl der jungen Generation deutlich.

Doch die Generation Y wird nur sehr zurückhaltend Leistungen für ihr eigenes Wohl einklagen. Abgesehen von gelegentlichen gezielten Protesten wie etwa einer Demonstration gegen Studiengebühren hat sie sich in der Vergangenheit bescheiden gezeigt. Sie ist grundsätzlich auch zu finanziellen Opfern bereit, um die eigene Altersvorsorge in die Hand zu nehmen. Ihre pragmatische Grundhaltung aber wird sie in den nächsten Jahren dazu bringen, für alle finanziellen Absicherungen eine öffentliche, staatliche Garantie oder zumindest Kontrolle anzustreben.

Am Beispiel der Altersversorgung lässt sich das ablesen: Die Ypsiloner sind dann bereit, sich mit großen Eigenleistungen an der späteren Absicherung zu beteiligen, wenn sie nicht der Willkür eines freien Kapitalmarktes ausgesetzt sind, sondern sich auf staatliche – und das heißt dann auch gesetzliche – Regelungen verlassen können. Die Generation Y ist zu Eigenverantwortung bereit, wird diese aber nur dann in die Realität umsetzen, wenn sie dafür öffentliche Unterstützung und grundlegende Sicherheiten erhält. Weil die jungen Leute Experten im Umgang mit Ungewissheit sind, haben sie auch ein genaues Gefühl dafür, wann das Handeln auf unsicherem Boden eine Chance auf Erfolg hat und wann nicht. Völlig ins Blaue hinein zu agieren ist bei aller Unbefangenheit nicht ihre Linie.

Ungleiche Erbschaften

Die Generation Y ist ihres eigenen Glückes Schmied. Gleichzeitig ist ihr bewusst, wie viel Unterstützung viele von ihr von ihren Eltern bekommen. Die eigene Familie bestimmt heute entscheidend über die Chancen Jugendlicher im Leben. Das harmonische Verhältnis der Generation Y zu ihren Eltern hat diesen Effekt verstärkt. Mit im Schnitt nur ein bis zwei Kindern können Eltern die Generation Y heute optimal fördern, wenn sie denn selbst die Voraussetzungen dazu haben. Doch das ist immer weniger selbstverständlich. Wirtschaftlich und sozial hat sich Deutschland in der Jugend der Generation Y in eine Vier-Fünftel-Gesellschaft gewandelt.

Rund 80 Prozent der Ypsiloner haben das Privileg, aus Elternhäusern zu kommen, die sie fördern können. Ein Fünftel aber wächst in Armut auf und ist auf Transferleistungen angewiesen.

Wie steht es mit den Transferleistungen der Großeltern? Sie sind meist wohlhabend, leben immer länger und haben heute weniger Enkel als früher, können sich ihnen also umso intensiver widmen. Tatsächlich kommt es zu erheblichen Transfers zwischen den Generationen. Großeltern investieren viel Geld und Zeit in ihre Enkel. Doch auch hier ist klar: Wer aus dem benachteiligten Fünftel kommt, hat meist Großeltern, die wenig Geld und eine geringe Bildung haben. Ebenso wie von ihren Eltern können sie deshalb von den Großeltern nur einen Bruchteil der Ressourcen erwarten, die bei den privilegierten Kindern ankommen.

Das gilt auch für Erbschaften. Ein Teil der heutigen alten Generationen hat große Vermögen. Nach Berechnungen des Deutschen Instituts für Altersvorsorge werden sie in den nächsten zehn Jahren am Ende ihres Lebens 2,6 Billionen Euro vererben. Damit wechselt bis zu einem Viertel des gesamten Vermögens der Bundesrepublik Deutschland seine Besitzer. Allerdings profitiert von diesem Transfer nur ein winziger Teil der Bevölkerung, weil die Vermögen völlig ungleich verteilt sind. Auch findet der Transfer erst sehr spät im Leben der Angehörigen der alten Generationen statt, weil deren Lebensdauer sich verlängert hat. Der typische Erbe ist heute zwischen 40 und 65 Jahre alt und gehört damit der Generation Babyboomer/Golf an. Er gehört zu den fünf Prozent der reichsten Familien, die ein Drittel der gesamten Erbschaften erhalten. Somit verstärken Erbschaften die soziale Ungleichheit erheblich.[18]

Durch alle Faktoren zusammen wird die materielle und soziale Ungleichheit innerhalb der jungen Generation weiter zunehmen. Ob die Generation Y politisch die Motivation und die Kraft hat, an dieser Ausgangssituation etwas zu ändern, ist schwer vorherzusagen. Das politische Denken der jungen Leute kreist sehr um sie selbst, ist auf Sicherung der Individualität und der persönlichen Freiheit ausgerichtet und pragmatisch orientiert. Aus dieser Haltung heraus kommen nur wenige Impulse für die Solidarität mit Benachteiligten und Armen. Die jungen Leute sind geneigt, deren ungünstige Situation ihrer Schwäche in Bildung und Beruf zuzuschreiben. Radikale Vorschläge für eine wirtschaftliche Umverteilung sind eher nicht zu erwarten, aber Impulse dafür, bessere Startbedingungen zu erhalten, schon. Hier könnte der Ansatzpunkt für künftige Initiativen der Generation Y liegen: in der Bereitstellung von Angeboten an die sozial Benachteiligten, sich über Bildung und Training so zu stärken, dass sie sich aus ihrer ungünstigen Position aus eigenem Antrieb herausbewegen können. Die jungen Leute sind Anhänger einer Philosophie des Empowerments, der Stärkung der Selbsthilfekräfte.

Flexible Familienmodelle

Gleichberechtigung, Väterzeit, Homo-Ehe, Familiensplitting – die Generation Y hat die meisten Konzepte in der Familienpolitik nicht selbst erfunden. Doch sie fordert sie als Erste konsequent ein. Sie will endlich eine Chance bekommen, Familie und Beruf zu vereinbaren.

Vor allem die Frauen. Die meisten von ihnen wollen Karriere machen. Ihre Leistungen und Abschlüsse in Schule, Ausbildung und Hochschule sind inzwischen eindeutig besser als die der jungen Männer. Doch sobald sie sich entschließen, Mutter zu werden, ändert sich ihre Lage dramatisch.

Immer noch pausieren die meisten von ihnen, einige nur kurz, andere sehr lange. Das hat ungünstige Folgen für ihre weitere Karriere. Sie verlieren beim Einkommen ebenso wie beim beruflichen Aufstieg den Anschluss.[19] Man kann schätzen, dass bei der Hälfte dieser Frauen längst überwunden geglaubte Rollenmuster plötzlich wieder die Oberhand gewinnen: Der Mann wird zum alleinigen oder hauptsächlichen »Broterwerber«, die Frau zur Hausfrau und Kindererzieherin, die beim Mann mitversichert ist und maßgeblich von seinem Einkommen lebt.

Es ist unwahrscheinlich, dass die Generation Y das weiter so hinnimmt. Sie wird sich für flexible Arbeitszeiten und Lebenszeitkonten einsetzen und darauf drängen, dass ihre Kinder in öffentlichen Einrichtungen qualitativ hochwertig betreut werden. Sie wird massiv für gleichberechtigte Arbeitsverträge für Männer und Frauen mit Kindern kämpfen. Und sie wird für eine Individualbesteuerung votieren, damit die heutigen Fehlanreize durch das Ehegattensplitting endlich entfallen, die eine Frau geradezu steuerlich dafür belohnen, keiner Erwerbsarbeit nachzugehen.

In ihrem Bestreben, ebenso individualistische wie gleichberechtigte Modelle der Lebensführung zu sichern, werden sich die Ypsiloner dafür einsetzen, dass Erwachsene beiderlei Geschlechts sich grundsätzlich selbst über Erwerbstätigkeit finanzieren, auch wenn sie verheiratet sind und Kinder haben. Dass Väter wie Mütter arbeiten, dürfte für sie bald schon eine Selbstverständlichkeit sein. Nur so können Frauen sich dagegen absichern, nach einer Trennung oder Scheidung in die relative Armut abzusinken. Um geringere Renten für Frauen und Lücken im Lebenslauf samt der negativen Folgen für die Karriere zu vermeiden, werden die Ypsiloner darauf drängen, dass Beruf und Familie endlich besser vereinbar sind.

Unbefangene Männlichkeit und Weiblichkeit

Die Generation Y wird in ihrer großen Mehrheit in Familien leben. Doch welche das sind, das will sie selbst bestimmen. Sie hat in ihrer Jugendzeit schon damit begonnen, innovative Wege der Beziehungsgestaltung zu gehen. Entsprechend werden die Familien noch bunter und vielfältiger werden als heute. Die Ypsiloner werden noch mehr Modelle entwickeln, um Geschlechterrollen zu leben, Familie und Beruf miteinander zu vereinbaren und Kinder zu erziehen.

Weil ihre Eltern sie selbst sehr tolerant und liberal erzogen haben, werden sie auch ihre eigenen Kinder später so erziehen. In dem Maße, wie der Ausbau von öffentlichen Erziehungs- und Betreuungseinrichtungen für Kinder auch in Deutschland voranschreitet, ist mit einer im Vergleich zu heute gelassenen und entspannten Einstellung Kindern gegenüber zu rechnen. Die übertriebene Fürsorge und teilweise Überidentifizierung vieler Eltern mit ihren Kindern, die viele aus der Generation Y stark geprägt hat, könnte sich so allmählich abbauen. Die Generation Y wird ihren Kindern mehr Raum zur selbstständigen Entfaltung einräumen, als sie es selbst erfahren hat.

Die Generation Y steht für eine unbefangene Definition von Männlichkeit und Weiblichkeit und hat keine Probleme mit Überschneidungen und Verwischungen zwischen traditionellen männlichen und weiblichen Verhaltensmustern. Die Ypsiloner wollen in intensiven und innigen Beziehungen leben, aber diese auch im gemeinsamen Einverständnis beenden, wenn sie nicht mehr funktionieren. Möglicherweise ergibt sich aus dieser verhältnismäßig pragmatischen Einstellung auch ein Rückgang des Anteils von allzu fragilen, individualistisch ausgerichteten und oft übersensiblen Beziehungen, die heute noch vorherrschen. Allmählich wächst das

Bewusstsein, dass eine Partnerbeziehung nicht mit allzu vielen Sehnsüchten und Fantasien überfrachtet werden darf, sondern ein Bündnis zum gegenseitigen Vorteil ist.

Gehen wir von der Schätzung aus, dass etwa fünf Prozent der Männer und Frauen eines jeden Altersjahrgangs eine ausgeprägte und fest verankerte homosexuelle Orientierung haben, ist auch zu erwarten, dass der Anteil von Familien mit homosexuellen Eltern in den nächsten 20 Jahren eine Größenordnung von zwei oder sogar drei Prozent erreicht und in der Öffentlichkeit stärker als heute als eine eigenständige Variante des Familienlebens wahrgenommen wird.

Die Parlamente der Alten

Sosehr sie sich auch davor scheut: Die Generation Y wird sich angesichts der Mechanismen der parlamentarischen Mehrheitsbildung und der bestehenden Machtstrukturen etwas einfallen lassen müssen, um direkter in politische Entscheidungen eingreifen und Mehrheiten zu ihren Gunsten bilden zu können. Heute dominieren in den Parlamenten und Regierungen die Interessen der alten und der mittleren Generation. Die junge Generation ist nur spärlich vertreten und gehört gar nicht so richtig zum »Volk« dazu, das in den Parlamenten repräsentiert wird.

»Es ist verständlich, dass die Anliegen von Rentnern wichtige Anliegen sind. Und dass die Parteien und Fernsehsender, die um die Mitte buhlen, diese Mitte zwischen dem 50. und 60. Lebensjahr verorten«, schrieb Khuê Pham in der ZEIT über die TV-Duelle vor der Bundestagswahl 2013.[20] »Nicht okay ist, dass sie 18,1 Millionen Wahlberechtigte unter 40 Jahren komplett ausblenden«, kritisierte sie mit Blick auf die Themen der Sendungen. Auch bei den jüngsten Koalitionsverhandlungen planten CDU/CSU und SPD deutlich mehr neues Geld für Rentner als für Kinder und Jugendliche ein: Mütterrente und Rente mit 63 signalisieren, wo die Wählerklientel der beiden Parteien sitzt.

In einer Demokratie reagieren Regierungen und Parlamente auf starke Wählervoten und lang anhaltende Demonstrationen, sofern es keine akuten politischen, ökonomischen und ökologischen Krisen gibt. Bislang hat die junge Generation keine erkennbaren Bemühungen unternommen, sich dieser Mechanismen zu bedienen. Die mittlere und die alte Generation sind da weniger zimperlich. Und erfolgreicher, wie die erwähnten Regelungen im Koalitionsvertrag zeigen. Ob solche Entscheidungen auch etwas damit zu tun haben, dass im Deutschen Bundestag die alte Generation zahlen- und anteilmäßig dominiert? Es gibt zu denken, dass das durchschnittliche Alter der Abgeordneten des jetzigen Bundestags im Jahr 2013 bei schon fast 50 Jahren lag. Studien des Rostocker Max-Planck-Instituts für demografische Forschung legen nahe, dass von diesem Alter an die Bereitschaft sinkt, sich für Entscheidungen einzusetzen, von denen junge Leute, Familien und Bildungseinrichtungen profitieren. Harald Wilkoszewski untersuchte die Einstellungen zur Familienpolitik und zur Rentenpolitik von unterschiedlichen Altersgruppen der Bevölkerung. Das Ergebnis war eindeutig: Je älter die Menschen sind, umso weniger heißen sie es gut, dass öffentliche Gelder an Familien und Kinder fließen.[21]

Stattdessen setzen sie sich für zusätzliche Mittel für Renten ein, weil sie während der langen Phase des Pensionsalters ansonsten unter einem sinkenden Lebensstandard zu leiden hätten. Mit dem Alter steigt also die Selbstbezogenheit. Die eigenen Interessen rücken immer mehr in den Vordergrund. Weil die Alten so viele Wähler stellen, reagiert das politische System auf ihre Anforderungen.

Mitwirkungsrechte der Jüngeren stärken

Die alte Generation hat eine sehr starke und gut organisierte Lobby, die gezielt in den parlamentarischen Raum eingreifen kann. Allein der Sozialverband VdK mit seinen 1,7 Millionen Mitgliedern spielt seine Macht voll aus. In der deutschen Gesamtbevölkerung ist die Unterstützung für Transferzahlungen an alte Menschen, vor allem zur Finanzierung ihrer Renten, sehr hoch. Die Rente ist allgemein als eine legitime Leistung des Wohlfahrtsstaates akzeptiert. Auch Transferzahlungen an Familien und Kinder finden eine große Unterstützung, werden aber bisher immer so ausgerichtet, dass sie der mittleren Generation der Eltern als Zuwendungen für die Förderung ihrer Kinder (über Kindergeld, Betreuungsgeld, Steuervergünstigungen usw.) zugutekommen und nicht direkt an die junge Generation gehen.

Der Weg zur Durchsetzung der berechtigten Interessen der jungen Generation führt deshalb in einem ersten Schritt über eine Stärkung ihrer Mitwirkungsrechte. Die »Konvention über die Rechte des Kindes« der Vereinten Nationen, die sich auf die unter 18-jährige Bevölkerung bezieht und von der Bundesregierung ratifiziert wurde, setzt hierfür Standards. Die Konvention geht von einem Anspruch auf persönliche Entwicklung ebenso wie vom Prinzip der Gleichbehandlung, dem Prinzip des besten Interesses für das Kind bzw. den Jugendlichen und der Achtung vor der Meinung des Kindes und Jugendlichen aus. Durch diese Konvention werden Kinder und Jugendliche als Menschen mit eigenen Rechten, Wünschen und Bedürfnissen anerkannt. Die Angehörigen der jungen Generation werden als Menschen betrachtet, die sich in einem besonderen Lebensabschnitt befinden und deswegen auch eine spezielle Schutzbedürftigkeit haben, die zugleich aber eine ihrem Alter angemessene Beteiligung und Mitbestimmung erhalten sollen.

Die Konvention hilft, den Angehörigen der jungen Generation von Anfang an die gleichen Rechte wie Erwachsenen dort einzuräumen, wo es von ihrer Entwicklung her angemessen ist. Kinder und Jugendliche werden nicht länger als schwach, passiv und unvernünftig eingestuft, sondern als vernünftig, motiviert und bewusst handelnd auf der Stufe der Entwicklung, die sie erreicht haben. Es wäre von großer symbolischer Kraft, wenn die Kinderrechte auch im Grundgesetz verankert würden und das Mindestwahlalter so abgesenkt werden könnte, dass sich Jugendliche künftig ab dem 14. und nicht erst dem 18. Lebensjahr beteiligen können.

Die Welt nach der heimlichen Revolution

Wie wird die Welt nach der heimlichen Revolution aussehen? Es wird eine Welt sein, die deutlich besser auf die Herausforderungen der Zukunft vorbereitet ist. Denn die junge Generation hat intuitiv schon längst verstanden, worin diese liegen. Wenn sich die Generation Y früher als bisher politisch artikulieren kann, werden ihre Themen stärker durchdringen. Das gilt auch für den Umwelt- und Klimaschutz. 80 Prozent sehen den Klimawandel laut Shell Jugendstudie als ein ernstes bis sehr ernstes Problem, dass sie stark umtreibt. Jungen Leuten ist klar, dass bedingungsloses Wachstum enorme ökologische Schäden verursacht und immer mehr materieller Reichtum und Konsum nach den heutigen Mustern zwangsläufig immer mehr Umweltverschmutzung und langfristiges Absinken der Lebensqualität bedeuten. Sie sind bereit, ihr Leben umzustellen, wenn die politischen Rahmenbedingungen das unterstützen. Schon heute machen weniger von ihnen einen Führerschein. 44 Prozent versuchen, mehr Fahrrad als Auto zu fahren, 52 Prozent sparen im Alltag bewusst Energie. Immerhin jeder Fünfte kauft vorrangig regionale Lebensmittel, die nicht weit transportiert werden müssen.

Die Generation Y wird neu definieren, was es bedeutet, »gut zu leben«. Dabei zählt nicht immer mehr Wohlstand, sondern eine Kombination aus materiellem Wohlstand, Zeit für Freunde und Familie, Bildung, guten Arbeitsbedingungen und ökologisch intakter Umwelt. Die Werte des Zusammenlebens, des Genusses von Freizeit und Lebensqualität, der Gesundheit und nicht zuletzt der Mitwirkung im politischen und kulturellen Bereich werden immer wichtiger. Auch die Kunst, sich nicht von Anforderungen überrollen zu lassen und Stress auszuweichen.

In ihrer Jugend haben die Ypsiloner gelernt, trotz aller Widrigkeiten ihr eigenes Leben zu führen. Keiner Generation war Individualität so wichtig wie ihnen. Immer wieder haben sie ihre Lebensentwürfe an die neuen Bedingungen angepasst, die sie in der Gesellschaft vorfanden. Sie haben viel in ihre Ausbildung investiert, ihre Ansprüche heruntergeschraubt und akzeptiert, dass das Leben nicht mehr planbar ist.

In den kommenden Jahren und Jahrzehnten werden sie nun die Gesellschaft nach ihren Lebensentwürfen formen. Die heimliche Revolution der Generation Y hat gerade erst begonnen. Wenn die Ypsiloner einmal in der Mitte der Gesellschaft angekommen sind, wird unsere Welt eine andere sein.

Quellenangaben

Kap. 1 Auftritt Generation Y

1   Urban 2013
2   Howe und Strauss 2000; Huntley 2006; Paul 2001;
    Ng u. a. 2010; Howe und Strauss 1991
3   Povel 2013
4   Geinitz, Hein, Lindner, Moses, Triebe 2013
5   Menke 2010
6   Braun und Pfeiffer 2012; Höpflinger 2012
7   Schelsky 1963, S. 381
8   Schelsky 1963, S. 23
9   Illies 2001, S. 16
1o Coupland 1991
11 Illies 2001, S. 59
12 Illies 2001, S. 43
13 Lambert 2011
14 Riederle 2013, S. 26
15 Schultz 2010
16 World Vision 2013
17 Arnett 2004; Heinzlmair 2013
18 Hurrelmann und Quenzel 2013, S. 28
19 Hess 2011
20 Parment 2012
21 Jeges 2014
22 Gensicke 2002, S. 140
23 Shell Jugendstudie 2002, S. 142

1   Lanier 2013, S. 98

2   Konsortium Bildungsberichterstattung 2006, S. 85

3   Autorengruppe Bildungsberichterstattung 2012,
     S. 103

4   Shell Jugendstudie 2002, S. 160

5   McDonald's Ausbildungsstudie 2013

6   Shell Jugendstudie 2010, S. 346; Quenzel und Hurrel-
     mann 2010

7   Shell Jugendstudie 2010, S. 75

8   World Vision 2013, S. 118

9   Vodafone Stiftung 2012

10   Shell Jugendstudie 2010, S. 263 f.

11   Calmbach u. a. 2012

12   Bründel 2014

13   Shell Studie 2002, S. 188

14   McDonald's Ausbildungsstudie 2013

15   Öchsner 2013

16   IG Metall 2012

17   McDonald's Ausbildungsstudie 2013, S. 10

18   Autorengruppe Bildungsberichterstattung 2012,
     S. 102

19   McDonald's Ausbildungsstudie 2013, S. 95

20   OECD 2012

21   Bund 2014, S. 8

22   Zitiert nach Eilers und Rump 2013, S. 183

23   Bund 2014, S. 56

24   McDonald's Ausbildungsstudie 2013

25   Eilers und Rump 2013, S. 187

26   Van Meter u. a. 2013

27   Brown 2012

28 Borges u. a. 2008; Schmidt u. a. 2011

29 Parment 2012, S. 93

30 Karschnik 2013

31 Schmidt u. a. 2011

32 Parment 2013; Palfrey und Gasser 2008

33 Eilers und Rump 2013

34 Bruch u. a. 2010; Klaffke 2011

35 Pongratz und Voß 2003

36 Solnet u. a. 2012

37 Twenge 2007, Twenge 2010

38 Bund 2014, S.8

39 Eilers und Rump 2013, S. 196

40 Eilers und Rump 2013, S. 198

41 Parment 2012, S. 122

42 Krahn und Galambos 2014

43 Parment 2012, S. 118

Kap. 3   Wie die Ypsiloner das Familienleben neu
erfinden

1   Shell Jugendstudie 2010, S. 57

2   Pauer 2011, S.101

3   Pauer 2011, S.102

4   Shell Jugendstudie 2006, S. 174

5   Word Vision 2013, S. 81

6   Shell Jugendstudie 2010, S. 53; Carrol u. a. 2009; Manning u. a. 2007

7   Shell Jugendstudie 2010, S. 66

8   Fuhrer 2007; Hurrelmann 2012, S. 127

9   Starke 2012, S. 181

10 Shell Jugendstudie 2010, S. 67

11 Shell Jugendstudie 2010, S. 60

12   Statistisches Bundesamt 2012

13   Beutell 2013; Tamborini und Iams 2011

Kap. 4   Wie die Ypsiloner die Politik unterwandern

1   Bund 2014, S. 45 f.

2   Shell Jugendstudie 2010, S. 131

3   Bund 2014, S. 52

4   Hildebrandt und Schwiezer 2013, S. 7

5   Haaf 2011, S. 173

6   Shell Jugendstudie 2006, S. 157

7   Haaf 2011, S. 168

8   Gaiser, Gille, de Rijke 2010

9   Jeges 2014, S. 178

10   Haaf 2011

11   Riederle 2013, S. 242

12   Pauer 2011, S. 181

13   Bund 2014, S. 52

14   Pauer 2011, S. 187

15   Shell Jugendstudie 2002, S. 142

16   Shell Jugendstudie 2002, S. 98

17   Shell Jugendstudie 2006, S. 170

18   Shell Jugendstudie 2010, S. 190

19   Pauer 2011, S. 173

Kap. 5   Wie die Ypsiloner neue Maßstäbe in Medien und Freizeit setzen

1   Schenk u. a. 2012, S. 3

2   Riederle 2013, S. 23

3   Riederle 2013, S. 95

4 Shell Jugendstudie 2010, S. 101

5 Calmbach u. a. 2012, S. 325; Christofides u. a. 2012; Ellison u. a. 2007

6 Riederle 2013, S. 26 f.

7 Parment 2012, S. 97

8 Riederle 2013, S. 29

9 Hurrelmann und Quenzel 2013, S. 178; Bolton u. a. 2013; Espinoza und Juvonen 2011

10 Schenk u. a. 2013

11 Schenk u. a. 2013, S. 7

12 Hurrelmann und Quenzel 2013, S. 160; Kittinger u. a. 2013; Fogel und Nehmad 2009

13 Bund 2014, S. 159

14 Hildebrandt und Schwiezer 2013, S. 10

15 Tully und Krug 2011, S. 77

16 Spitzer 2012

17 Riederle 2013, S. 30

Kap. 6 Wie die Ypsiloner das alles schaffen

1 Bund 2014, S. 94

2 Shell Jugendstudie 2010, S. 224

3 Shell Jugendstudie 2010, S. 228

4 Hurrelmann und Quenzel 2013, S. 232

5 Klewin und Tillmann 2012

6 Goecke und Orth 2013

7 Goecke und Orth 2013

8 Dornes 2012

9 Illies 2001, S. 91 f.

10 Pauer 2011, S. 141

11 Shell Jugendstudie 2010, S. 227

1   Blasberg 2013
2   Zitiert nach: Blasberg 2013
3   Allegranti 2014
4   Blasberg 2013
5   Shell Jugendstudie 2006, S. 152
6   Shell Jugendstudie 2010, S. 60
7   Gensicke 2013, S. 119
8   European Commission 2009; Kohli 2008; Kotlikoff und
    Burns 2004; Williamson und Watts-Roy 2009
9   Bofinger 2008
10 Höpflinger 2012, S. 67; Statistisches Bundesamt 2012
11 Hurrelmann und Karch 2013
12 Hurrelmann und Otto 2013
13 Hurrelmann und Otto 2013
14 Hurrelmann und Karch 2013, S. 128
15 Zeldin u. a. 2013
16 Valtere 2013
17 Bertelsmann Stiftung 2013
18 Deutsches Institut für Altersvorsorge 2012
19 Klammer 2012
20 Pham 2013
21 Wilkoszewski 2008

Literatur

Allegranti, D. (2014). Renzi, der Einzelgänger. In: Zeit Online am 25.2.2014, http://www.zeit.de/politik/2014-02/italien-renzi.

Arnett, J. J. (2004). Emerging adulthood: The winding road from the late teens through the twenties. Oxford University Press.

Autorengruppe Bildungsberichterstattung (2012). Bildung in Deutschland 2012. Bielefeld: W. Bertelsmann Verlag.

Bertelsmann Stiftung (2013). Schuldenlast der jungen Generation. Gütersloh: Bertelsmann Stiftung.

Beutell, N. J. (2013). Generational Differences in Work-Family Conflict and Synergy. International Journal of Environmental Research and Public Health 10, 2013, pp. 2544–2559.

Blasberg, A. (2013). Die schon wieder! DIE ZEIT: 18.4.2013. S. 17.

Bofinger, P. (2008). Gerechtigkeit für Generationen. Die gesamtwirtschaftliche Perspektive. Bonn: Friedrich Ebert Stiftung.

Bolton, R. N., et al. (2013). Understanding Generation Y and their use of social media: a review and research agenda. Journal of Service Management, 24 (3), 245–267.

Borges, N. J., Manuel, R. S., Elam, C. L., Jones, B. J. (2008), Differences in motives between Millennial and Generation X medical students. Medical Education, 44 (6), 570–576.

Börsch-Supan, A. (2003). Zum Konzept der Generationengerechtigkeit. Zeitschrift für Wirtschaftspolitik, 2, 221–226.

Braun, R., Pfeiffer, U. (2012). Die Kinder der Babyboomer. Wie tickt die knappe Generation im Vergleich zu Eltern und Großeltern? Köln: DIA.

Brown, M. (2012). Responses to work intensification: does generation matter? The International Journal of Human Resource Management, 23 (17), 3578–3595.

Bruch, H., Kunze, F., Böhm, S. (2010). Generationen erfolgreich führen. Konzepte und Praxiserfahrungen zum Management des demografischen Wandels. Wiesbaden: Gabler.

Bründel, H. (2014). Schülersein heute. Stuttgart: Kohlhammer.

Bund, K. (2014). Glück schlägt Geld. Generation Y: Was wir wirklich wollen. Hamburg: Murmann.

Calmbach, M., Thomas, P. M., Borchard, I., Flaig, B. (2012). Wie ticken Jugendliche? Lebenswelten von Jugendlichen im Alter von 14 bis 17 Jahren in Deutschland. Altenberg: Verlag Haus Altenberg.

Carrol, J. S., Badger, S., Willoughby, B. J., Nelson, L. J., Madsen, S. D., Barry, C. M. (2009). Ready or not: criteria for marriage readiness among emerging adults. Journal of Adolescent Research, 24 (3), 349–375.

Christofides, E., Muise, A., Desmarais, S. (2012). Hey mom, what's on your Facebook? Comparing Facebook disclosure and privacy in adolescents and adults, Social Psychology and Personality Science, 3 (1), 48–54.

Coupland, D. (1991). Generation X: Tales for an accelerated culture. New York: St. Martin's.

Deutsches Institut für Altersvorsorge (2012). Erben in Deutschland. Köln: DIA.

Dornes, M. (2012). Die Modernisierung der Seele. Frankfurt: Fischer.

Eilers, S., Rump, J. (2013). Die jüngere Generation in einer alternden Arbeitswelt. Baby-Boomer versus Generation Y. Sternenfels: Verlag Wissenschaft und Praxis.

Ellison, N. B., Steinfeld, C., Lampe, C. (2007). The benefits of Facebook ›friends‹: social capital and students' use of online social network sites, Journal of Computer-Mediated Communication, 12 (4), 1143–1168.

Espinoza, G., Juvonen, J. (2011). The pervasiveness, connectedness and intrusiveness of social network sites, Cyberpsychology, Behavior and Social Networking, 14 (12), 705–709.

European Commission (2009). Solidarity between generations. Special Eurobarometer. Opinion Research Group EEIG.

Fogel, J., Nehmad, E. (2009). Internet social network communities: risk-taking, trust and privacy concerns, Computers in Human Behavior, 25 (1), 153–160.

Fuhrer, U. (2007). Erziehungskompetenz. Bern: Huber.

Gaiser, W., Gille, M., de Rijke, J. (2010). Bürgerschaftliches Engagement und Verantwortungsübernahme bei 18- bis 33-Jährigen. In: T. Betz, W. Gaiser & L. Pluto (Hrsg.). Partizipation von Kindern und Jugendlichen. Schwalbach: Wochenschau Verlag, S. 57–75

Geinitz, C., Hein, C., Lindner, R., Moses, C., Triebe, B. (2013). Jung, gebildet, arbeitsscheu? Die Generation Y erobert die Welt. Frankfurter Allgemeine Zeitung. 19.9.2013. Gefunden: http://www.faz.net/aktuell/beruf-chance/jung-gebildet-arbeitsscheu-die-generation-y-erobert-die-welt-12571399.html am 1.2.2014.

Gensicke, T. (2002). Individualität und Sicherheit in neuer Synthese? In: Shell Deutschland (Hrsg.) (2002). 14. Shell Jugendstudie. Frankfurt: S. Fischer. S. 139–211.

Gensicke, T. (2013). Jugend und Vorsorge. In: Hurrelmann, K., Karch, H. (Hrsg.). Jugend, Vorsorge, Finanzen. MetallRente Jugendstudie 2013. Weinheim: Beltz Juventa, S. 98–127.

Goecke, M., Orth, B. (2013). Jugend und Drogen. Pädagogik, Heft 6, S. 44–47.

Haaf, M. (2011). Heult doch. Über eine Generation und ihre Luxusprobleme. München: Piper.

Heinzlmair, B. (2013). Performer, Styler, Egoisten. Über eine Jugend, der die Alten die Ideale abgewöhnt haben. Berlin: Archiv der Jugendkulturen.

Hess, S. (2011). Millennials: Who They Are and Why We Hate Them. http://tedxtalks.ted.com/video/TEDxSF-Scott-Hess-Millennials-W, aufgerufen am 30.11.2013.

Hildebrandt, A., Schwiezer, H. (2013). Why. Das essayistische Leben der Generation Y und seine Bedeutung für eine neue Nachhaltigkeitsdebatte. www.gesichter-der-nachhaltigkeit.de.

Höpflinger, F. (2012). Bevölkerungssoziologie. Weinheim: Beltz Juventa.

Horn, G.-R. (2007). The Spirit of '68. Rebellion in Western Europe and North America 1956–1976. Oxford: Oxford University Press.

Howe, N., Strauss, W. (1991). Generations: The History of America's Future. 1584 to 2069. William Morrow & Co., New York.

Howe, N., Strauss, W. (2000). Millennials rising: The next great generation. New York: Vintage Books.

Huntley, R. (2006). The world according to Y: inside the new adult generation. Crows Nest: Allen & Unwin.

Hurrelmann, K. (2012). Sozialisation. Das Modell der produktiven Realitätsverarbeitung. Weinheim: Beltz (10. Aufl. von »Einführung in die Sozialisationstheorie«).

Hurrelmann, K., Karch, H. (Hrsg.) (2013). Jugend, Vorsorge, Finanzen. Von der Generation Praktikum zur Generation Altersarmut? Weinheim: Beltz Juventa.

Hurrelmann, K., Otto, A. (2013) Vorsorge als eine Entwicklungsaufgabe des Jugendalters. In: Hurrelmann, K. & Karch, H. (Hrsg.): Jugend, Vorsorge, Finanzen. MetallRente Jugendstudie 2013. Weinheim: Beltz Juventa, S. 128–148.

Hurrelmann, K., Quenzel, G. (2013). Lebensphase Jugend. Weinheim: Beltz Juventa, 12. Auflage.

Hurrelmann, K., Schultz, T. (Hrsg.) (2012). Jungen als Bildungsverlierer. Weinheim: Beltz Juventa.

IG Metall (2012). IG Metall Studie Junge Generation (2012): »Persönliche Lage und Zukunfserwartungen der jungen Generation«. TNS Infratest Politikforschung im Auftrag der IG Metall.

Illies, F. (2001). Generation Golf. Eine Inspektion. 13. Auflage. Frankfurt a. M.: Fischer

Jeges, O. (2014). Generation Maybe. Die Signatur einer Epoche. Berlin: Haffmanns & Tolkemitt.

Karschnik, R. (2013). Generation Y. Es menschelt in der Arbeitswelt. Artikel in DIE ZEIT ONLINE. Online verfügbar unter http://www.zeit.de/studium/hochschule/2013-08/generation-y-arbeitswelt, zuletzt geprüft am 01.02.2014.

Kittinger, R., Correia, C. J., Irons, J. G. (2012). Between Facebook use and problematic internet use among college students. Cyberpsychology, Behavior and Social Networking, 15 (6), 324–327.

Klaffke, M. (Hrsg.) (2011). Personalmanagement von Millennials. Konzepte, Instrumente und Best-Practice-Ansätze. 1. Aufl. Wiesbaden: Springer Gabler Fachmedien.

Klammer, U. (2012). Rush hour of life. Die Ressource Zeit im Lebensverlauf aus Gender- und Familienperspektive. In: Knecht, A. & Schubert, F. C. (Hrsg.): Ressourcen im Sozialstaat und in der sozialen Arbeit. Stuttgart: Kohlhammer, S. 132–145.

Klewin, G.,Tillmann, K. J. (2012). Beleidigungen, Mobbing, Prügeleien. Pädagogik, Heft 11, S. 6–10.

Kohli, M. (2008). Generational equity: Concepts and attitudes. In: C. Arza, M. Kohli (Hrsg.): Pension Reform in Europe: Politics, Policies and Outcomes. London: Routledge. S. 196–214

Konsortium Bildungsberichterstattung (2006). Bildung in Deutschland 2006. Bielefeld: W. Bertelsmann Verlag.

Kotlikoff, L. J., Burns, S. (2004). The coming generational storm: What you need to know about America's economic future. Cambridge, MA: MIT Press.

Krahn, H. J., Galambos, N. L. (2014). Work values and beliefs of ›Generation X‹ and ›Generation Y‹. Journal of Youth Studies, 17 (1), 92–112.

Lambert, E. (2011). Generation X: Time to reboot. Forbes, 188 (10), 139 ff.

Lanier, J. (2013). Who Owns the Future? New York: Simon and Schuster.

Manning, W. D., Longmore, M. A., Giordano, P. C. (2007). The changing institution of marriage: Adolescents' expectations to cohabit and to marry. Journal of Marriage and Family, 69 (3), 559–575.

McDonald's (2013). Ausbildungsstudie: Azubis zwischen Couch und Karriere. München: McDonald's.

Menke, B. (2010). Shell-Jugendstudie: Frustschub bei den Abgehängten. Spiegel Online 14.9.2013. http://www.spiegel.de/schulspiegel/leben/shell-jugendstudie-frust-schub-bei-den-abgehaengten-a-717485.html.

Ng, E. S. W., Schweitzer, L., Lyons, S. T. (2010). New generation, great expectations: a field study of the millennial generation, Journal of Business and Psychology, 25 (2), 281–292.

Öchsner, T. (2013). Dienstwagen für Azubis. Süddeutsche Zeitung vom 18. Februar 2013. Aufgerufen unter http://www.sueddeutsche.de/karriere/lehrlingsmangel-dienstwagen-fuer-azubis-1.1602800 am 22.9.2013.

OECD (2012). Bildung auf einen Blick. Paris: OECD.

Palfrey, J., Gasser, U. (2008). Born Digital: Understanding the First Generation of Digital Natives. New York, NY: Basic Book.

Parment, A. (2013). Die Generation Y. Mitarbeiter der Zukunft motivieren, integrieren, führen. 2. Aufl. Wiesbaden: Springer Gabler Fachmedien.

Parment, A. (2012). Generation Y in Consumer and Labour Markets. New York: Routledge.

Pauer, N. (2011). Wir haben keine Angst. Gruppentherapie einer Generation. Frankfurt a. M.: S. Fischer.

Paul, P. (2001). Getting inside GenY. American Demographics, 23 (9), 42–49.

Pham, K. (2013). Nur was für Pensionäre. Zeit Online vom 5.9.2013. Gefunden unter http://www.zeit.de/2013/37/bundestagswahl-tv-wahlkampf am 25.2.2014.

Pongratz, H. J, Voß, G. G. (2003). Arbeitskraft-Unternehmer. Berlin: Sigma.

Povel, Ch. (2013). Brave Generation: Zu viel Harmonie, zu wenig Persönlichkeit. WirtschaftsWoche. Gefunden: http://www.zeit.de/studium/hochschule/2013-10/generation-brav-karriere/komplettansicht. Abgerufen am 24.10.2013.

Quenzel, G., Hurrelmann, K. (Hrsg.) (2010). Bildungsverlierer. Wiesbaden: VS.

Rhein, T., Stüber, H. (2014). Bei Jüngeren ist die Stabilität der Beschäftigung gesunken. IAB-Kurzbericht. 3. Nürnberg: IAB.

Riederle, P. (2013). Wer wir sind und was wir wollen. Ein Digital Native erklärt seine Generation. München: Knaur.

Schelsky, H. (1963). Die skeptische Generation. Düsseldorf: Diederichs.

Schenk, M., Niemann, J., Reinmann, G., Roßnagel, A. (Hrsg.) (2012). Digitale Privatsphäre: Heranwachsende und Datenschutz auf Sozialen Netzwerkplattformen. Schriftenreihe Medienforschung der LfM, Band 71. Berlin.

Schmidt, C. E., Möller, J., Schmidt, K., Gerbershagen, M. U., Wappler, F., Limmroth, V., Padosch, S. A., Bauer, M. (2011). Generation Y. Der Anaesthesist, 60 (6), 517–524.

Schultz, T. (2010). Die lauernde Angst vor dem Absturz. Süddeutsche.de 15.9.2010. Gefunden unter http://www.sueddeutsche.de/politik/shell-jugendstudie-die-lauernde-angst-vor-dem-absturz-1.999831 am 1.2.2014.

Shell Deutschland (Hrsg.) (2002). 14. Shell Jugendstudie. Frankfurt a. M: S. Fischer.

Shell Deutschland (Hrsg.) (2006). 15. Shell Jugendstudie. Frankfurt a. M: S. Fischer.

Shell Deutschland (Hrsg.) (2010). 16. Shell Jugendstudie. Frankfurt a. M: S. Fischer.

Solnet, D., Kralj, A., Kandampully, J. (2012). Generation Y employees: an examination of work attitude differences. The Journal of Applied Management and Entrepreneurship, 17 (3), 35–52.

Spitzer, M. (2012). Digitale Demenz. Wie wir uns und unsere Kinder um den Verstand bringen. München: Droemer Knaur

Starke, K. (2012). Pornografie und Jugend. Münster, Lengerich: Pabst.

Statistisches Bundesamt (2012). Geburten in Deutschland. Wiesbaden: Destatis.

Tamborini, C. R., Iams, H. M. (2011). Are generation X'ers different than late boomers? Population Research and Policy Review, 30 (1), 59–79.

Tully, C., Krug, W. (2011). Jugend und Konsum. Schwalbach: Wochenschau Verlag

Twenge, J. M. (2007). Generation Me: Why Today's Young Americans Are More Confident, Assertive, Entitled- and More Miserable than Ever Before. New York, NY: The Free Press.

Twenge, J. M. (2010). A review of the empirical evidence on generational differences in work attitudes. Journal of Business and Psychology, 25 (2), 201–210.

Urban, T. (2013). Why Generation Y Yuppies are Unhappy. Aufgerufen unter http://waitbutwhy.com/2013/09/why-generation-y-yuppies-are-unhappy.html am 25.3.2014

Valtere, L. (2013). Perspectives on Generations: The Impact on Higher Education Marketing. In: Changes in Social and Business Environment. CISABE '13.

Van Meter, R. A., Grisaffe, D. B., Chonko, L. B., Roberts, J. A. (2013). Generation Y's Ethical Ideology and Its Potential

Workplace Implications. Journal of business ethics, 117 (1), 93–109.

Vodafone Stiftung (2011). Zwischen Ehrgeiz und Überforderung. Berlin: Vodafone.

Werle, K. (2013). »Die Kuschel-Kohorte«, manager magazine online. Online verfügbar unter http://www.manager-magazin.de/magazin/artikel/a-875547.html, zuletzt geprüft am 16.01.2014.

Wilkoszewski, H. (2008). Demographic pressure and attitudes towards public intergenerational transfers in Germany – how much room left for reforms? In: Tremmel, J. (Hrsg.), Demographic change and intergenerational justice. Berlin: Springer, 175–205.

Williamson, J. B., Watts-Roy, D. M. (2009). Aging boomers, generational equity, and framing the debate over Social Security. In R. B. Hudson (Hrsg.), Boomer Bust? Westport, CT: Praeger, 153–169.

World Vision (Hrsg.) (2013). Kinder in Deutschland. Weinheim: Beltz.

Zeldin, S., Christens, B. D., Powers, J. L. (2013). The psychology and practice of youth-adult partnership: Bridging generations for youth development and community change. American Journal of Community Psychology, 51 (3 4), 385–397.